Frank Palmer의 이번 책은 행동주, 피동주, 수혜주 등의 문법역과 전통 문법의 개념으로서 우리에게 친숙한 주어, (직접) 목적어, 간접 목적어 등의 문법관계에 대한 유형론적 연구다. 이에 더하여 이들 역과 관계의 내용을 교체, 혹은 변환 시키는 수동 등의 기제도 이 책은 함께 다룬다. 널리 알려진 유럽 제어의 문법 체계가 실제로는 세계 여러 언어의 전형이 아니라는 점을 보이기 위하여 이 책 은 풍부한 예들을 제시한다. 그리고 세계의 여러 언어들을 설명하기 위해서는 능격, 반수동 등의 용어가 더 필요함 역설하고 있다. Palmer 교수는 문법역과 문법관계의 문제를 폭넓게 논의할 수 있는 일관되고 훌륭한 이론 틀을 제시하 고, 그 이론 틀 내에서 논의를 유기적으로 전개해 나간다. 그리고 세계 각지의 여러 언어들로써 그 논의를 뒷받침하고 있으므로 그의 주장은 아주 구체적이면 서 명쾌하다.

문법역과 문법관계

문법역과 문법관계

F. R. Palmer / 이영민 譯

도서출판 역락

Aidan, Frank, Edward, Jack에게

목 차

제3장 대격 계통, 능격 계통, 행위격 계통 / 83

제4장 통사적 관계 / 137

제5장 수 동 / 183

역 자 서 문

이 책은 『Palmer, F.R.(1994), Grammatical Roles and R Cambridge University Press』를 한국어로 번역한 것이다. 제목에서도 알 수 있듯이 이 책은 '문법역과 문법관계'에 대한 유형론(typological) 연구다.

유형론 연구는 우리에게 친숙한 여러 문법 이론들 가운데 어느 하나를 전적으로 수용하지는 않는다. 이 책이 가장 경계하는 것 가운데 하나가 바로 '특정 이론'에 이끌리는 것이다. 다만 세계 여러 언어를 면밀히 관찰·비교·대조하면서 그들 간의 공통점과 차이점을 기술하고 그것에 대한 유형론적 분류와 설명을 목적으로 한다 (그리고 이러한 공통점을 빌미로 언어 보편성 자체를 가정하거나 보편 이론을 전제한 설명을 하지는 않는다). 이러한 입장을 견지하면서 이 책은 140개가 넘는 풍부한 언어 자료를 제시한다. 이렇듯 풍부한 언어 자료는 유형론적 방법론의 토대를 굳건히 해 준다. 나아가 이 책은 세계의 여러 언어들이 보이는 특성을 설명해 줄, 지속적이고 합리적이며 매우 단순한 이론 틀을 제안하고자 한다.

필자는 유형론 상 가장 중요한 문법역으로 행동주, 피동주, 수혜주, 도구역, 처소역을 제안하는데, 이 문법역들이야 말로 세계 여러 언어들이 보이는 다양한 문법관계들을 설명하는 데 유용하다는 입장을 취한다. 그리고 유형론의 방법으로 언어를 연구하기 위해서는 주어, 목적어 등에 더하여 능격어, 절대격어, 행위격어, 피행위격어 등의 개념과 용어가 더 필요함을 제안한다. 필자의 이와 같은 입장과 제안은 이 책의 1장과 2장에 전부 제시되어 있다. 3장은 능격 계통,

행위격 계통 등을, 우리에게 친숙한 대격 계통과 비교·대조함으로써 1, 2장의 입장과 제안이 설득력이 있음을 논의하였다. 이러한 논의는 앞서 언급한 풍부한 예들에 의하여 뒷받침된다. 4장은 여러 언어들의 문법관계, 특히 주어 확인을 위한 통사적 중추를 논의한 것이다. 5~7장은 수동과 반수동의 문제를 다루는데 이러한 기제들은 문법역들이 가지는 문법관계가 再寫像된다는 점에서 역과 관계를 확인하는데 도움이 된다. 8장은 문제가 되는 구성들을 논의하고 있으며, 9장은 새로운 항(혹은 역)의 도입이라는 점에서 이 책의 주제와 관계가 있는 사동을 다룬다.

역자는 이 책을 1998년 여름에 처음 읽었다. 여러 언어들의 문법역과 문법관계에 내재한 다양한 형태·통사론적 (나아가 의미·화용론적) 현상들을 확인하는 것만으로도 이 책은 의미가 있다고 생각하였다. 이것이 역자가 이 책을 번역하게 된 일차적인 동기다. 물론 이 책의 의미는 여기에 그치지 않는다. 이 책의 방대한 자료와 그것에 대한 체계적인 기술은 문법역과 문법관계에 내재한 형태·통사론인 특성들을 체계적으로 규명해 내고 있으며, 그러한 특성들을 가장 단순하고 지속적으로 설명해 줄 이론 틀의 가능성을 적극적으로 타진하고 있다. 이 책의 이와 같은 의의를 적극적으로 소개하고 싶은 욕심이 역자가 이 책을 번역하기로 한 이차적인, 그리고 더 근본적인 동기가 되었다.

그런데 역자의 무지로 인하여 그것은 욕심에 그친 것 같다. 문장은 물론이거니와 단어도 잘못 번역된 것들이 있을 것이다. 참고 문헌에 인용된 저자들의 이름과 일부 언어는 국어로 말끔히 처리되지 않은 채, 원서의 (영문) 표기를 그대로 사용하고 있다. 이 모든 것이 역자의 잘못이다. 영어 문장을 국어로 곧이곧대로 번역할 때 수반되는 어색함(?)을 피하기 위하여 직역을 하지 않고 의역을 하였다. 그리고 일부 난해해 보이는(?) 부분에는 따로 주석을 달았다. 어떤 단어는, 가급적이면 통용되는 용어로 번역하고자 하였지만, 그렇지 못한 것도 있음을 밝혀 둔다.

여러 은사님들, 선배님들, 동학·후배들의 가르침이 이 책의 번역이 있게 하였다. 정연찬 선생님, 이승욱 선생님, 서정목 선생님께서는 학문의 길을 열어 주셨고 국어학의 精髓를 가르쳐 주셨다. 김학동 선생님, 김열규 선생님, 박철희 선생님, 이재선 선생님, 성현경 선생님 정요일 선생님, 곽충구 선생님께서는 학문의 엄격함을 일깨워 주셨다. 선생님들의 깨우침과 가르침에 무한히 감사를 드린다. 국어 공부를 시작한 이래로 한시도 질책과 격려를 아끼지 않으신 한동완 선생님께 감사드린다. 대학원에서 같이 공부를 한 여러 선배님들, 동학, 후배들에게도 감사를 드린다. 이 책의 번역에 도움을 준「두뇌 한국21 서강-이화 언어학 교육·연구단」의 지원에 특히 감사드린다. 필자의 부족함이 이 모든 분들께 누가 되지나 않을까 싶어 걱정스러울 뿐이다. 어려운 여건 속에서도 이 책의 출판을 흔쾌히 맡아 주신 이대현 사장님의 후의에 감사를 드린다.

2000. 8.10.

역자 씀

감사의 글

이 책의 초고를 읽으면서 많은 문제점들을 지적해 주시고, 크게 도움이 된 여러 제안을 해 주신 데 대하여, Nigel Vincent, Masayo Shibatani, 그 외 익명의 (그렇지만 확인이 가능한(?)) 여러분들께 진으로 감사드린다. 모든 분들의 충고를 다 받아들이지는 못하였지만, 그 충고들이 이 책을 조금이라도 더 나은 것으로 만드는 데 많은 도움이 되었음을 확신한다. 당연한 말이지만, 모든 분들의 충고는 이 책의 잘못이나 결함과 전혀 관계가 없다.

부호 및 약어

이탤릭체, 인용 부호, 별표[˚] 등은 통상적인 규약에 따라 사용하였는데 이에 더하여 이 책은 다음의 부호들을 추가로 사용한다.

1) 부 호

본 문

두자 대문자(Initial capital): 문법역과 문법관계 [번역서는 『 』]
작은 대문자(SMALL CAPITAL): 어휘 항목('어휘소(lexeme)')
- 붙임표(hyphen): 역과 관계의 접속
= 등호(equal sign): 하나의 관계로 확인되는 두 역
/ 사선(oblique): 대체 용어 또는 대체 항목
+ 더하기 기호(plus sign): 한 구성의 연속 요소
[ ] 대괄호: 역자의 주석

예 문

작은 대문자(SMALL CAPITAL): 문법 범주들
- 붙임표(hyphen): 예문에서는 형태소 경계, 주석에서는 그 형태소 경계에 따른 분리 표지
+ 더하기 기호(plus sign): 예문의 두 요소가 단일 요소임을 나타내 주는 주석의 통합 범주 표지

2) 약 어

전사, 주석, 번역 등은 原著者의 것을 최대한 살리려고 하였다. 다만 일관성을 유지하기 위하여, 주석의 몇몇 약어를 수정하였다. 약어 목록은 다음에 보인다; 여기에 없는 것들은 본문에서 별도로 설명하고 있다.

ABL	Ablative	DAT	Dative
ABS	Absolutive	DECL	Declarative
ACC	Accusative	DET	Determiner
ACT	Active	DIR	Directional
AGR	Agreement marker	DO	Direct Object
AGT	Agent(ive)	DS	Different Subject
ANIM	Animate	ELAT	Elative
ANTIP	Antipassive	EMPH	Emphatic
AOR	Aorist	ERG	Ergative
APPL	Applicative	FEM	Feminine
ART	Article	FOC	Focus
ASP	Aspect	GEN	Genitive
AUX	Auxiliary	HAB	Habitual
BEN	Beneficiary	HUM	Human
CAUS	Causative	IMP	Imperative
CIRC	Circumstantial	IMPERF	Imperfect/Imperfective
CL	Classifier	IMPL	Implicative
CLIT	Clitic	INDIC	Indicative
COMPL	Complement	INF	Infinitive
CONT	Continuous	INSTR	Instrumental

IO	Indirect Object	PREP	Preposition
LOC	Locative	PRES	Present
MASC	Masculine	P/P	Past/Present
MID	Middle	PRET	Preterite
NOM	Nominative	PROG	Progressive
NONPAST	Nonpast	PTCP	Participle
OBJ	Object	PURP	Purposive
OBL	Oblique	REFL	Reflexive
PART	Partitive	REL	Relative
PASS	Passive	SG	Singular
PAST	Past	SS	Same Subject
PAT	Patient(ive)	SUBJ	Subject
PERF	Perfect/Perfective	TOP	Topic
PL	Plural	TNS	Tense
POSS	Possessive	TRANS	Transitive
POTEN	Potential		

서 론

제목이 시사하듯이, 이 책은 『행동주』(Agent), 『피동주』(Patient), 『수혜주』(Beneficiary) 등 문법역(할)(grammatical role)과 전통 문법의 친숙한 개념인 『주어』(Subject), (『직접』 및 『간접』) 『목적어』((Direct and Indirect) Object) 등 문법관계(grammatical relation)에 대한 유형론(typological) 연구다; 이와 더불어 이들 역(할)(role)과 관계(relation) 간의 내용을 교체(alter), 또는 변환(switch)(혹은 '再寫像'('remap') — 1.1 참조)시키는 수동(passive) 등의 장치도 이 책은 함께 다룬다. 그런데 유형론의 방법으로 연구를 하다보면, 우리가 익히 알고 있는 언어들의 문법 계통들이 세상에 분포하는 수많은 언어들의 전형은 아니라는 것을, 그리고 전통적인 용어들은 부적합하므로 (계속 살펴보겠지만) '능격(Ergative)', '절대격(Absolutive)', '反受動(Antipassive)' 등의 용어가 더 필요하다는 것을 알게 된다.

그렇다 하더라도 현재의 논점을 제대로 例證하고 깊이 있게 논의할 수 있는, 지속적이고 합리적이며 (언어의 문제는 어떤 것도 매우 단순하지 않지만) 매우 단순한 전체적인 이론 틀(framework)을 제안하는 것은 가능하리라고 생각한다. 그런데 지금까지 이런 작업을 위한 시도는 소수에 지나지 않았다. 더군다나 그 가운데서도 성공적인 경우는 극소수에 불과하였다. 이 책의 주목적은, 그러한 이론 틀을 짜고,

그 이론 틀 안에서 여러 언어들이 보이는 유형론적인 특성을 예증하는 데 있다. 따라서 이 책은, 이론적인 문제를 깡그리 배제하지는 않지만, 이론적인 논의를 많이 하지도 않는다. 유형론의 이론 틀은 일정한 이론적 가정과 관찰에만 의존해야 하기 때문이다. 그렇지만, 이것 하나만은 반드시 짚어 두어야 하겠다: 유형론 연구는 언어들 간에 보이는 동질성과 이질성을 다룰 뿐이다. 그리고 언어들 간에 보편적인 (universal) (그리고 똑같은(identical)) 자질이 있다는 가정에는 매달리지 않는다 (Palmer(1986:2-3) 참조. 자세한 이론적 논의는 Croft(1991: 1-32)를 보라).

고려해야 할 여러 논점들이 내적으로 서로 연관되어 있어서 이들을 논리적 순서에 따라 별도로 논의하기가 어렵다. 이런 이유로, 첫 장에서는 유형론의 주요 범주를 간단히 설명하고 여러 용어(terminology)들을 필요한 만큼만 소개하고자 한다. 이러한 작업들은 나머지 장에서 자세히 다룰 논의들을 위한 기반이 될 것이다.

그냥 지나칠 수 없는 중요한 문제가 하나 있는데, 안타깝게도 논자들 간에 용어가 일치하지 않아서 용어가 무척 혼란스럽게 쓰이고 있다는 점이다. 뿐만 아니라 아주 중요하고 일반적인 개념조차도 표현할 적당한 용어가 부족한 실정이다. [그런 관계로] 이 책은 새로운 용어가 필요할 경우에도 가능한 한 전통적으로 수용되었거나 널리 통용되는 용어를 사용하고자 한다. 불가피한 경우는 일부 용어를 현재 통용되는 것과 다른 용법으로 사용할 것이다.

1.1 서술어와 정항

[문장에 대한] 전통적인 견해(그리고 현재의 언어학 이론이 상당 부분 수용하고 있는 견해)는 문장을 주(어)부와 (서)술(어)부로 나눈다. 이에 따르면 아래 문장의 주부는 'the boy'이며 술부는 'chase the dog'이다:

The boy chased the dog

관념적으로 주부는 '말해지고 있는 것(what is being talked about)'이며 술부는 '그것[주부]에 대해서 말해진 것(what is said about it)'이다. Chomsky의 Syntactic structures(1957:26)은 문장에 대한 주부-술부 분석을 수용한 것이 확실하다. Chomsky(1957:26)의 첫 번째 규칙은 다음과 같다:

S → NP + VP

이 규칙이 말하는 것은 문장이 명사구(noun phrase)와 동사구(verb phrase)로 되어 있다는 것인데, 이들은 이른바 전통 문법에서 말하는 주부, 술부와 거의 일치한다.

이에 반하여 문장은 하나의 서술소(predicator)와 하나 이상의 定項(argument)(또는 '項(term)' — 아래의 논의를 보라)으로 구성된다고 보는 견해가 있다 (이 책의 목적 상 더 유용한 것이다) [argument를 論項으로 번역하는 것이 일반적이나 이 책의 경우는 定項으로 번역하는 것이 낫다. 이 책에서 'argument'는 'term'과 대비되는 의미로 쓰이는데, NP가 어떤 문법역/문법관계를 가지는지가 확실한 경우에는 그 NP를 'argument'라 하고 그렇지 않을 경우나 역, 관계 등의 문제가 중요하지 않을 경우에는 'term'이라고 하기 때문이다 — 아래의 논의를 보라]; 위의 문장에서 서술소는 'chased'이며 정항은 'the boy'와 'the dog'이다; 관념적으로 볼 때, 서술소는 정항들('the boy'와 'the dog') 간의 관계(쫓는 행위(the act of chasing))를 표현한다. 이 견해는 위 문장이 다음과 같은 구조를 가지는 것으로 여긴다:

Argument - Predicator - Argument

NP, VP(VP는 [Chomsky(1957)과] 달리 동사 부분(verbal element)만 지칭한다)라는 용어를 쓰면 다음과 같이 된다:

NP - VP - NP

유형론 연구는 두 가지를 기본적으로 가정(또는 관찰)해야 한다: 첫째, 서술 구조 개념은 모든 언어에 적용될 수 있다. 둘째, 정항들은 (i) 서술소에 대해 그들의 의미 관계가 달라야 하며, (ii) 그들도 문법 표지(grammatical marking)를 통하여 확실하게 서로 구별되어야 한다. 이와 같이 본다면, 위 문장에서 두 정항들 간의 차이는 어순(word order)이 보여준다고 하겠다 ['어순'에 의하여, (형태론적) '표지'가 주어지지 않을 수(위의 예문)도 있지만 위치 상으로 항들을 구별해 준다는 점에서, 이 책은 '어순'이 문법적으로 항들을 표시하는 것으로 본다]. 두 정항의 위치를 바꾸어 버리면 서술소에 대한 정항들의 의미 관계도 바뀌게 되어 완전히 다른 의미를 가지는 문장이 된다:

The dog chased the boy

유형론 연구는 여기서 한 걸음 더 나아가, 여러 언어를 통하여(across language) 정항들이 의미론적으로 확인된다고 가정한다. 그리고 대부분의 2항(two-argument) 구조에서 하나는 '『행동주』(Agent)'(관념적으로는 행동을 수행하는(perform) 자)로, 나머지 하나는 '『피동주』(Patient)'(관념적으로는 행동을 겪는(undergo) 자)로 확인되는 것이 사실인 것 같다. 그런데 세상의 많은 언어들이 『행동주』, 『피동주』의 차이를 문법적으로 표시하는 방법은 다양하다. 특히, 어순이 영어(English)처럼 항상 부각되지 않는 언어도 있다; 뿐만 아니라 어순이 중요하게 작용하는 언어에서도 『행동주』가 항상 『피동주』에 선행하지 않는 경우도 있다.

개별 언어 내에서나 범언어적으로나, 의미의 유사성을 놓고 볼 때 『행동주』와 『피동주』는 다양한 문법 자질에 의하여 이렇듯 확인되는데, 이들 『행동주』, 『피동주』는 이 책의 용어인 '문법역'의 한 예일 뿐이다. '『주어』(Subject)', '『목적어』(Object)' 등의 문법관계 및 우리에게 덜 친숙한 개념인 '『能格語』(Ergative),' '『絕對格語』(Absolutive)'는 다시 논의할 것이다(1.3.2, 1.4.2) [『능격어』, 『절대격어』는 능격 언어, 절대격 언어를 지칭하는 것이 아니다. 이들은 대격 계통(언어)의 『주어』, 『목적어』에 해당하는 개념이다].

이에 더하여 다음의 두 용어는 어떻게 쓸 것인지를 미리 정해두고자 한다. 첫째, 문장(이나 문장의 일부)의 문법적 특성을 논의할 때, '구조(structure)'대신 '구성(construction)'이라는 용어가 더 일반적으로 쓰이므로(Matthews(1981:2)) 앞으로는 구성이라는 용어를 사용할 것이다. 둘째, 어떤 NP가 어떤 역, 어떤 관계를 가지는지 확실하지 않은 경우, 그 NP에 대해서는 '정항'이라는 용어 대신 '항'이라는 용어를 사용할 것이다.

문법적으로 표시될 수 있는 항들의 수는 정해져 있지 않다. 그러나 하나의 항(single term)만을 가지는 구성과 두 개의 항(『행동주』역과 『피동주』역)을 가지는 구성을 가장 기본적인 것으로 여길 수 있다. 영어의 예를 아래에 보인다:

The boy smiled   (the boy)
The boy chased the dog   (the boy, the dog)

전통적으로 이들 구성을 각각 '자동사 구성(intransitive)', '타동사 구성(transitive)'이라 하였다. 그러나 이 항들 외에도 문법적으로 표시되는 항들, 특히 '『수혜주』(Beneficiary)', '『도구역』(Instrumental)', '『처소역』

(Locative)' 따위의 역을 가지는 항들도 있다. 이들은 한 개의 항을 가지는 자동사 구성과 두 개의 항을 가지는 타동사 구성에 두루 쓰인다. 그런데 자동사 구성의 단일 항과 타동사 구성의 두 항은 그 구성의 필수 성분임에 반하여 (그러므로 그 구성들은 이들의 존재 여부로써 확인된다), 나머지 항들은 수의적인 성분이다. 아래 문장들의 적격성 여부에서 그것을 확인할 수 있다:

> *Saw the dog
> The boy chased the dog with a stick/in the garden

이 책이 더 논의해야 할 문제가 또 있다. 여러 언어에서 확인되는 바, 어떤 한 쌍의 문장은 정항들을 문법적으로 다르게 표시하는 데도 불구하고 의미 변화를 거의 수반하지 않는 경우가 있다는 점이다:

> The boy chased the dog
> The dog was chased by the boy

전통적으로 이들을 각각 '능동태(active)', '수동태(passive)'라 하였다. 수동태가 되면 『피동주』는 능동태의 『행동주』가 가졌던 문법적 지위(status)를 갖게 되고, 『행동주』는 (전치사 'by'로 표시되면서) 완전히 새로운 지위를 얻게 된다. 그렇다면 수동태는 역들을 '재사상'시키는 장치로 볼 수 있을 것이다(Klaiman(1991:11)).

1.2 문법역들

앞 절의 끝 부분에서 이 책은 문법역에 우선 관심을 가진다고 하였는데, 언어-특수적인(language-specific) 문법 자질의 관점에서 볼 때, 유형론의 여타 범주들이 그렇듯이 문법역도 그 의미적 유사성에 의하여 정의된다. 나아가 문법관계의 문제를 논의할 것인데 그 전에 문법역에 대하여 좀더 살펴보기로 하자.

1.2.1 문법역과 관념역

순수히 관념적으로만 항들의 역을 따져보면, 서술 항들이 행하는 수많은 역들을 일일이 다 확인하는 것이 가능하다. 이들은 때때로 '의미역(semantic role)'이라고도 불렸는데, Klaiman(1991:11)이 이 책의 문법역에 '의미역'이란 용어를 사용한 후에는, 덜 명시적인 용어인 '관념역(notional role)'이라는 용어를 많이들 사용하였다.

이런 방식으로 역의 문제에 접근한 시도 가운데 가장 유명한 것은 'Case for case'(Fillmore(1968))에서 제시된 Fillmore의 '격 문법(case grammar)'일 것이다; Fillmore(1968)의 '격(case)'을 다소 수정, 보완한 것을 다음에 보인다(Fillmore(1971:376)):

행동주(Agent), 사건의 선동자(instigator)
대응 행동주(Counter-agent), 행위의 수행에 저항하는 힘
대상물(Object), 움직이거나 변하는 실체, 또는 자신의 위치
      나 존재가 논의 중인 실체
결과(Result), 행위의 결과로서 존재하게 되는 실체
도구역(Instrument), 사건에 대한 자극(stimulus), 또는 직접적
      이고 물리적인 원인(cause)
출발점(Source), 무언가가 이동을 시작하는 장소
도달점(Goal), 무언가가 이동해 가는 장소
경험주(Experiencer), 행위의 영향을 받거나, 수용하거나, 경
      험하거나, 겪는 실체

Radford(1988:373)도 비슷한 목록을 제시하였다: 대상(피동주)(Theme (Patient)), 행동주(행위자)(Agent(Actor)), 경험주(Experiencer), 慈善主 (Benefactive), 도구역(Instrument), 처소역(Locative), 도달점(Goal), 출발점(Source) 등이 그것이다. Andrews(1985:69-71)은 행동주(Agent), 피동주(Patient), 방향(출발점/도달점)(Directional(Source/Goal)), '내적' 처소('Inner' Locative), 경험주(Experiencer), 受領主(Recipient), 대상 (Theme), 使動主(Causer), 도구역(Instrumental), '외적' 처소('Outer' Locative), 이유(Reason), 迂言 同伴役(Circumstantial Comitative), 시간(Temporal)을 제안하였다.

　이와 같은 관념역들에는 세 가지 문제가 있다. 첫째, 관념적 자질이라는 속성 자체가 그러하듯이, 관념역들은 어떤 방법으로도 명쾌하게 정의되지 않는다. 그러므로 이들은 언제나 애매하게 적용될 수 밖에 없다. 둘째, 관념역들은 위에서 제시한 것 말고도 얼마든지 더 생각해 볼 수 있다. 결과적으로 역이 도대체 몇 개나 있을지를 도저히 알 수가 없게 되어 있다. 셋째, Fillmore의 목록에서도 분명히 드러나는 바, 관념역들은 해당 언어에서 보이는 문법적 차이에 부분적으로 근거하는 경우도 있다. 그러므로 어떤 것들은 실제로 관념적인 것이 아니다.

　그렇다고 해서 이러한 관념역들을 전적으로 배제하고자 하는 것은 아니다 (1.2.3에서 그 이유를 밝힐 것이다). 그렇지만 관념역과 문법역 간의 관계와 차이를 이해하는 것은 매우 중요하다. 이들의 관계와 차이는 네 가지로 요약된다.

　첫째, 관념역은 문법역의 전형(exponent), 구현(realization), 또는 문법역에 의하여 [실제로] 표현된 어떤 것으로 여길 수 있다. 반대로 문법역은 관념역이 '문법화한 것(grammaticalization)' (또는 일부 학자들에 따르면) 관념역들이 '문법에 맞추어진 것(grammaticization)' 정도로 여길 수 있다(Palmer(1986:3-7)).

　둘째, 문법적 표지는 본질적으로 언어-특수적이지만, 관념적 특성이나 의미적 특성은 모든 언어에 적용이 가능하다; 그러므로 한 언어의 문법역들은 그들의 문법적 표지에 의하여 정해지지만, 그 문법역들이 표현하는 관념역들은 범언어적으로 (유형론적으로) 서로 비교해 볼 수 있다.

셋째, 문법역들은 그들의 문법 형식에 의하여 정해진다. 그러므로 그것은 분명히 확인이 되고 그 수도 정할 수 있다 (개별 언어 내에서 특히 그렇지만 유형론적으로도 그렇다). 반면에 관념역들은 명백히 정의되지 않으며 그 수도 정확히 몇 개라고 할 수 없다. 그렇다면 『행동주』(Agent), 『피동주』(Patient), 『수혜주』(Beneficiary), 『도구역』(Instrumental), 『처소역』(Locative)을 가장 중요한 다섯 개의 문법역이라 할 수 있겠다. 그러나 관념역의 수는 논자들의 판단에 따라 대개 정해진다.

넷째, 아주 중요한 것인데, 관념적 범주와 문법적 범주들이 좀처럼 일 대 일 대응을 보이지 않는다는 점이다. 이를테면 명사는 전형적으로 물리적 대상물(physical object)을 지시한다. 그렇지만 'fire'는 명사인데도 물리적 대상물이 아니다. 그렇지만 물리적 대상물을 확실히 지시하는, 명사의 대단위 집합이 있기는 하다. 'CHAIR, TREE, HORSE, BOOK' 등이 그러한데, 명사의 이러한 대단위 집합은 문법 부류(grammatical class)와 물리적 대상물 간의 지시 관계를 성립시킨다. 이들은 전형적인 또는 '원형적인(prototypical)' 명사들이며, 물리적 대상물을 지시하는 것이 그들의 원형적인 자질이라 할 수 있다.

같은 논리로 [문법역, 관념역이라는] 두 유형의 역이 정확히 일치하지 않음을 확실히 알 수 있다. 이에 대해서는 우리가 익히 알고 있는 예가 있다; 영어와 기타 여러 언어에서 문법역 『행동주』는, 여타의 문법역들도 그렇지만, 관념역 「행동주」 뿐만 아니라 관념역 「수령주」, 관념역 「경험주」 등을 포함할 수도 있다(1.2.3, 2.1.2 참조):

The girl saw the accident

They like cherries

그렇지만 뭐니뭐니 해도, 관념역 「행동주」, 「피동주」는 문법역 『행동
주』, 『피동주』와 연관되는 '원형적인' 역이다.

　　'행동주', '피동주'라는 용어가 문법역과 관념역에 모두 쓰이는 것
은 다소 유감스러운 일이다. '행위자(Actor)', '그 행위가 미치는 지점
(Goal)' 따위의 다른 용어를 쓸 수 있으면, [관념적인 용어로서가 아니
고] 문법적인 용어로 쓸 때는 그렇게 하는 것이 좋을 것 같다 (Whis-
tler(1985:243)을 보라). Foley and Van Valin(1984, 1985)는 이들을 '행
위자(Actor)', '[그 행위를] 겪는 자(Undergoer)'라 하였다. 그렇지만
'『행동주』', '『피동주』'가 현재로서는 모두들 쓰고 있는 용어이다. 용어
들을 중복해서 자꾸 만들어 쓰는 것은 혼란만 가중시킬 뿐이다. 뿐만
아니라 『수혜주』, 『도구역』, 『처소역』도 원형적인 관념역과 구별해서
써야 하므로 새로운 용어가 또 필요하게 된다. 그러나 이 책이 애초부
터 시행하고 있던 방식대로 하면 전혀 혼란스럽지 않을 것이다. 문법
역은 대문자로 시작하고 관념역은 소문자로 시작하는 것이다 — 즉,
'『행동주』(Agent)', '『피동주』(Patient)' 대 '「행동주」(agent)', '「피동주」
(patient)'로 하는 것이다 [변역문에서는 문법역을 『 』로, 관념역을 「 」
로 표시하여 구별하고 있다].

1.2.2 표지의 유형

　　뒤에서도 볼 것이지만 문법적 표지(marker)는 본질적으로 문법관
계들의 자질이다 [즉 문법관계들의 자질에 따라 정해진다]. 그런데 문
법관계의 자질을 알려면 문법관계를 가지는 항들의 역을 먼저 확인해
야 한다. 그러므로 반드시 이들 항의 역을 먼저 고려하여야 한다. 문
법역 『행동주』, 『피동주』를 확인하기 위한 표지는 영어의 능동-타동사
문에서 예증된다. 영어에는 세 가지 유형의 기본적인 표지가 있다.

　　(i) 어순(word order) — 평서문에서 『행동주』는 동사에 선행하고
『피동주』는 동사에 후행한다:

The boy hit the man) (the man hit the boy

어떤 언어는 영어와 다른 어순을 가질 수 있다. 여러 언어에서 확인되는 바 『행동주』와 『피동주』가 다 동사(또는 서술소)에 선행할 수 있는데, Tigrinya어(셈 어족(Semitic), 에티오피아, 필자 조사)가 그렇다:

bärhe   nə-məsgənna   ḥarimu-wo
Berhe   ANIM-Mesgenna   hit+3SG+MASC-3SG+MASC
'Berhe hit Mesghenna'

(ii) 형태론(morphology) — 대명사(you는 예외)만 별도의 형식을 가진다:

I hit him) (He hit me

여러 언어에서 볼 수 있듯이, 대명사와 마찬가지로 명사도 형태론적으로 격이 표시된다. 이를테면 『행동주』는 주격(nominative)으로, 『피동주』는 대격(accusative)으로 표시되는 것이다. 아래의 라틴어(Latin)를 보라:

Puer   hominem   planxit.
boy+NOM   man+ACC   he hit
'The boy hit the man'

Homo   puerum   planxit
man+NOM   boy+ACC   he hit
'The man hit the boy'

(iii) 동사와의 일치(agreement) — 본동사(full verb)의 현재[시제]형(tense)과 수(number)에서 일치한다:

The boy hits the man 〉〈 The boys hit the man

(영어의 경우, 동사는 인칭(person)과도 부분적인(marginal) 일치를 한다. 위의 예에서 일인칭 대명사 'I'에는 동사 'hit'만 쓰이고 'hits'는 쓰이지 못한다) 어떤 언어, 이를테면 독일어(German)나 불어(French)의 경우, 모든 시제에서 인칭과 수의 일치가 이루어진다. 그리고 Tigrinya어는 『행동주』와 『피동주』의 성(gender)과 수가 다 동사와 일치한다:

      bärhe   nə-'astir   ḥarimu-wa
      Berhe   ANIM-Astir   hit+3SG+MASC-3SG+FEM
      'Berhe hit Astir(woman's name)'

      'astir   nə-bärhe   ḥarima-tto
      Astir   ANIM-Berhe   hit+3SG+FEM-3SG+MASC
      'Astir(woman's name) hit Berhe'

어떤 언어에서는 『행동주』, 『피동주』 이외의 역들, 특히 『수혜주』, 『도구역』, 『처소역』(2.5, 2.6을 보라)이 문법적으로 표시되기도 한다. 그리고 어떤 언어에서는 이에 상응하는 관념역들이 전치사(이를테면 영어의 'to, with, in')로 표시된다. 이들 전치사가 문법적인 표시를 한다고 보는 데는 문제가 있다. 전치사는 아주 많은데 이들을 전부 문법역의 표지로 일괄 처리한다면, 전치사마다 각각 다른 역이 있다고 해야 할 것이다. 전치사들은 유형론의 비교에 있어서 관심을 끌만한 대상이며, 특히 昇進(promotion)과 降等(demotion)의 문제(1.4.1 참조)와 밀접한

관계가 있으므로 이들을 전적으로 배제할 수는 없다. 그렇지만 여기서
는 이들을 '迂言的(peripheral)인' 문법역으로 다룰 것이다.

어떤 언어에서는 이들 역이 [전치사로 표시되지 않고 특정한] 격
으로 표시된다. 라틴어에서는 여격(dative case)과 奪格(ablative case)
이 『수혜주』와 『도구역』을 지시한다:

Brutus   Marcello   librum   dedit
Brutus+NOM   Marcellus+DAT   book+ACC   gave
'Brutus gave a book to Marcellus'

Brutus   Marcellum   gladio   occidit
Brutus+NOM   Marcellus+ACC   sword+ABL   killed
'Brutus killed Marcellus with a sword'

그러나 대부분의 격 체계에서 그렇듯이, 라틴어의 격(6개의 격이 있
다)도 문법관계를 매번 표시해 주지는 않는다.

1.2.3 『행동주』와 『피동주』

유형론 연구에서는 무엇보다도 『행동주』와 『피동주』가 가장 중요
한 문법역인 것 같다. 이들은 타동사문과 자동사문을 구별하는 근거가
된다; 능동형일 경우, 타동사문에는 반드시 『행동주』와 『피동주』가 다
있어야 하는 반면, 자동사문에는 하나의 필수 항만 있으면 된다. 동사,
즉 서술소는 타동사문과 자동사문을 구별해 주는데, 전통적으로 동사
자체를, 그것들이 어떤 구조를 요구하느냐에 따라 '자동사', '타동사'로
기술하였다. 일반적인 경우 자동사는 하나의 항만을 요구하므로
'JUMP, LAUGH'는 자동사로, 타동사는 [두 개의 항, 즉] 『행동주』와
『피동주』를 모두 요구하므로 'HIT, KILL'은 타동사로 분류되었다. 많은

동사들이 타동사와 자동사에 다 속할 수 있다. 그러나 의미가 다르다. 'OPEN(The door opened/He open the door)'과 'RUN(He ran in the race/He ran the competition)'을 보라. 『행동주』, 『피동주』는 '능격' 계통('ergative' system)과 '대격' 계통('accusative' system)을 구별하는 데도 필수적이다(1.3). 그리고 이들은 수동, 반수동 따위의 기제에 전형적으로 관여한다(1.4).

　『행동주』와 『피동주』를 범언어적으로 확인하기 위해서는 궁극적으로 이들이 관련된 관념역을 확인해야 한다. 관념역 「행동주」, 「피동주」가 그런 확인을 가능하게 해주는 원형적인 역들이기는 하다. 그렇지만 문법역 『행동주』, 『피동주』와 관념역 「행동주」와 「피동주」 간에는 정확한 대응 관계가 성립하지 않는다(1.2.1). 2.1.2에서 더 논의하겠지만 어떤 점에서 문법역과 관념역이 일치하지 않는지를 간단하게나마 예시해 두는 것이 좋을 것 같다.

　영어와 기타 여러 언어에서 확인되는 바, 「知覺主」(perceiver)는 [일반적으로] 『행동주』일 수 있다:

　　The girl saw the accident

그러나 이 예문의 「지각주」는 결코 「행동주」가 될 수 없다 [이를테면 이 예문의 'the girl'은 서술소가 지시하는 행위 'saw the accident'를 지각하는 주체라는 점, 그리고 어순, 형태론 등에 따라서 그것이 문법역 『행동주』임은 알 수 있지만 관념적으로도 그것이 「행동주」는 아니라는 말이다]. 사건을 지각하는 사람이 결코 그 사건 지각에 대한 「사동주」(causer)나 「선동자」(instigator)가 되지 못하기 때문이다 [자신으로 하여금 그 사건을 지각하도록 시키는 경우에는 그것이 「행동주」가 될 수도 있는데, 사건의 지각에 의도 따위가 개입하는 경우에 가능하다. 이 예문의 'the girl'이 그런 의도를 가진다면 'saw the accident'라는 행위의 「행동주」가 될 수도 있다]; 오히려 지각된 것['the accident']

이 더 사건의 원인(cause)이 되는 것 같다.

　개별 언어 내에서나 범언어적으로나, 『행동주』와 『피동주』의 선택에도 놀랄 만한 차이가 있다. 동사 'FEAR'는 공포를 받은 대상을 『행동주』로 선택하는 반면, 동사 'FRIGHTEN'은 공포의 원인이 되는 것을 『행동주』로 선택한다:

　　　Most men fear death
　　　Death frightens most men

마찬가지로, 동일한 사건의 진행 과정(sequence)을 아래의 어느 문장도 진술할 수 있다:

　　　John sold the book to Bill
　　　Bill bought the book from John

어떤 경우에도 『행동주』의 선택을 「행동주」, 「피동주」라는 단순한 개념으로는 원만히 설명할 수 없다.

　더 놀라운 사실도 있다. 언어들 간에는 다음과 같은 차이가 있다. 아래의 영어 예문과 이탈리아어(Italian) 번역문을 비교해 보라 (Lepschy and Lepschy(1977:177, 194)):

　　　They like cherries
　　　Gli piacciono le ciliegie

영어 예문은 『행동주』 'they'와 『피동주』 'cherries'를 가지는 타동사 구성인데 반하여, 이탈리아어 번역문은 하나의 필수 항 'le ciliegie (cherries)'를 가지며 『수혜주』 'gli(to them)'를 가지는 자동사 구성이다 (그러나 2.5를 보라).

표기를 간단히 하기 위하여 『행동주』는 A, 『피동주』는 P로 적기도 할 것이다. 자동사문의 단일 정항(single argument)은 Huddleston이 (私席에서) 제안한 대로 S로 표시할 것이다. 이 S는 Dixon(1979: 59ff)처럼 '주어'로 보지 않고, '단일 (정항)'으로 보는 편이 훨씬 낫다. 전통적으로 '주어'라는 용어는 S 뿐만 아니라 A에도 쓰였음을 감안한다면 Dixon(1979:59ff.)의 용어는 잘못된 것이다.

Dixon(1977b:402)와 Foley and Van Valin(1985:301)은 『행동주』와 『피동주』를 타동사문의 '핵심(core) 구성 성분'으로 보았다. 그런데 A와 P 뿐만 아니라 자동사문의 단일 항 S까지 포함할 수 있는 용어가 필요하다. 그러므로 이들에게는 '핵심 역(core role)'이라는 용어가 적당한 것 같다. 『행동주』, 『피동주』 외에 자·타동사문에 다 쓰일 수 있는, 그리고 문법적으로 중요한 역들이 있다. 이들은 '비핵심 역(oblique)'이라고 하겠다 [다음 절을 보라. '비핵심 역'과 '우언역'(peripheral role)은 다른 개념이다].

1.2.4 그 밖의 문법역들

[A, P 외에] 세 개의 역만이 유형론적으로 의미가 있는 것 같다. 비핵심 역(1.2.3)인 『수혜주』(Beneficiary), 『도구역』(Instrumental), 『처소역』(Locative)이 바로 그것이다. 그런데 이들에 대한 완전한 설명은 문법관계들을 다룬 논의(2.2와 2.5)에 기댈 수 밖에 없다.

이들 가운데 가장 주목해야 할 것은 바로 『수혜주』다. 관념적으로 볼 때 『수혜주』는 일반적으로 유정물(animate being)을 지시하는데, 그 유정물은 관념역 「수령주」(recipient)와 「수혜주」(beneficiary)를 구별할 수 있는 행위에 의하여 간접적으로 영향을 받는다. 영어에서 이 두 관념역은 전치사 'to'와 'for'로 표시되는데 어순이 이들을 표시하기도 한다:

The boy gave a book to the girl
The boy gave the girl a book
The boy bought a book for the girl
The boy bought the girl a book

전치사에 의한 표시는 단순히 우언 역(peripheral role)을 지시하지만, 어순에 의한 표시는 엄연히 (하나의) 문법역 『수혜주』를 지시한다. 라틴어, 고대 그리스어(Classical Greek), 그리고 기타 여러 언어에서는 여격이 『수혜주』를 표시할 수 있다 (그러나 2.3을 보라).

　　『도구역』과 『처소역』은 우리에게 별로 알려지지 않은 언어에서 확인된다. Kinyarwanda어(반투, Kimenyi(1988:367-9) 참조)를 보자. 이 언어의 『도구역』, 『처소역』이 있는 예문은 영어의 『수혜주』가 있는 예문과 매우 비슷하다:

Umugóre a-ra-andik-a　　　íbarúwa n'íikarámu
woman　 she-PRES-write-ASP letter　 with pen
'The woman is writing a letter with a pen'

Umugóre a-ra-andik-iish-a　　　íbarúwa íkarámu
woman　 she-PRES-write-INSTR-ASP letter　 pen
'The woman is writing a letter with a pen'

Umwáalimu a-ra-andik-a　　　imibáre ku kíbáaho
teacher　 he-PRES-write-ASP maths　 on blackboard
'The teacher is writing maths on the blackboard'

Umwáalimu a-ra-andik-á-ho　　　ikíbáaho imibáre
teacher　 he-PRES-write-ASP-on blackboard maths

'The teacher is writing maths on the blackboard'

나머지 역들은 2.7에서 더 다룰 것이다.

1.3 문법관계들

1.2.2에서도 언급하였듯이 형식 자질들에 의하여 표시되는 것은 문법역이 아니라 문법관계이다. 이 절과 다음 절(1.4)에서 그 이유를 밝힐 것이다.

1.3.1 대격, 능격 등

영어와 기타 여러 언어에서 자동사문의 단일 정항(S)은 능동 타동사문의 『행동주』(A)와 동일한 문법적 표지를 가진다:

He smiles   They smile
He likes them   They like him

1.2.2에서 소개한 세 가지 자질, 어순(동사에 선행할 것), 형태론('him, them'이 아니라 'he, they'일 것), 동사와의 일치('he'이면 동사에 '-s'를 붙이고 'they'이면 동사에 '-s'를 붙이지 말 것) 등은 S와 A가 같다는 것을 명백히 보여준다 [즉 S=A]. '『주어』'라는 용어가 전통적으로 사용되어 이들 두 역이 이렇듯 동일하다는 것을 지시해 주었다. 그리고 나머지 항 P는 전통적으로 '『목적어』'라 불렸다.

그러나 이 단일 정항(S)이 『행동주』(A)가 아니라 능동 타동사문의 『피동주』(P)인 언어도 있다 [즉 S=P]. 최근에 널리 알려진 이 놀라운 예들은 오스트레일리아 제어(Austrailian languages) 가운데 하나

인 Dyirbal어(Dixon(1979:61) 참조, Dixon(1972)와 비교해 보라)에서
볼 수 있다:

    ŋuma   banaga-ɲu
    father+ABS   return-PAST
    'Father returned'

    yabu   banagu-ɲu
    mother+ABS   return-PAST
    'Mother returned'

    ŋuma   yabu-ŋgu   buɽa-n
    father+ABS   mother-ERG   see-PAST
    'Mother saw father'

    yabu   ŋuma-ŋgu   buɽa-n
    mother+ABS   father-ERG   see-PAST
    'Father saw mother'

Dyirbal어는 형태론적 격 체계를 가진다; 현재의 논의와 관계 있는 두
격은 [형태론적으로] 아무런 표지도 없는(접미사 없음) 절대격과 접미
사 '-ngu'로 표시되는 능격이다. 위의 예문에서 자동사문의 S는 (아무
런 표지도 없는) 절대격이다. 반면에 타동사문에서 A에 선행하는 P는,
S와 마찬가지로 절대격이지만, A는 ('-ngu'로 격 표시되는) 능격이다.
영어와 같은 [대격] 언어의 용어로는, 자동사문의 '주어'가 타동사문의
'목적어'('주어'가 아님)와 같다고 해야 할 것 같다. 그러나 그런 방식
은 사실을 잘못 기술하게 만든다: '주어'니 '목적어'니 하는 것은 (再定
義하지 않는다면 — 1.4.2 참조) 여기에는 적합하지 않다.

Dyirbal어 같은 언어는 '능격' 언어('ergative' language)로 알려졌었다; 우리에게 잘 알려져 있는 능격 언어는 바스크어(Basque), 에스키모어(Eskimo) 등이다. 영어와 같은 언어는 '대격' 언어라 한다. 그런데, '능격', '대격'은 언어라고 하기보다는 계통(system)이라고 하는 것이 더 나을 것 같다 (아래에서 그 이유를 밝힐 것이다). 그렇다면, 대격 계통에서는 S가 A와 같고(S=A), 능격 계통에서는 S가 P와 같다(S=P)고 할 수 있겠다.

영어 등의 대격 언어에서 S와 A가 같다는 사실은 통사론(syntax)에도 반영된다. 『주어』(S=A)에만 적용될 수 있는 특정한 통사적 특성이 있다. 영어의 경우 대등 구성(coordinate construction)에서 선행 절의 『주어』와 동지시되면, 후행 절의 『주어』는 생략(omit)(또는 '삭제(delete)')될 수 있다. 『목적어』는 그럴 수 없다. 아래의 예를 보라 (생략된 『주어』는 대괄호 안에 있다):

The boy ran away and [the boy] chased the dog

같은 방식으로 『목적어』를 생략할 수는 없다:

*The boy ran away and the dog chased [the boy]

이와는 달리 Dyirbal어에서는(Dixon(1979:62-3) 참조) 문법적으로 같은 역을 가지는 S와 P가 생략될 수 있다 (자세한 논의는 4.1.1 참조):

ŋuma   banaga-ɲu   yabu-ŋgu   buɻa-n
father+ABS   returned-PAST   mother-ERG   see-PAST
'Father returned and Mother saw [Father]'

대격 계통이나 능격 계통과는 상당히 다른, 그러면서도 이들의 변이형

(variation)이라 할 수 있는 계통이 있다. 여기서는 자동사문의 단일 정항이, 동사에 따라서 [능동 타동사문의] 『행동주』와 같은 방식으로도 표시되고 『피동주』와 같은 방식으로도 표시된다 (대개는 그 정항이 관념적으로 「행동주」인지 아닌지에 따라 결정된다). 그리고 어떤 동사에서는 [『행동주』, 『피동주』로] 다 표시된다(3.5 참조). 다시 말하면, S는 A일 수도 있고 P일 수도 있는 것이다. 그렇다면 두 S를 구별해 주어야 할 것이다. 이 책은 두 S를 S_A, S_P로써 구별하고자 한다. S_A는 S가 A인 경우를, S_P는 S가 P인 경우를 가리킨다. 이와 같은 현상이 제법 자세히 논의된 초기의 예로는 포모어(동부)(Pomo.E)(캘리포니아, McLendon(1978:1-3))가 있다. 아래 예들을 보라:

xá·s-u·là·   wí   ko·kʰóya
rattlesnake-AGT   1SG+PAT   bit
'The rattlesnake bit me'

há·   mí·pal   ša·k'a
1SG+AGT   3MASC+SG+PAT   killed
'I killed him'

há·   c'e·xélka
1SG+AGT   slip
'I'm sliding'

wí   c'e·xélka
1SG+PAT   slip
'I'm slipping'

('AGT'와 'PAT'는 '행위격(agentive)과' '피행위격(patientive)'을 형태론

적으로 구별하고 있는데, 이것은 '주격', '대격'이나 '능격', '절대격'같은 격 표지로 간주할 수 있다) 이런 언어(또는 계통)는 '행위격 언어(계통)'(agentive)라 할 수 있겠다 [예문 주석의 'AGT'/'PAT'는 'NOM'/'ACC', 'ERG'/'ABS' 등과 같은 격 표지다. 이들에 의하여 문법적(형태론적)으로 격 표시된 항들은, 타동사 구성에서는 대개 『행동주』(A)/『피동주』(P)로 기능한다. 반면에 자동사 구성의 단일 항 S는 (대격 계통의 'NOM'('ACC'가 아님)/능격 계통의 'ABS'('ERG'가 아님) 항처럼) 'AGT'/'PAT'가 되는데, 『행동주』(A)가 될 수도('AGT'인 경우), 『피동주』(P)가 될 수도('PAT'인 경우), 둘 다 될 수도('AGT'/'PAT'인 경우) 있다. 그리고 이에 따라 여러 언어들을 각각 대격 계통, 능격 계통, 행위격 계통으로 유형화된다].

[S와 A, P 간의 동일성 여부에서 가능한] 경우의 수는 하나 더 있다. S, A, P가 전혀 일치하지 않는 경우다; 이것도 다시 검증해 보겠다(3.4 참조). (A와 P가 같지 않다는 것만 전제되면(2.1.2 참조), 단지 네 개의 가능성만이 존재한다. 즉, S=A[대격 계통], S=P[능격 계통], S=A 및 P[행위격 계통], S≠A 및 P가 그것이다.)

끝으로, 반드시 알고 있어야 할 중요한 사항을 하나 지적하고자 한다. 어떤 언어는 능격 계통이면서 동시에 대격 계통이라는 점이다; 이런 언어들 가운데 일부는 명사 형태론에서는 능격성을 보이지만 (명사의 경우 S와 P가 같은 표지를 가진다), 동사 일치에서는 대격성을 보인다 (동사의 경우 S와 A가 동일한 표지를 가진다)(3.2 참조). 또한 시제 등의 문법적 범주들에 따라 다양한 변이형을 보이기도 한다(3.3 참조). 더군다나 통사론과 형태론이 일치하지 않는 경우도 있다 (2.5, 4.2, 4.3, 6.5, 6.6.3). 그러므로 엄격히 말하면, 우리는 어떤 언어를 두고 '능격 언어', '대격 언어'라고 말해서는 안 되며 '능격 계통', '대격 계통'이라고 해야 한다. '행위격 계통'도 마찬가지이다.

1.3.2 역과 관계들 (i)

대격 계통에서는 S가 A와 같고, 능격 계통에서는 S가 P와 같다는 사실에서, 우리는 '문법역'과 '문법관계'를 철저히 구별해야 할 필요를 느낀다. [문법]역인 S, A, P와 S=A, S=P는 다른 개념이다; S, A, P는 문법역이고 S=A, S=P는 문법관계이다.

대격 언어의 문법관계는 전통적으로 '주어(Subject)', '목적어(Object)'라고 하였는데, S=A는 『주어』, P는 『목적어』였다. 여기서는 후자의 개념을 취한다. 문법역들과 마찬가지로 문법관계도 대문자로 시작한다. 頭字를 소문자로 시작하는 '주어(subject)', '목적어(object)'라는 용어도 사용하기는 할 것인데, 통상적인 개념으로서의 주어, 목적어일 경우에 한한다 [문법역에서 사용하였던 방식대로 번역서는 『 』로써 두 자를 대문자로 시작하는 문법관계를 표시한다. 문법역과 달리 문법관계에는 「 」를 사용하지 않는다].

유감스럽게도 능격 계통의 문법관계(S=P 및 A)를 포착해 줄 용어로서 『주어』, 『목적어』에 해당하는 용어가 없다. 많은 학자들이 능격 계통에도 여전히 '주어', '목적어'라는 용어를 쓰고 있는데, 이는 혼란만 가중시킬 뿐이다. 이 용어들은 서로 상반되는 방식으로 사용될 수 있고, 또 실제로도 그렇게 사용되었기 때문이다. 전통적으로 '주어'를 『행동주』와 동일시하였으므로 이 용어를 모든 (능격으로 표시된 정항을 포함하여) A에 사용해야 한다고 우길 수 있다. 그리고 이런 입장은 일반적으로 다들 수용하고 있는 것이므로 그냥 그렇게 하자고 제안할 수도 있겠다; 그렇다면 반대로 제안할 수도 있다. 즉 S가 [A가 아니라] P와 동일한 관계에 있을 경우, 즉 S=P인 [문법]관계를 확인하는 데 '주어'라는 용어를 적용시키는 것이 최선이라고 해도 그만이라는 것이다. 특히 S가 P와 관련된 통사적 자질을 가진다면(3.3과 Comrie(1988:11) 참조) 더욱 그렇다. 어떤 주장도 만족스럽지 않다. 어떤 것도 부정확하고 혼란스러운 용어에 귀결될 것이기 때문이다: A를 주어라고 하자. 그러면 [능격 계통의] 자동사문에는 주어가 없고 목적어만 있게 된다. 반대로 S=P를 주어라고 하자. 그러면 타동사문에서는 『행동주』가 목적어가 되고 『피동주』가 주어가 된다. 참으로 정도를 벗어난 기술이 아닐 수 없다.

대격 계통의 전형적인 '『주어』', '『목적어』'에 상응하면서 능격 계통의 문법관계를 포착해 줄 수 있는 적절한 용어는 생각보다 간단히 찾아낼 수 있다. 능격 계통에는 '『능격어』(Ergative)', '『절대격어』(Absolutive)'라는 용어를 쓰는 것이다. 다시 말하면 능격 계통의 A에는 '『능격어』'라는 용어를, S=P에는 '『절대격어』'라는 용어를 각각 쓰는 것인데 관계들을 표시하는 격에 따라서 두 문법관계의 명칭을 맺어 주는 것이다. 그러나 그런 태도는 격을 문법관계와 혼동하도록 할 수 있다는 점에서, 그리고 『주어』(Subjects)는 '주격어(Nominative)', 『목적어』(Objects)는 '대격어(Accusative)'라고 하는 것과 같다는 점에서 반대에 부닥친다. [하지만] 그와 같은 반론에는 설득력이 없다. 대격 계통에서는 이미 [『주어』/『목적어』, 주격/대격이라는] 두 쌍의 용어를 전통적으로 사용하고 있었으며, 능격 계통에서는 아직 사용하지 않았을 뿐이기 때문이다. 어떤 혼란도 야기되지 않는다: 격은 두자를 소문자로 표기하여 '능격(ergative)', '절대격(absolutive)'이라 하고, 관계(relation)는 두자를 대문자로 표기하여 '『능격어』(Ergative)', '『절대격어』(Absolutive)'라고 하면, 격과 관계의 차이를 명백히 구별해 줄 수 있다 [번역문에서는 『능격어』/『절대격어』(두자 대문자), 능격/절대격(두자 소문자)으로 표기한다]. 격의 명칭을 관계에 쓰는 것은 비핵심 관계(oblique relation)에도 비슷한 문제가 있다는 점에서 지지를 받을 수 있다. 거기서도 — 격의 명칭과 관련하여 — 같은 해결책을 제시할 것이다(1.4.2 참조).

대격 계통과 능격 계통에 한 벌의 용어를 사용하는 것은 도움이 될 때가 있다. (대격 계통에서는 『주어』 S=A, 능격 계통에서는 『절대격어』 S=P와 같이) 역과 관련있는 관계는 '1차(primary)' 관계라 하고, 그 밖의 경우(대격 계통에서 『목적어』 P와 능력 계통에서 『능격어』 A)는 '2차(secondary)' 관계라 부르겠다. 그런데 이 책에서는 이들에게 특별히 '1차 항(primary term)', '2차 항(secondary term)'이라는 용어도 사용하고자 한다; '1차', '2차'라는 용어는 문법관계에만 사용할 것이므로 용어상의 혼란은 없을 것이다.

행위격 계통에서는 역과 관계 간의 차이를 구별할 필요가 없다고 주장할 수도 있다. 이 계통에서는 S_A=A, S_P=P로 확인되지만, 이들은 관념역 「행동주」, 「피동주」에 직접 상응하는 것 같다. 그리고 이 관념역은 문법역 『행동주』, 『피동주』와 같을 수 있으므로, 이 계통에서는 문법역과 문법관계가 구별되지 않는다고 간단히 결론지어 버릴 수도 있다. 이 계통을 [다른 계통의 언어들과는 유형론적으로 전혀 관계가 없는] 독립적으로 존재하는 것으로 본다면, 이러한 논의는 타당할 것이다. 그러나 유형론적 입장에서 이 계통을 연구하는 한 그 논의는 타당하지 않다. 유형론 상 『행동주』와 『피동주』는 타동사 구성의 기본적인 두 역이다. 이들 가운데 어느 것이 S와 같으냐에 따라 문법관계가 성립한다. 그렇다면 S_A=A, S_P=P는 문법관계이다; 이들에 대한 적절한 명칭은 '『행위격어』(Agentive)'와 '『피행위격어』(Patientive)'다. 그리고 문법역의 적절한 명칭은 S_A, S_P, A, P이다.

문법을 이론적으로 접근하고자 하는 시도에서는 정항들이 서술소와 전형적인 논리(logical-type) 관계를 가지는 것으로 여겼기 때문에 '문법관계'라는 용어를 계속 써 왔다. 그리고 그와 같은 전형적인 논리관계는 '동사의 주어/목적어'라는 용어로써 표현되었다.

1.4 수동과 반수동

1.4.1 승진과 강등

많은 언어들은 아래에 보이는 것과 같은 예문 쌍을 가진다:

The policemen have caught the thief
The thief has been caught by the policemen

전통적으로 이들을 각각 '능동문(active sentence)', '수동문(passive sentence)'이라 불렀다. 이들 두 문장 간에 보이는 문법적인 관계를 다루는, 가장 간단하고 널리 받아들여진 방법은, 첫 번째 것을 기저가 되는(basic) 능동문으로 처리하고, 두 번째 것은 첫 번째 것에 일련의 형식 규칙(formal rule)이 적용되어 도출된(derived) 수동문으로 보는 것이다. 능동문에서는 어순 및 『주어』와 동사의 일치에 의하여, 『행동주』('the policeman')는 『주어』로 표시되고 『피동주』('the thief')는 『목적어』로 표시된다. 수동문에서는 『주어』로 표시되는 것이 『피동주』인데 『행동주』는 (전치사에 의하여 표시되는) 우언적인 지위를 가지게 되거나 전치사와 함께 생략된다. 수동문이 능동문에서 도출된다는 입장에서 이 둘의 관계를 다루는 견해는 다음의 내용을 함의한다고 할 수 있겠다; (a) 능동문의 (2차 항인) 『피동주』-『목적어』는 도출된 수동문의 (1차 항인) 『주어』의 지위로 승진한다. (b) 『행동주』-『주어』는 우언적인 항으로 강등(또는 삭제)된다. (c) 동사에 수동(태) 표지(이상의 논의는 5.1 참조)가 주어진다. '승진', '강등'은 '1차 관계', '2차 관계'라는 위계(hierarchy)를 가정하고 있다. 그 밖의 관계들[이를테면, 우언적인 지위를 갖는 관계들]은 전부 다 그 위계가 [『주어』, 『목적어』보다] 낮다.

영어의 것과 비슷한 예는 Tigrinya어(셈 어족, 에티오피아, 필자 조사)와 길버트어(Gilbertese)(미크로네시아), Keenan(1985:245))에서도 볼 수 있다:

Məsgənna   nə-Məhrät   ḥärimu-wa
Mesgenna   ANIM-Mehret   hit+3SG+MASC-3SG+FEM
'Mesgenna hit Mehret'

```
Məḥrät    bə-Məsgənna    tä-ḥärima
Mehret    by-Mesgenna    PASS-hit+3SG+FEM
'Mehret was hit by Mesgenna'                [이상 Tigrinya어]


E    kamate-a    te naeta     te moa
it   kill-it       the snake   the chicken
'The chicken killed the snake'


E    kamate-aki   te naeta    (iroun te  moa)
it   kill-PASS      the snake   (by the chicken)
'The snake was killed (by the chicken)'    [이상 길버트어].
```

Tigrinya어의 『주어』는 동사와 일치하여 표시되고 『목적어』는 동사에 붙는 접미사와 일치하여 표시된다 (Tigrinya어는 남성/여성을 모두 표시한다). 길버트어는 동사에 수동태 표시를 하고 『행동주』를 우언적인 지위로 강등시켜 능동태/수동태를 구별한다.

　　어떤 언어에서는 『목적어』/『피동주』가 아닌 항들, 이를테면 비핵심 항들도 승진할 수 있다. 말라가시어(Keenan(1972:172-3))에는 『목적어』/『피동주』를 『주어』로 승진시키는 수동태도 있지만, 기저의 능동문에서 전치사에 의하여 비핵심 역으로 표시되었던 『수혜주』와 『도구역』을 승진시키는 '迂言態(Circumstantial voice)'도 있다:

```
Nividy         ny vary  ho an´ny ankizy   ny  vehivavy
Bought+ACT   the rice  for the  children  the woman
'The woman bought the rice for the children'


Novidin´       ny vehivavy  ho an´ny  ankizy   ny  vary
Bought+PASS  the woman    for the    children  the rice
```

'The rice was bought by the woman for the children'

Nividianan'   ny vehivavy   ny vary   ny ankizy
Bought+CIRC   the woman   the rice   the children
'The children were bought the rice by the woman'

Nividianan'   ny vehivavy   ny vary   ny vola
Bought+CIRC   the woman   the rice   the money
'The money was used to buy the rice by the woman'

대격 계통은 1차 항(『주어』)이 S=A이고 2차 항(『목적어』)이 P이다.
그리고 강등(또는 삭제)되는 것은 1차 항이다. (말라가시어에서 보았
듯이 항상 그런 것은 아니지만) 2차 항이 수동화를 통해서 승진하는
것이 일반적이다. 그러나 능격 계통은 1차 항이 『절대격어』 S=P이고
2차 항이 『능격어』 A이다. 그렇다면 이 체계에서는, 최소한 몇몇은 실
제로 그런데(3.2 참조), 승진하는 것이 『행동주』-『능격어』이고 강등되
는 것이 『피동주』-『절대격어』라는 사실이 새삼스럽지 않을 것이다.
Dyirbal어(Dixon(1979:61, 63))를 보자:

    yabu   ŋuma-ŋgu   bura-n
    mother+ABS   father-ERG see-PAST
    'Father saw mother'

    ŋuma   buṛal-ŋa-ɲu   yabu-gu
    father+ABS   see-ANTIP-PAST   mother-DAT
    'Father saw mother'

여기서 'father'는 (능격으로 표시되는) 2차 항 『능격어』에서 (절대격으

로 표시되는) 1차 항 『절대격어』로 승진하였는데 반하여, 'mother'는 (절대격으로 표시되는) 1차 항 『절대격어』에서 비핵심 항(여격으로 표시되었는데 여격은 일반적으로 『수혜주』 표지이다)으로 그 지위가 강등되었다 [전치사에 의하여 표시되지 않고 여격으로 표시되었으므로 우언적인 항으로 강등(영어와 비교해 보라)된 것은 아니다].

이런 유형의 승진/강등에는 '반수동'이라는 용어(Silverstein(1976)) 가 사용되었다. 대격 계통과 마찬가지로 여기서도 기저가 되는 문장은 '능동태'라 하겠는데 그렇다면 도출된 문장은 '반수동태'라 할 수 있겠다. 대격 계통의 수동태에 대당되는 것이 능격 계통의 반수동태임은 확실하다.

1.4.2 역과 관계들 (ii)

1.3.2에서 논의한 바 있듯이, 대격 계통에서는 S가 A와 같고 능격 계통에서는 S가 P와 같다는 사실에서 문법역과 문법관계를 구별할 필요가 있음을 보았다. 그러나 이들을 표지로써 구별하는 데는 (결코 덜 중요하다고 할 수 없는) 또 하나의 이유가 있다.

『행동주』, 『피동주』 같은 문법역들은 필연적으로 (원형적인) 관념역들에 이어져 있다. 그러므로 수동에 의하여 『피동주』가 능동문의 『행동주』가 차지하고 있던 문법적 지위[이를테면 주어]로 승진하더라도, 그것은 사실상 『행동주』가 '되는' 것이 아니라 여전히 『피동주』로 남아 있는 셈이다. 이러한 사실은 1.4.1에서 논의하였던 예에서 명백히 알 수 있다:

The thief has been caught by the policeman

여기서 'theif'는 『주어』, 즉 능동문에서 『행동주』가 가지고 있던 문법관계로 승진하였지만, 그것은 여전히 『피동주』이며 『행동주』가 '된' 것은 아니다 (여전히 능동문에서 『행동주』였던 'policeman'이 『행동주』
다).

　　전통적인 대격 계통의 언어에서는 능동문의 P에 '『목적어』'라는
용어를 사용한 것처럼, 능동문의 A와 수동문의 승진한 P에 '『주어』'라
는 용어를 공히 사용함으로써 있을 법한 혼란을 방지할 수 있었다. 이
것을 두고 『목적어』가 『주어』가 되었다고 할 수도 있는데, 더 나은 것
은 『목적어』가 『주어』로 승진하였다고 하는 것이다. 『주어』, 『목적어』
는 문법관계일 뿐, 『행동주』, 『피동주』 같은 문법역은 아니므로 문법
역은 변하지 않은 것으로 여길 수 있다. 다만 수동화에 의하여 문법관
계 상의 지위가 변하였을 뿐이다 (『수혜주』와 『처소역』이 『주어』로
승진하는 경우(1.4.1)도 같은 방법으로 다룰 수 있을 것이다. 그러나
용어 문제가 있다. 아래 논의를 계속 보라).

　　『주어』이기는 하지만, 『피동주』는 『피동주』일 뿐 『행동주』가 '되
지'는 못한다. 더욱이 수동에 의하여 『주어』가 '되는' 것, 또는 『주어』
로 승진하는 것이 『피동주』라고 하는 것은 잘못이다. 승진하는 것은
『피동주』가 아니라 『목적어』다. 그리고 6.6에서 다시 논의할 것이지만
승진하는 『목적어』가 항상 『피동주』인 것도 아니다: 어떤 언어에서는
『수혜주』와 『처소역』이 『목적어』로 승진한다. 그리고 이 『목적어』(당
연히 『피동주』가 아니다)가 다시 『주어』로 승진한다. 수동화는 『목적
어』에만 관여할 뿐, 『피동주』에는 관여하지 않는다. 이러한 사실은 이
책의 용어 전반에 중요한 영향을 미친다. 반드시 문법관계의 측면에서
수동 및 반수동에 대한 논의가 이루어져야 한다. 그런데 기저의 능동
문에서는 역과 관계들이 다르지 않다. 따라서 '『주어』'/'『행동주』', '『절
대격어』'/'『피동주』' 등 어느 쌍의 용어도 사용할 수 있다. 사실, 역의
문제를 중요하게 다루어야 할 경우(2장의 앞부분 참조)를 제외한다면,
관계들의 명칭(특히, 우리가 익히 사용했던 '『주어』', '『목적어』' 따위)
만을 사용하는 것이 더 간명하고 일관성이 있다.

　　반수동이 있는 능격 계통에도 비슷한 경우가 있다. 『행동주』는

『피동주』가 기저문에서 있던 지위로 승진한다. 계속 논의해 온 대로, 이 경우에도 『행동주』가 『피동주』가 되었다고 해서는 안 되며 2차 항인 『능격어』가 『절대격어』로 승진했다고 해야 한다. 더구나 반수동에서는 『피동주』-『절대격어』가 『수혜주』나 『처소역』, 또는 『도구역』이 있던 지위로 강등되기도 하므로 비핵심 역 또한 관여하고 있다고 봐야 한다. 『도구역』이 있던 자리로의 강등은 축치어(Chuckchee)(시베리아(Siberia), Kozinsky et al.(1988:667))에서 볼 수 있다 — 7.3 참조:

        ətlʔa-ta   məčəkw-ən   təni-nin
        mother-ERG   shirt-ABS   sew-3SG+3SG+AOR
        'The mother sewed the shirt'

        ətlʔa   ine-nni-gʔi   məčəkw-a
        mother+ABS   ANTIP-sew-3SG+ABS   shirt-INSTR
        'The mother sewed the shirt'

『처소역』이 있던 자리로의 강등은 다소 드문 편인데, Dixon(1977a: 110)이 Yidiny어(오스트레일리아)로 예를 제시하였다 — 7.1참조:

        ŋayu   balmbiɲ   wawaːl
        I+NOM   grasshopper+ABS   see+PAST
        'I saw the grasshopper'

        ŋayu   balmbiː-ɲɖa   wawaːɖiɲu
        I+NOM   grasshopper+LOC   see+ANTIP+PAST
        'I saw the grasshopper'

그런데 여기에는 용어 문제가 있다. '『도구역』'과 '『처소역』'은 문법역의 명칭인 바, 당연히 『피동주』는 문법역인 『도구역』이나 『처소역』으로 강등될 수가 없다는 점에서 그렇다; 항들의 역은 변하지 않고 항들의 문법관계만 변하기 때문이다. 그렇다면 위의 두 예에서 반수동문의 'məčəkw-a/shirt-INSTR', 'balmbi:-ɲḍa/grasshopper+LOC'가 가지는 문법관계들을 지시할 일련의 용어가 더 필요하게 된다. 그런데 어떤 용어도 썩 적합한 것 같지 않다. 그렇다고 해서 새로운 용어를 자꾸 만들어 쓰는 것은 전혀 도움이 안 된다. 그런데 문법역과 문법관계에 동일한 용어를 사용해도 실제로는 별로 혼란스러울 것 같지 않다. 그리고 이 방법이 가장 합리적인 것 같다; 『피동주』-『절대격어』가 『도구격어』(Instrumental)로 강등되었다는 것은, 반수동에 의하여 『피동주』(『절대격어』) 역을 가지는 정항이 『도구격어』의 문법관계에 부여되었다는 뜻이다 [이 책은 두자를 대문자로 시작하는 'Instrumental', 'Locative'라는 용어가 '문법역'과 '문법관계'를 모두 지시하도록 허용하고 있다. 즉 'Instrumental', 'Locative'가 문법역으로서 『도구역』, 『처소역』, 문법관계로서 『도구격어』, 『처격어』를 모두 지시할 수 있도록 허용한다는 것이다. 그러나 국어 번역은 이들 용어가 문법역을 지시할 때는 『도구역』, 『처소역』으로, 문법관계를 지시할 때는 『도구격어』, 『처격어』로 각각 번역함으로써 혼란을 완전히 피할 수 있다].

　　『피동주』-『절대격어』는 『수혜주』가 있던 자리로 강등될 수도 있다 [그러나 바로 앞에서 논의한 대로 『피동주』-『절대격어』가 『수혜주』로 강등될 수는 없다. 그렇다면 이 『수혜주』의 문법관계를 보여 줄 용어가 또 필요하다]. 그런데 이 경우는 [앞의 『처소역』, 『도구역』에서 그랬던 것과는 달리] 문법관계를 보여 줄 수 있는 별도의 용어를 사용할 수 있을 것 같다. 대격 계통에서는 문법역 『수혜주』에 상응하는 문법관계로 '『간접 목적어』(Indirect Object)'라는 용어를 사용한다. 그러나 이 용어가 능격 계통에는 적합하지 않다. 능격 계통에는 '목적어'라는 용어 자체가 적합하지 않기 때문이다. 그렇다면 '『여격어』(Dative)'라는 용어를 쓰는 것이 좋겠다; '『절대격어』', '『능격어』', '『도구격어』, 『처격어』'처럼, 이 용어도 관련된 격의 명칭에서 따온 것인데, [처음부터 이 책이 그래왔듯이] 두자에 대문자를 사용하여 [문법역과 (격 표시되는) 문법관계를] 서로 구별할 것이다. 이 용어는 대격 계통에서도 『간접 목적어』라는 용어를 대신해서 사용할 수 있거나 이 용어와 함께 사용할 수 있다. 『여격어』로 강등되는 예는 Yidiny어에서 보인다. 위 예문의 첫 번째 것을 기저로 하여 『여격어』로 강등되었다:

> ŋayu   balmbi: nda   wawa:ɖiɲu
> I+NOM   grasshopper+DAT   see+ANTIP+PAST
> 'I saw the grasshopper'

『여격어』, 『도구격어』, 『처격어』는 비핵심 역을 가지므로, 이에 상응하는 문법관계도 똑같이 '비핵심(격)어(oblique)'라는 용어를 사용하면 되겠다. 마찬가지로 (영어에서 강등된 『행동주』가 전치사 'by'로 표시되듯이) 강등이 우언 역(peripheral role)으로 강등되는 것이라면, 그 문법관계 또한 '우언적인 관계'라 할 수 있다. 사실상 강등이란 것은 (8.2에서 수동과 반수동의 측면에서 다룰 도치 계통(inverse system)이 아니라면) 항상 비핵심어나 우언적인 관계로 내려가는 것일 뿐, (삭제가 되기도 하지만) 절대로 2차 관계[즉, 『목적어』. 도치 계통에서는 『주어』가 『목적어』가 되고 『목적어』가 『주어』가 된다 — 8.2 참조]로 내려가는 것이 아닌데, 이런 현상은 아주 일반적인 것임을 주목할 필요가 있다.

1.5 나머지 문제들

이 장에서는 간단하게나마 이 책이 다루고 있는 논제들을 거의 다 언급하였다. 물론 이 책이 논의하고 있는 또 다른 논제들, 특히 목적어로의 승진(6.6)과 포합(incorporation)(7.5)과 관련한 논의는, 불가피하지만 별도로 소개할 것이다. 그리고 맨 끝의 두 장은 '역-재사상'이라는 약간 색다른 논제를 다룰 것이다.

8장은 수동과 반수동과 같은 태 체계(voice system)와 더불어 무언가를 더 가진 두 유형의 계통을 다룰 것인데, 이들은 서로 밀접하게 관련되어 있지는 않은 것 같으므로 별도로 다루어야 할 것 같다.

9장은 사동(causative)을 다룬다. 사동은, 새로운 정항을 『주어』의 문법관계에 도입하고 원래의 『주어』(A나 S)를 강등시키는 장치인 것 같다. 아래의 Tigrinya어(셈 어족, 에티오피아, 필자 조사)를 보라:

    Məhrät   mäṣhaf   rə'iya
    Mehret   book   saw+PAST+3SG+FEM
    'Mehret saw the book'

    Məsgənna   nə-məhrät   mäṣhaf   'a-r'iyu-wa
    Mesghenna   ANIM-Mehret book   CAUS-see+PAST+
                                        3SG+MASC-3SG+FEM
    'Mesghenna showed Berhe the book'

역과 관계들

전 장에서는 문법역과 문법관계에 관한 가장 기본적인 사항들을 개괄하였다. 이 장에서는 이들을 면밀히 검토해 보고자 한다.

2.1 『행동주』와 『피동주』

문법역 『행동주』와 『피동주』에 대해서는 두 가지 문제를 고려해 볼 수 있다: 첫째, 이들은 과연 보편적(universal)인가, 둘째, 의미에 근거한(meaning-based) 관념역과 어떤 관계가 있는가.

2.1.1 구별의 보편성

모든 언어들이 [그 언어 내에서] 『행동주』, 『피동주』 따위의 서로 다른 [문법]역들을 문법적으로 구별해야 한다는 것은 틀림없는 사실인 듯하다. 한 서술소에 두 개의 정항이 있을 경우, 각 정항이 어떤 [문법]역을 가지는지를 반드시 알아야 하기 때문이다. 이를테면 누군가를 때리고 있는 사람에 대하여 말한다고 가정해 보자. 이 때 우리는 때리는 사람(『행동주』)과 맞는 사람(『피동주』)이 누구인지를 알아야 한다.

이 때 『행동주』와 『피동주』에 대한 형식 표지가 알려 주는 차이는 그
것을 정확히 보여 준다(1.2.2). 그런 확인을 거치지 않으면 통화 자체
가 불가능하다고 할 수 있다. 그렇다면 그런 구별을 전혀 하지 않는,
즉 「행동주」, 「피동주」라는 기본적인 관념역들을 문법화시키지 않는
언어는 생각할 수 없을 것이다.

　　[그렇지만] 그런 언어가 있을 가능성 자체를 배제하는 것은 무식
한 처사다. 그런 태도는 '언어에는 정해진 어떤 것이 반드시 있어야
한다'고 추정하는 것과 같은데, 상당히 위험한 태도라 하지 않을 수
없다. 그리고 언어에 있어서 '명백한' 사실로 보였던 것들도, 실제로는
영어나 우리에게 잘 알려진 (보통 유럽(European) 제어라고 하는) 언
어들에 국한된 사실이었던 것으로 속속 밝혀지고 있다. 현재 조사가
진행 중인 언어를 두고, 존재하지 않는 문법 범주를 애써 찾으려고
(혹은 '발견(find)'하려고) 하는 것도 물론 위험하다. 그렇지만 마찬가
지로, 오늘날에도 라틴어의 문법 범주들을 영어에 강요하려는 풍토가
널리 퍼져 있는데, 이 또한 명백한 잘못이다. 시제나 수조차도 문법적
으로 표시하지 않는 언어도 있다. 따라서 이론적으로는, [문법]역에 어
떠한 문법적 표지도 하지 않는 언어가 가능은 한 셈이다.

　　문장의 기본적인 두 정항을 규칙적으로 그리고 명백하게 문법적
으로 구별하지 않는 언어가 최소한 하나는 있을 것이라는 제안이 실
제로 있었다. Lisu어(Lolo-Burmese)를 연구하면서 Li and Tomson
(1976:472)는 '문법관계 『행동주』와 『피동주』조차도 구별하지 않는 언
어가 있다'고 주장하였다; 이 주장은 Hope(1974)에 근거하고 있는데,
Hope가 근거가 될 자료를 제공하였다. 아래의 문장들은 항들의 행동
성(agency)에 있어서 중의적(ambiguious)이다:

　　　　làma　nya　ánà　khù-a　　　　　　(p.15)
　　　　tigers TOP　dog　bite-DECL
　　　　'Tigers bite dogs'/'Dogs bite tigers'

ánà xə   làma   khù-à
dog NEW TOP   tigers   bite-DECL   [NEW TOPIC]
'Tigers bite dogs'/'Dogs bite tigers'

이들 예문에서 'people'과 'dog'이 수행하는 각각의 역을 형식적[문법적]으로 보여 줄 표지가 전혀 없다. 이들 예문에서 문법적으로 표시된 것은 주제(topic) 뿐인데, [두 번째 예문에서 보듯이] 주제 [성분]은 그것이 '새 주제(new topic)'임을 나타내는 특정 표지도 가질 수 있다. 주제는 화자가 '지금 말하고 있는(talking about)' 것을 지시하는데, 이에 따라서 첫 번째 예문은 'It is tigers that bite dogs', 'It is tigers that dogs bite' 정도로 해석할 수 있으며, 두 번째 예문은 'It is dogs that bite tigers', 'It is dogs that tigers bite' 정도로 해석할 수 있다.

　　Li and Tompson은 논의하기를, 행동성의 양상이 이와 같이 무시되어도 언어의 통보 기능(communicative function) 자체는 손상되지 않는다고 하였는데, 그 이유를 다음과 같이 제시하였다. 첫째, 화맥(context)이 해석의 실마리를 제공한다. 둘째, 의미론(semantics)과 화용론(pragmatics)이 중의성을 해소한다. 근거는 다음에 보인다 (이 예들은 Hope의 것이 아니다):

　　　làthyu nya   ánà   khù-a
　　　people TOP   dog   bite-DECL

　　　ánà nya   làthyu   khù-a
　　　dog TOP   people   bite-DECL

위 예문들을 'People bite dogs'로 해석하지 않고 'Dogs bite people'로 해석하는 것이 정상적이다. 일반적으로 사람은 동물을 물지 않기 때문이다[화용론]. 셋째, 어휘의 선택 제약(selectional restriction)이 있다.

동사 'burn'은 『피동주』로 무정물(inanimate)을 선택해야 한다. 그래서 'person dog burn'은 (어떤 의미['person burn dog'/'dog burns person']로 쓰이더라도) 부적격하다. 그럼에도 불구하고 Li and Tompson은, 앞의 것과 비슷한 방식으로 중의적인 여러 문장들(전부 하위절(subordinate)을 가진 것들이다) — 'The people saw the buffaloes hoeing the field'/'The buffaloes saw the people hoeing the field', 'Dogs are difficult for tiger to eat'/'Tigers are difficult for dogs to eat', 'Dogs want to eat tigers'/'Tigers want to eat dogs' — 을 제시하여 『행동주』와 『피동주』가 체계적으로 구별되지 않는다는 주장을 강화하였다. 앞의 예문과 뒤의 예문이 서로 다르게 해석될 수 있도록 해 주는 주제 표지가 첫 번째 예문에는 있다. 그러나 『행동주』 나 『피동주』를 표시하는 장치는 없다.

　　Hope에게는 좀 안된 얘기지만, 그의 예들을 검토하면서 [그가 미처 보지 못한] 중요한 사실을 발견할 수 있었다. 아주 중요한 유형의 문장, 이를테면 과거의 행위를 지시하면서 한정적(definite)이고 특정한 (specific) 『행동주』와 『피동주』를 갖는 문장에는 'TO'로 주석이 달린 첨사(particle)가 항상 유정물 『피동주』의 뒤에 온다는 것이다:

> ása nya　zànwe lǽ　syɨ-a　　　　　(p.37)
> Asa TOP　child TO　put to bed-DECL
> 'Asa put the child to bed'

> ása nya　ŋwa lǽ　khwu-a
> Asa TOP　me TO　call-DECL
> 'Asa called me'

이런 유형의 문장에는 『행동주』와 『피동주』가 명백히 표시되는 것 같다. 무정물 『피동주』는 표시되지 않을 것이라는 점도 충분히 받아들일

수 있다. 그리고 첨사 'TO'는 『수혜주』를 표시하는 데 쓰일 수도 있다:

> ávæ̀   nya   khә́sa   dzà-a   (p.34)
> pig   TOP   corn   eat-DECL
> 'The pig is eating corn'

> ása   nya   ávæ̀   læ̀   khә́sa   tsá-a
> Asa   TOP   pig   TO   corn   give-DECL
> 'Asa gave the corn to the pig'

그런데 이러한 사실이 Lisu어의 『행동주』와 『피동주』가 문법적으로 구별된다는 논의를 훼손시키지는 않는다. 무정물 『피동주』는 표시될 필요가 없다. 의미론이 중의성을 해소해 주기 때문이다 (그리고 동사가 유정물 『행동주』를 요구한다는 점도 하나의 원인이 될 수 있겠다). 유정물 『피동주』와 『수혜주』에 같은 표지를 사용하는 것은 여러 언어들에서도 볼 수 있는 특성이다(2.4 참조).

　　Lisu어에 대해서는 다음과 같이 주장하는 것이 타당할 것이다: 이 언어에도 문법역을 표시하는 장치를 가지고 있는데, 그 문법역이 정말로 중요할 때만 그 장치를 사용하며 그렇지 않은 경우에는 그것을 굳이 표시하지 않는다. 한때 자주 인용되었던 예로 'the shooting of the hunters'가 있다. 이 예문은 '사냥꾼들이 사격을 하였다'는 의미와 '사냥꾼들이 사격을 당하였다'는 의미를 모두 가질 수 있다. 이와 같이 영어에서조차도 『행동주』와 『피동주』가 항상 구별되지는 않는다는 점을 상기하기 바란다. Lisu어에서 「도구역」과 (무정물) 「피동주」도 외현적으로 구별되지 않는다(그리고 생략될 수 있다)는 것은 말할 필요도 없다:

> ása nya   tshàbu   tshidwù   ti-a   (p.35)

Asa TOP   salt   pestle   pound-DECL
'Asa pounded the salt with a foot-pestle'

당연히, 이 예문은 중의적이지 않다.

이론적으로 볼 때 한 언어가 두 정항을 문법적으로 구별하는 것이 가능할 수 있는데, 이 때 「행동주」, 「피동주」라는 관념[역]을 [두 정항의] 역을 구별하는 기반으로 삼아서는 안 된다. 물론 가능성은 두 가지가 있다. 첫째, [「행동주」와 「피동주」가 아닌] 다른 관념[역]들을 대조시켜서 이들을 구별하는 것이다. 그러나 [앞에서도 여러 번 언급하였듯이(1.2.1)] 이러한 개념[역]들 간에 어떤 대조가 가능할지를 생각하기도 어렵고 그것을 밝힐 증거도 없다. 둘째, 역의 선택은 전적으로 동사들의 어휘 선택에 의하여 정해진다고 하는 것이다. 그렇다면 2항 (two-term) 체계에서는 (1), (2)로 표시할 수 있는데, 'John hit Bill', 'John thrashed Bill(이 문장들은 반대의 의미인 'Bill hit John', 'Bill thrashed John'의 의미도 가진다고 가정한 상태임)'에서 'John'은 (1)로, 'Bill'은 (2)로 표시하여야 할 것이다. 이를 순전히 억지라고 할 수는 없다. 어떤 동사가 사용되었느냐에 따라 『주어』가 원인 제공자인지, 공포를 겪는 사람인지 정해지는 경우가 있기 때문이다. 'FEAR, FRIGHTEN' 등이 그러하다. 이탈리아어의 영어 대당문과 비교해 보면, 'LIKE'도 이와 비슷한 경우라고 할 수 있다(1.2.1, 2.1.2 참조); '좋아한다'라는 개념을 생각해 보자. 어느 항이 『주어』로 기능할 것인지를 전혀 예측할 수 없다. 그러나 이러한 상황은 비동작 동사(non-action verb)에 국한된다; 만약 이러한 상황이 모든 동사에 다 적용되면 그것은 언어를 훨씬 더 어렵게 만들 것이다. 그리고 또 그렇게 되면 언어를 배운다는 것 자체가 불가능할 것이다.

셋째, 실제로 가능한 것인데, 성질이 조금 다른 것이 있다: 어떤 언어는 [『행동주』, 『피동주』] 이 외의 관념적 대조를 문법적으로 표시할 수도 있다. 그러나 이와 같은 '하위 역(sub-role)'들은 『행동주』와

『피동주』의 구별을 대신하는 것이 아니라, 이들의 구별에 부가되는 것 같다; 2.7에서 다시 논의할 것이다.

2.1.2 관념역들

『행동주』와 『피동주』는 「행동주」, 「피동주」라는 개념 하에서 원형적으로 정해진다고 논의하였다(1.2.1, 1.2.3). 이들의 관계를 바라보는 약간 다른 방법은 이들을 인과 관계(causation)의 견지에서 보는 것이다. 이 견지에서 본다면 『행동주』는 필연적으로 행위의 「원인」(cause) 또는 '「선창자」(initiator)'이며 『피동주』는 그 행위에 의해 직접 영향을 받는 것, 또는 그 행위의 「종착점」(endpoint)이다(Croft(1991) 참조).

인과 관계 개념은 의도적(deliberate)으로 행동하는 유정물 너머로까지 「행동주」 개념을 확장시킬 수 있게 한다. 당분간 'HIT, KILL, BREAK' 등 동작 동사(verb of action)들만 놓고 보자. 보통의 경우 이들 동사에는 유정물에 의한 의도적인 행위가 있다. 그러나 [문제는] 항상 그렇지는 않다[는 점이다]. 누군가가 얻어맞거나('be hit') 살해될 ('be killed') 때, 또는 무언가가 부서질('be broken') 때, 그것은 [의도가 전혀 없는] 나무의 쓰러짐이나 폭풍에 의해서도 가능하다. 더욱이 인과 관계는 물리적(physical)으로만 이루어지는 것도 아니다: 'PERSUADE, ORDER, WORRY' 등의 동사가 쓰이면 『피동주』는 물리적으로가 아니라 오히려 정신적(mental)으로 영향을 받는다. Talmy(1976:107-8)을 따라 Croft(1991:167)은, 만약 (물리적 목적어에 의한) 순수히 물리적인 인과 관계와 (정신적으로 인식하고 있는 「행동주」에 의한) 의도적인 (volitional) 인과 관계가 '물질 대 정신'으로 구별될 수 있다면, 이들의 선창자와 종착점 역시 물질이나 정신일 것이며, 결과적으로 네 개의 인과 관계 유형이 있을 것이라고 제안하였다. 「원인」의 관점에서 이들을 (원형적으로) 정의할 수 있다면, 이 네 개의 가능성은 『행동주』와 『피동주』로도 설명할 수 있을 것이다.

『행동주』와 『피동주』에 대한 이러한 견해와 인과 관계는 상태 동사(verb of state)에도 확대, 적용될 수 있다:

> The earth attracts the moon
> The king rules the country

여기서는 지구와 왕을 달과 나라에 영향을 미치는 상태(state)의 「근원」(source)이나 「원인」으로 보는 것이 합리적이다.

그러나 『행동주』, 『피동주』가 관념역 「행동주」, 「피동주」와는 거의 관계를 갖지 않는 듯한 동사들도 많으며 이들 간에 어떤 인과 관계도 분명하게 성립하지는 않는다. 특히 중요한 일련의 동사들이 있는데 바로 지각 동사(verb of perception)들이다. 다음의 다섯 문장이 이들을 대표한다:

> John saw the accident
> Mary heard the cry for help
> I (can) smell something burning
> I (can) taste garlic in this soup
> I (can) feel something sharp here

이 예문들에는 관념역 「지각주」(perceiver)와 「피지각주」(perceived)가 있다. 그리고 대부분의 언어에서 지각주는 『행동주』로 피지각주는 『피동주』로 기능한다고 알려져 있다. 얼마간의 예외도 있다. 코카서스(Caucasus) 제어(Kibrik(1985))인 타바사라어(Tabassaran)(3.6.2에서 자세히 다룰 것이다)에서 동사 '바라보다(look at)'의 「지각주」는, 명사 형태론 체계상 『행동주』로 표시되지 않고 『피동주』로 표시된다. 반면에 동사 '보다(see)'의 「지각주」는 명사 형태론과 동사 일치에서 모두 『수혜주』로 표시된다.

　　지각의 「원인」은 「지각주」라기보다는 지각된 사물(perceived thing)인 듯하다. 그러므로 「지각주」를 『행동주』로 여길 수는 없다. 물론 '지각된 사물이 바로 [그 지각의] 원인이다'라는 생각은 아마도 과학적 지식에 기초한 근대적인 발상으로서, 우리의 당면 문제와 직접 관련이 있는 것은 아니다. 그런데 [우리의 논의와 관련이 있는] 아주 중요한 자질이 하나 있다. 바로 유정성(animacy)이다. 『행동주』는 일반적으로 유정물이다. 그런 이유로 종종 행동성과 유정성은 밀접한 관계가 있는 것으로 여겨졌다(2.2 참조). 지각 동사들만 놓고 본다면 행동성이나 원인은 그리 강력한 개념이 아니다. 또한 행동성과 원인은 전적으로 유정물에만 국한된 특성을 지시한다. 그러므로 유정성이 『행동주』를 정하는 기준이라는 것은 그리 새삼스러운 것이 아니다. 'UNDERSTAND, REMEMBER' 등의 인지 동사(verb of cognitive)들에도 비슷한 논의를 할 수 있다.

　　'like, fear' 등의 감정 동사(verb of emotion)들은 이들과 상황이 다르다. 이들의 두 정항은 관념적으로는 「경험주」와 「피경험주」로 기술될 수 있을 듯하다. 여기서 「피경험주」는 원인 개념이지만 「경험주」는 일반적으로 유정물 개념임이 확실하다. 한 언어 내에서나 언어를 통틀어서나, 「경험주」나 「피경험주」에 부여된 [문법]역이 상당히 다를 수 있다는 사실은 별로 놀랄 만한 것이 아니다. 이를 염두에 두고 (1.2.3 참조) 아래의 영어와 이탈리아어를 비교해 보라(Lepschy and Lepschy(1977:194)):

> They like cherries
> Gli piacciono le ciliegie

영어에서는 『행동주』로 선택된 항이 「경험주」('they')다. 반면에 이탈리아어의 대당 예문은 자동사 구성으로서 「피경험주」('le cilliegie 'cherries'')가 자동사문의 S로 기능한다 (그러나 여기에는 문제가 있다

— 2.5 참조). 이들을 『행동주』가 아닌 『주어』의 관점에서 기술하면 그 차이는 더욱 명백해진다: 영어는 「경험주」가 『주어』인 반면 이탈리아어는 「피경험주」가 『주어』다. 영어에도 [이탈리아어의 경우와] 비슷한 현상을 보이는 동사로 'PLEASE'가 있다. 이 동사는 「피경험주」 항이 『행동주』-『주어』다 (영어는 [이탈리아어와 달리] 타동사 구성이다). 그리고 영어에는 상반된 선택을 하는 동사들, 'FEAR, FRIGHTEN' 따위도 있다. Croft(1991:214-15)는 동사들이 네 가지로 다른 언어들(영어, 러시아어(Russian), Lakhota어, 나우틀어(고대)(Classical Nahuatl))을 예로 제시하였는데, 그는 '경험주-주어(experiencer-subject)', '경험주-목적어(experiencer- object)'라는 용어를 사용하였다; 그는 경험주-목적어 동사들을 인과 관계로 처리하면서 '어떤 자극이 「경험주」를 어떤 정신적 상태(mental state)에 들게 한다'고 하였다; 반면에 「경험주」-주어 동사들은 순수히 상태적(stative)이라고 하면서, '「경험주」는, 단순히 자극에 따른 어떤 정신적 상태에 있는 것으로 특징지워진다'고 하였다. 많은 동사들에 있어서 이러한 견해는 타당한 듯한데, 'FEAR, FRIGHTEN'과 같은 한 쌍의 단어('LIKE, PLEASE'도 이에 해당할 듯)를 가진 언어에는 특히 그런 것 같다. 그러나 이런 논의가 앞의 두 예문, 즉 동일한 의미를 가지는 것으로 번역되는 영어와 이탈리아어 간의 차이를 설명하지는 못한다.

　　『행동주』를 정할 수 있는 또 다른 자질로는 관점(perspective)이나 視點(point of view)을 들 수 있다. 관점에 들어 있는 실체(entity)는 『행동주』로 표시된다. 이것은 다음 예들의 차이를 설명할 수 있다:

　　　　John sold the book to Bill
　　　　Bill bought the book from John

이들 예문에서 'John'과 'Bill'은 둘 다 유정물이다. 그리고 둘 다 누군가에게 영향을 미치는 '어떤 일을 한' 존재로 여겨질 수 있다. 화자에게 관계된 행위에 있어서 그 일이 'John'의 일부인지 'Bill'의 일부인지에 따라 동사가 선택된다 [그리고 화자의 그런 관점에 따라 누가 『행동주』인지가 정해진다]. 이와 비슷한 동사들로는 'LEND/BORROW'를 들 수 있는데, 영국 영어로는 'LET/RENT'가 이에 해당한다.

이 논의에는 결코 쉽게 해결될 것 같지 않은 무수한 문제와 논점들이 있다. 'OWN'과 'BELONG'을 비교해 보기로 하자:

> He owns this house
> This house belongs to him

'OCCUPY'와 'CONTAIN'을 비교하면서 그랬듯이, Croft(1991:251)은 'BELONG'을 '상반 동사(reverse verb)' 'OWN'의 '정상 대응물(normal counterpart)'로 여겼다. 그렇지만 (A-『주어』로) 'OWN'을 선호하는 것은 자질 유정성이며, (S-『주어』로서) 'BELONG'을 선호하는 것은 관점이다. 'OCCUPY/CONTAIN'을 논의하면서 Croft는, '피사체(figure)(위치한 것(the thing located))'가 '배경(ground)(장소 자체(location))'보다 『주어』로 기능하는 것이 더 정상적이라고 여긴 것이다. '상반 동사'의 개념은 동사 'RECEIVE'를 보면 더 명백해질 것 같은데, 이 동사의 경우 『행동주』는 그것의 원인에 의해서가 아니라 행위에 의해서 영향을 받는 실체임이 확실하다. 이들 동사의 경우에는 관점이 원인의 기준(criterion)이 되지 않는 것 같다.

[한 쌍으로 된 경우가 아닌] 하나의 동사에도 『행동주』와 『피동주』로 기능할 수 있는 역들 간에는 상당한 관념적 차이가 있다. 동사 'OPEN'이 그런데, 이 동사에서는 관념적인 「행동주」나 「도구역」이 A-『주어』가 될 수 있는 반면, 「피동주」는 자동사 구성에서 S-『주어』가 될 수 있다(Fillmore(1968:25-7)):

> John opened the door (with a key)

> The key opened the door
> The door opened

「도구역」이 (문법적인) 『행동주』-『주어』라면 (관념적인) 「행동주」는 [발화 상에] 언급될 수 없음은 말할 필요도 없다; 따라서 다음과 같이 말하지 않는다:

> *The key opened the door by John

「도구역」과 「행동주」가 둘 다 행위의 원인이 될 수 있을지라도, 이들이 모두 언급되면 「행동주」가 『행동주』에 대한 우선권을 가진다. 여러 언어에서 확인되는 바, 『목적어』와 『도구격어』가 수동화(5.2, 5.3 참조)에 의하여 『주어』로 승진하거나 수동과 같은(passive-like) 구성(6.1 참조)일 때에만, 「피동주」나 「도구역」이 『주어』가 될 수 있다.

　　이와 비슷한 문제가 있다. 동사는 변하지 않고 『피동주』만 관계되는 경우, 즉 『피동주』의 선택과 관계된 문제가 바로 그것이다:

> He smeared the paint on the wall
> He smeared the wall with paint

여기서는 관점의 문제가 다시 제기된다: 첫 번째 예문은 '페인트에 가해진 작업'에 대해 언급하고 있으며 두 번째 예문은 '벽에 가해진 작업'에 대해 언급하고 있다.

　　『피동주』 역시 항상 「피동주」인 것은 아니다. 어떤 동사는 『피동주』가 반드시 「처소역」일 것을 요구한다:

> He entered the house
> He left the house

심지어 어떤 동사는, 중의성을 감수하면서도 『피동주』에 있어서 관념적인 차이를 보인다:

He painted the palace

이 예문은 '궁전에 페인트를 칠하다'[처소역]라는 의미와 '궁전을 그리다'[피동주]라는 의미를 모두 가진다. 전자는 단지 어떤 실체의 외양만 바꾸는 것이지만, 후자는 완전히 새로운 어떤 것을 실제로 창조한 것이다. 『피동주』와 관련된 다른 문제들은 5.2에서 다시 다루기로 하겠다. 그러나, 1.2.1에서도 논의하였듯이, 우리가 상정할 수 있는 관념역은 한없이 많을 수 있는 것 같으며 그것은 더 이상 이 책의 대상이 아님을 밝혀 둔다.

2.2 『주어』, 『목적어』, 유정성

많은 언어들에서 『주어』로 기능할 수 있는 NP는 그 종류가 제한된다 (수동태의 『주어』도 가끔 관련을 가지기 때문에 딱히 『행동주』만을 의미하는 것은 아니다). 이와 관련하여 Kuno(1973:30)은 일본어(Japanese)의 타동사들이 정상적으로는 유정물 『주어』를 요구한다고 하였다. 아래의 예문들은 쓸 수 없다 (그러나 젊은 층에서는 어느 정도 통용될 수 있다고 한다):

*taihuu ga   mado o   kawasita
typhoon SUBJ   window OBJ   broke
'The typhoon broke the window'

*zidoosya-ziko ga   teenager o   korosita

traffic accident NOM   teenager ACC   killed
'An accident killed the teenager'

Song(1987:74-6)에 따르면, 이러한 제약은 한국어(Korean)의 수동
태『주어』에 영향을 미친다고 한다. 한국어에서 수동태의『주어』는 일
반적으로 유정물과「自覺主」(conscious)라야 한다; 아래의 예문 쌍에
서 그것을 확인할 수 있다 (각 쌍의 두 번째 것은 수용할 수 없다):

John-ɨn   kɨ sakwa-lɨl   mǒg-ǒssta
John-TOP   the apple-ACC   eat-PAST
'John ate the apple'

*kɨ sahwa-nɨn   John-ege   mǒg-hi-ǒssta
  the apple-TOP   John-DAT   eat-PASS-PAST
'The apple was eaten by John'

ǒmǒni-nɨn   ai-ege/lɨl   yag-ɨl   mǒg-i-ǒssta
mother-TOP   child-DAT/ACC   medicine-ACC   eat-CAUS-PAST
'The mother gave medicine to the child'

*yag-ɨn   ai-ege   mǒg-hi-ǒssta
medicine-TOP   child-DAT   feed-PASS-PAST
'The medicine was given to the child'

그러나 'child'가 주어로 상승하면 수동태가 가능하다 (또한 5.3을 보
라):

ai-nɨn   ǒmǒni-ege   yag-ɨl   mǒg-hi-ǒssta

child-TOP   mother-DAT   medicine   eat-PASS-PAST
'The child was given medicine by the mother'

어떤 언어에서는, 이것이 단순히 유정성의 문제가 아니라 유정성, 또
는 행동성의 위계나 등급(scale)의 문제라는 제안이 있었다. 다시 말하
면 『주어』로서 『행동주』나 『피동주』를 선택하는 것, 그리고 그에 따라
능동태/수동태 구성을 선택하는 것은, 계층상 위계가 높은 정항이 『주
어』가 되어야 한다는 요구를 준수한다는 것이다. 이에 따라 Dixon
(1979:85)는 '행동성의 잠재성(potentiality of agency)'에 대한 등급을
다음과 같이 제안하였다:

> 1인칭 대명사 > 2인칭 대명사 > 지시 대명사-3인칭 대명사 >
> 고유 명사 > 인성 보통 명사 > 유정물 보통 명사 > 무정물
> 보통 명사 ……

Croft(1991:155)도 Dixon and Silverstein(1976)을 인용하면서, [Dixon
과] 유사한 '유정성의 위계'를 제시하였다. 그런데 [Croft의] 유정성의
위계와 [Dixon의] 행동성의 잠재성은 거의 동일한 것 같다. 유정성과
마찬가지로 인칭도 유정성의 위계에 개입하는데, Quiché어(Mondloch
(1978:59))에서 예를 볼 수 있다. 이 언어의 수동태 『주어』는 반드시
높은 위계에 있어야 한다. 그러므로 다음 예문은 쓰일 수 없다:

> *š-kun-aš   lē   yawa Ɓ   w-umal
> PAST-cure-PASS   the sick one   1SG+POSS-by
> 'The sick one was cured by me'

그러나 행동성이나 유정성은 인칭에 따른 차이와는 무관한 것 같다;
Masayoshi Shibatani는 (사석에서) [행동성(의 잠재성)이나 유정성(의

위계) 보다는] '감정이입(empathy) 위계'나 '관련성(relevance) 위계'라
는 용어가 더 나을 것 같다고 제안하였는데 여기서는 전자를 쓰기로
한다.

감정이입 위계는 이 책이 논의하고 있는 많은 자질들과 관계가
있다. 특히 중요한 것은 그것이 8.2에서 다룰 도치 계통과 절대적인
관계에 있다는 점인데, 도치 계통은 사실 위계상의 『주어』를 강하게
제약하는 수동화로 해석될 수 있다. 그리고 감정이입 위계는 일본어에
서 수동화에 의하여 『여격어』가 (『피동주』가 아니라) 『주어』로 상승하
는 것을 설명할 수 있는데, 이들[『여격어』와 『주어』]은 보통 유정물이
지만, 『피동주』는 그렇지 않은 경우가 많기 때문이다(2.3.3, 5.3). 감정
이입 위계는 '분열(split)' 능격 계통과도 관계가 있다(3.3.2). 분열 능격
계통에서는 일부 (위계가 높은) 명사들은 대격-유형의 형태론을 따르
고, 일부 명사들은 능격의 유형을 따른다. 그리고 행위격 계통(3.5.3)을
가진 몇몇 언어들에서도 감정이입 위계의 증거를 찾을 수 있다.

2.3 『수혜주』-『여격어』

유형론적으로 정의된 것 가운데 세 번째로 중요한 역은 바로 『수
혜주』다. 『수혜주』는 동사의 동작에 의하여 간접적으로 영향을 받으면
서 대개는 유정물인 실체를 원형적으로 지시한다(1.2.4). 이것의 용법
은 우리에게도 아주 친숙한 것으로서, 전통 문법에서 일반적으로 말하
는 『간접 목적어』가 바로 그것인데, 3항(three-term) 구성의 세 번째
항을 이른다 (나머지 두 개는 『행동주』-『주어』와 『피동주』-『직접 목
적어』다).

2.3.1 기본 용법

『수혜주』-『여격어』(Dative)는 라틴어와 같은 격 체계를 가진 언어에서 쉽게 확인된다. 라틴어의 주격은 『행동주』-『주어』를, 대격은 『피동주』-『목적어』를, 여격은 『수혜주』-『여격어』를 표시한다. 아래 예문은 1.2.2에서 보았던 것이다:

> Brutus   Marcello   librum   dedit
> Brutus+NOM   Marcellus+DAT   book+ACC   gave
> 'Brutus gave Marcellus a book'

위 예문은 설명의 편의를 위하여 만든 것인데, 실제로 쓰인 문장은 아래에 있다:

> Quid   mihi   istaec   narras?   (Ter. *Hec.* 5.2.18)
> why   1SG+DAT   these things   you tell
> 'Why do you tell me these things?'

[여]격 체계가 없는 언어들은 보통 「수혜주」 및 그에 준하는 역을 전치사로 표시한다. 불어와 영어의 예를 보라:

> John gave the book to Mary
> Jean a donné le livre à Marie

1.2.2에서도 논의한 바 있듯이 전치사는 우언 역의 표지이다. 그렇다면 이와 같은 증거에 따라서 불어와 영어에서 『수혜주』는 우언 역이라 하겠다. 그러나 불어에는 『수혜주』가 [우언 역이 아니라] 완전한 문법적 지위를 가진다는 증거를 보여 줄 인칭 대명사가 있다:

> Jean lui a donné le livre
> 'John gave him the book'

뿐만 아니라 영어의 대당 번역문은 다소 문제가 있다; 이에 대해서는 6.6.3에서 다시 논의하겠다.

　　관련 실체가 간접적으로 영향을 받는 어떤 역들을 『수혜주』가 포함할 때도 있기는 하지만, 그래도 문법역 『수혜주』는 관념역 「수혜주」 및 「수령주」와 가장 관련이 깊다. 예를 들어 독일어의 여격은, 무언가가 주어진, 또는 무언가가 팔린 사람('the person to whom something is given or sold')에만 딱히 쓰이는 것이 아니라 무언가가 구입되어진 사람('the person from whom something is bought')에게도 쓰인다:

> Ich habe meinem Freund　　　 das Haus　abgekauft
> I　 have my+DAT friend(+DAT) the house　bought
> 'I have bought the house from my friend'

이는 RAUBEN 'to rob', ABNEHMEN 'to relieve', ZUMUTEN 'to expect of' 등 여러 동사들에서도 사용되는데, 논자들은 독일어의 이 용법을 유리 여격(dative of advantage), 불리 여격(dative of disadvantage)이라고 기술하였다(cf. Hammer(1983:272-3)). 더구나 이것은 다음과 같이 쓰일 수도 있다(Masayoshi Shibatani, 사석에서):

> Mir　　　 ruscht　　　 die Hose
> 1SG+DAT　slipped down　the trousers
> 'My trousers slipped down' ('The trousers slipped down on me')

여격의 기타 용법은 라틴어와 고대 그리스어의 문법서에서 논의되었는데, 이를테면 어떤 문맥에서는 그것이 방향을 지시한다고 논의된 적도 있었다. 이러한 용법들이 전부 『수혜주』의 용법은 아닌 것 같다. 달리 말하면 '『수혜주』'라는 용어는 너무 구체적이어서 이러한 용법을 전부 다 포괄하기가 어렵다고 할 수 있겠다; 가능한 대안으로 『도달점』(Goal)(Croft (1991:157))을 제안할 수 있겠지만 혼란만 더할 것 같다. 이 용어는 과거에 『피동주』-『목적어』를 지시하는 데 사용한 적이 있기 때문이다. 그런데 이러한 용법들의 상당 부분과 아주 밀접히 관계가 있으면서, 특히 『간접 목적어』와 절대적인 관계에 있는 자질이 하나 있다. 유정성(일반적인 경우 인성(human)이다)이 바로 그것이다. 일반적으로는 사람이 다른 사람에게, 또는 다른 사람으로부터, 무언가를 주거나, 말하거나, 구입한다.

　　어떤 2항 구성은 분명한 『행동주』-『주어』와 여격으로 표시되는 항을 가지는데 [3항 구성이 아니라] 2항 구성이 여격으로 표시되는 항을 가진다는 점에서 문제가 된다. 라틴어에는 IMPERO 'order', PAREO 'obey', PERSUADEO 'persuade' 등 여격이 규칙적으로 후행하는 일련의 동사들이 있다:

> Mihi,　　ne　　abscedam,　　imperat　　(Ter. *Eun.* 3.5.30)
> 1SG+DAT　that　not　I go away　he orders
> 'He orders me not to go away'

여기서 2차 항[Mihi]은 『피동주』-『목적어』인데 『피동주』-『목적어』를 여격으로 표시하는 것은 이들 동사의 특이성(idiosyncracy)에 기인한 것이라고 주장할 수도 있다. 그러나 세 가지 이유로 이들을 『수혜주』-『여격어』로 처리하는 것이 마땅하다: (i) 형식 표지를 무시해서는 안 된다 (ii) 보통의 경우 이들은 『간접 목적어』처럼 유정물이다. (iii) 「피동주」가 행위에 의하여 [『피동주』-『목적어』보다는] 덜 직접적으로(최소한 물리적이지는 않는) 영향을 받는다 (아래의 논의와 2.3.2의 논의를 보라).

　형가리어(Hungarian)(Hopper and Tompson(1980:267)의 번역)는 (『수혜주』와 『피동주』로 표시되는) 여격과 대격의 용법들이 대조를 보이는 것 같다. 「피동주」가 행위에 의하여 영향을 덜 받고 있음을 지시할 때는 여격이 쓰인다. 이 언어에는 접두사 'meg-'가 있는데 Hopper and Tompson은 이 접두사를 '완전성(perfective)'으로 해석하였다; 이 접두사가 쓰이면 '목적어가 전체적으로(totally) 영향을 받는' 해석이, 이 접두사가 쓰이지 않으면 목적어가 완전히 영향을 받지는 않는 해석이 산출된다 [아래 두 예문은 접두사 'meg-'의 유무에서만 차이를 보인다. 목적어는 대격이다]:

> A　gazda　meg-verte　az　inasokat
> the boss　PERF-beat　the　apprentices
> 'The boss beat the apprentices'

> A　gazda　verte　az　inasokat
> the boss　beat　the　apprentices
> 'The boss would beat the apprentices'

첫 번째 예문만 '모든 견습생들이 전부 다' 특정한 사안으로 얻어맞았음을 함의한다. 어떤 동사는 이 접두사와는 무관하게 「피동주」가 완전히 영향을 받고 있지 않다는 것을 보일 수 있다. [대격대신] 여격을 사용하는 것이다:

> meg-segit　valaki-t
> PERF-helps　somebody-ACC
> 'He helps somebody'

```
segit     valaki-nek
helps     somebody-DAT
'He helps somebody'
```

'완전히 영향을 받지 않음'이 '간접적으로 영향을 받음'과 똑같지는 않다. 『여격어』의 이러한 용법 및 이와 유사한 용법은 절을 달리하여 논의할 것이다.

2.3.2 승진과 강등

수동화나 그와 비슷한 기제에 『수혜주』가 관여하는 언어들이 있는데, 이러한 사실은 『여격어』를 문법역 『수혜주』와는 구별되는 문법관계로 인식해야 할 필요가 있음을 분명히 입증한다. 다음에서 보듯이 말라가시어에서는 『피동주』-『목적어』와 마찬가지로 『수혜주』-『여격어』/『간접 목적어』도 수동화에 의하여 『주어』로 승진할 수 있다; 말라가시어의 예는 1.4.1에서도 제시하였지만(5.3도 보라) 편의상 다시 가져 오기로 한다:

```
Nividianan'      ny vehivavy   ny vary    ny ankizy
Bought+CIRC   the woman     the rice    the children
'The children were bought the rice by the woman'
```

『수혜주』-『여격어』는 또한 『목적어』로 승진할 수도 있는데, 문법관계는 보통 『피동주』에 의하여 유지된다(6.6 참조). 아래의 인도네시아어 (Indonesian)(Chung(1983:219))를 보자:

```
Saja  mem-bawa   surat itu kepada Ali
I      TRANS-bring  letter the  to       Ali
```

'I brought the letter to Ali'

Saja mem-bawa-kan   Ali   surat itu
I   TRANS-bring-BEN Ali   letter the
'I brought Ali the letter'

일부 능격 언어의 『여격어』는 조금 다른 방식으로 문법적 지위를 가지기도 한다. Dyirbal어의 여격은 대격 언어의 『간접 목적어』처럼 『수혜주』(「수혜주」와 「수령주」)를 지시하는 데 사용되기도 하지만, 『피동주』-『절대격어』가 반수동에 의하여 강등되면 그것[여격]이 강등된 『피동주』-『절대격어』에 부여된다 [그래서 『피동주』-『여격어』가 된다]. 아래의 예는 1.4.1에서 제시하였던 것이다:

yabu   ŋuma-ŋgu   bura-n
mother+ABS   father-ERG see-PAST
'Father saw mother'

ŋuma   buṛal-ŋa-ɲu   yabu-gu
father+ABS   see-ANTIP-PAST   mother-DAT
'Father saw mother'

『피동주』/『절대격어』를 『여격어』로 강등시키는 것과 더불어, 반수동의 또 다른 기능은 '약화된 타동성(reduced transitivity)'(7.2.2 참조)을 지시하는 것이다. 「피동주」를 『절대격어』에서 『여격어』로 강등시키는 것은 「피동주」가 덜 영향을 받았음을, 즉 「「피동성」이 덜함(less of a patient)'을 이르는데, 축치어(시베리아, Kozinsky et al.(1988:652) 참조)에서 그것을 볼 수 있다:

ətləg-e   keyŋ-ən   penrə-nen

father-ERG   bear-ABS   attack-3SG+3SG+AOR
'Father attacked the bear'

ətləg-ən   penrə-tko-gʔe   kayŋ-etə
father-ABS   attack-ANTIP-3SG+AOR   bear-DAT
'Father ran at the bear'

같은 효과가 Warlbiri어(오스트레일리아, Hale(1973a:336) 참조)에서도
보이는데, 여기서는 반수동을 사용하지 않고 『피동주』를 강등시킴으로
써 그런 효과를 얻는다(7.4를 보라):

njuntulu-ḷu   npa-tju   pantu-ṇu   ŋatju
you-ERG   2-1   spear-PAST   me
'You speared me'

njuntulu-ḷu   npa-tju-ḷa   pantu-ṇu   ŋatju-ku
you-ERG   2-1-CLIT   spear-PAST   me-DAT
'You speared at me/tried to spear me'

『행동주』-『주어』는 수동화되어 『도구격어』로 강등될 수도 있다. 그렇
지만 일반적으로 『행동주』-『주어』는 『여격어』로 강등되는데, 이 때
『여격어』는 사동에도 관여한다. 9.3.1에서 논의할 불어의 예가 그것을
보여 준다(Hyman and Zimmer(1976:199-200)):

J'ai   fait   nettoyer les toilettes au général
I have made   clean   the toilet   to the general
'I made the general clean the toilets'

J'ai   fait   nettoyer les toilettes par le général

I have made clean   the toilet   by the general
'I had the toilets cleaned by the general'

이들 예를 통하여 우리는 『행동주』-『주어』가 결국 (전치사로 표시되는) 우언적 관계로 밀려난 것임을 알 수 있다. 그러나 9.3에서도 보겠지만, 강등된 항이 격 표시되는 예들도 많이 있다.

2.3.3 유정성

바로 앞의 두 절에서, 우리는 『수혜주』-『여격어』가 유정성과 밀접한 관계가 있는 경우를 가끔 볼 수 있었다. 『피동주』-『목적어』와 『수혜주』-『여격어』 간의 차이는 실제로 무정물/유정물을 구별하는 표지로 사용되기도 한다.

스페인어(Spanish)는 유정물 「피동주」만 전치사 'a'로 표시하는데, 이 전치사는 보통 (우언적인) 『여격어』/『간접 목적어』를 지시하는 데 사용된다:

Ha   presentado   su amigo   a   su madre
have+3SG   introduced   his friend   to his mother
'He has introduced his friend to his mother'

Ha   comprado   un nuevo libro
have+3SG   bought   a   new   book
'He has bought a new book'

Ha   comprado   a un nuevo caballo
have+3SG   bought   to a   new   horse
'He has bought a new horse'

첫 번째 예문은 두 역[「피동주」, 「수혜주」] 간에 성립하는 관계(two role-relation)의 기본적인 용법을 보여 준다. 두 번째 예문은 『피동주』-『목적어』로 표시된 무정물 「피동주」를 보여 주며, 세 번째 것은 『수혜주』-『여격어』로 표시된 유정물 「피동주」를 보여 준다.

Lisu어(2.1.1)와 Marathi어(Rosen and Kashi(1988:6) 참조)에도 비슷한 경우가 있다:

> Ti-ni   Ravi-laa   pustak   di-l-a
> She-ERG   Ravi-DAT   book   give-PAST-AGR
> 'She gave Ravi a book'

> Ti-ni   Ravi-laa   chal-ḷ-a
> She-ERG   Ravi-DAT   torture-PAST-AGR
> 'She tortured Ravi'

그런데 Marathi어와 기타 몇몇 언어의 『여격어』에 대해서는 설명이 더 필요하다(2.5, 4.3 참조).

스페인어는 좀 복잡하다. 유정물이라 하더라도 불특정 유정물 앞에는 전치사['a']가 오지 않는다:

> Busco   una criada
> look for+1SG   a   maid
> 'I am looking for a maid'

이 예문은 '하녀 구함' 정도의 뜻을 가질 뿐, '하녀 신분의 어떤 특정인을 찾는다'는 뜻은 아니다. 후자의 뜻은 다음 문장에서나 가능하다:

> Busco   a una criada

『여격어』는 단순히 유정물을 지시하지 않고, 특정적이고 확인 가능한 유정물을 지시한다.

2.4 『제1 목적어』와 『제2 목적어』

　　문법역 『행동주』, 『피동주』, 『수혜주』가 문법관계 『주어』, 『목적어』, 『간접 목적어』/『여격어』와 동일한 것으로 확인되는 3항 구성에서 『여격어』의 기본적인 용법을 볼 수 있음을 전 절의 논의를 통하여 알아 보았다. 이러한 동일성의 확인이 당연히 함의하고 있는 것은, 3항 구성과 2항 구성이 세 번째 항 『간접 목적어』/『여격어』의 유무에 있어서만 다를 뿐 나머지 두 항인 『주어』, 『목적어』는 두 구성이 공유한다는 것이다. 이러한 사실을 확인하는 데는 형식적인 문법 자질들이 동원된다. 이를테면 라틴어의 경우 『피동주』는 대격이고 『수혜주』는 여격이다; 간단한 예문만 만들어 봐도 그것을 쉽게 확인할 수 있다:

　　　　Marcus　　　librum　　　vidit
　　　　Marcus+NOM　book+ACC　saw
　　　　'Marcus saw the book'

　　　　Marcus　　　Fabio　　　librum　　　dedit
　　　　Marcus+NOM　Fabius+DAT　book+ACC　gave
　　　　'Marcus gave Fabius a book'

그러나 3항 구성의 (『피동주』가 아닌) 『수혜주』가 지금까지 논의해 온 『목적어』, 즉 2항 구성의 2차 항과 문법적으로 같은 언어도 있다 (그러나 이와 관련하여 제기될 수 있는 문제가 있다. 아래를 보라). Huichol어가 그런 현상을 보인다(Comrie(1982:99, 108)):

```
Uukaraawiciizɨ      tɨri        me-wa-zeiya
women               children    3PL-3PL-see
'The women see the children'
```

```
Nee    uuki    uukari    ne-wa-puuzeiyastɨa
I      man     girls     1SG-3PL-show
'I showed the man to the girls'
```

첫 번째 예문에서 접요사 'wa'는 'children'(『피동주』-『목적어』)과 일치
한다. 그러나 두 번째 예문에서는 'wa'가 'man'(『피동주』)과 일치하지
않고 'girl'(『수혜주』)과 일치한다.

　　이와 유사하게 Khasi어(아삼(Assam), Rabel(1961:77))도 『피동주』
가 아닌 『수혜주』가 앞에 『목적어』 표지를 가진다:

```
ʔuu    hiikay    ya ka ktien        pharen
he     teach     OBJ the language   English
'He teaches English'
```

```
ʔuu    hiikay    ya ŋa    ka ktien        pharen
he     teach     OBJ 1SG  the language    English
'He teaches me English'
```

Yokuts어(캘리포니아, Croft(1991:246))에서는 『수혜주』가 『목적어』로
확인되는데, 『피동주』를 비핵심적인 자리에 놓아서 그것이 『목적어』가
아님을 분명히 표시한다:

```
'ama'        nan        wan-xo'     k'exa-ni     nim
3SG+NOM      1SG+ACC    give-DUR    money-OBL    1SG+POSS
```

'He gives me my money'

이와 관련된 풍부한 예들은 Dryer(1986:815-18)에서 볼 수 있다.

　　이 예들을 통하여 살펴보았듯이 『목적어』로 확인되는 것이 『피동
주』가 아니라 『수혜주』라면, '『(직접) 목적어』', 『간접 목적어』라는 용
어가 얼마나 부적합한지를 분명히 알 것이다. 그래서 Dryer는 그것 대
신에 '『제1 목적어』(Primary Object)'와 '『제2 목적어』(Secondary Obj-
ect)'라는 용어를 사용할 것을 제안하였다. '『제2 목적어』'는 3항 구성
의 『피동주』를 가리킬 때만 사용하고, '『제1 목적어』'는 3항 구성의
『수혜주』와 2항 체계의 『목적어』를 지시할 때 사용한다는 것이다. 일
반적으로는 『제1 목적어』가 표시된다.

　　다음 예에서 보듯이 영어도 『제1 목적어』와 『제2 목적어』를 가진
다고 할 수 있다:

　　Mary gave him a book

이 예문에 대체하여 쓸 수 있는 다음의 구성과 대비해 보라:

　　Mary gave a book to him

두 번째 구성은 의심의 여지없이 『목적어』와 (우언적인) 『간접 목적
어』/『여격어』를 가지고 있다. 그런데 첫 번째 구성의 'him'은 'Mary
saw him'의 'him'처럼 『목적어』라는 형식 표지를 가진다. 첫 번째 예
문의 이 'him'은 『제1 목적어』로, 'the book'은 『제2 목적어』로 여겨진
다. 이런 사실은 『제1 목적어』와 『제2 목적어』를 가지는 구성과 『직접
목적어』와 『간접 목적어』를 가지는 구성이 별도로 존재한다는 주장을
가능케 한다. 뿐만 아니라 수동을 통해서도 그것을 확인할 수 있다
(이를테면 수동화가 『목적어』의 지위에 대한 증거가 된다면 그렇다는

말이다 — 5.2를 보라):

He was given a book (by Mary)
A book was given to him (by Mary)

이 문제와 관련된 상세한 논의는 6.6.3을 참조하라.

　Dryer는 중요한 이론적인 논점을 제안하였다 — 『직접 목적어』/『간접 목적어』와 『제1 목적어』/『제2 목적어』 간의 차이는 대격과 능격의 차이와 같다. 문제에 천착하는 것을 피하기 위하여, 2항 구성의 2차 항을 P대신 O로써 그것의 문법역을 표시하고, 3항 구성의 항들은 P와 B로써 그것의 문법역을 표시하면, 『직접 목적어』+『간접 목적어』 구성은 P=O의 견지에서, 『제1 목적어』+『제2 목적어』 구성은 B=O의 견지에서 그 성격을 알 수 있을 것이다. 이것은 대격과 능격을 각각 A=S, P=S의 견지에서 그 성격을 파악한 것과 같다. 그렇다면 O로 기호화된 항의 문법역을 지시할 명칭이 필요하다. 이것을 '『피동주』'라고 해서는 안 된다. 문법관계 P=O는 역 P와 역 O가 다른 것임을 함의하고 있기 때문이다. 그리고 '『목적어』'라는 용어를 이미 사용하고 있었지만 그것은 편의상 그렇게 하였을 뿐이며, 정확하게 말하면 그것[O]은 『목적어』가 아니었다 (그것['목적어'라는 용어]은 문법관계이지 문법역이 아니다). 적절한 명칭이 없기도 하고, 이것이 앞으로 논의해야 할 많은 논제들과 크게 관련이 있는 것도 아니므로, 여기서는 별도의 명칭을 제시하지 않고 넘어가기로 하겠다.

　끝으로 두 가지만 지적하고자 한다. 첫째, 어떤 언어는 목적어가 두 개 있는데, 절대로 『직접』+『간접』, 『제1』+『제2』로 구별되지 않는다(5.2 참조). 둘째, 명백히 『직접 목적어』와 『간접 목적어』를 가지는 언어에서조차도, 『피동주』-『직접 목적어』가 아니라 오히려 『수혜주』-『간접 목적어』가 수동화에 의하여 승진할 때도 있다. 한국어가 한 예가 된다(5.3 참조). 수동화라는 통사론의 관점에서 이들 언어는 『제1』

+『제2』의 구성으로 운용되는 것 같다.

2.5 경험주, '양상 주어' 등

1.2.3과 2.1.2에서 영어와 이탈리아어의 예를 간단히 논의한 바 있있다:

> They like cherries
> Gli piacciono le ciliegie

영어에서는 경험한 사람이 『주어』지만 이탈리아어에서는 경험된 실체(entity experiened)가 『주어』라고 1.2.3, 2.1.2에서 논의하였다. 나머지 항들의 지위 역시 다르다; 나머지 항들은 각각 『피동주』-『목적어』와 『수혜주』-『여격어』다.

인간의 여러 원초적 경험이나 느낌들을 표현해주는 동사가 사용된 구성과 아주 유사한 구성을 가지는 언어는 많다. 대개의 경우 경험된 실체가 『주어』로 표시되며 (일반적으로 인간인) 경험주는 『여격어』로 표시된다. 아래의 예들은 Shibatani(1985:833)이 제시한 것이다:

> 스페인어　　Me　　　gusta　　la　　cerveza
> 　　　　　　I+DAT　　like　　　the　　beer
> 　　　　　　'I like the beer'
>
> 러시아어　　Mne　　　nravitsja　　kniga
> 　　　　　　I+DAT　　like　　　　book
> 　　　　　　'I like the book'

터키어   Ban-a   para   lâz+m

              I-DAT   money   need

              'I need money'

일본어   Boku ni   eigo ga   wakaru

              I   DAT   English NOM   understand

              'I understand English'

그런데, Shibatani는 경험주가 속격(genitive)인 예도 하나 제시하였다:

벵골어(Bengali)   aamaar   tomaake   caai

              I+GEN   you   need

              'I need you'

아이슬란드어(Icelandic)는 좀 복잡하다. 동사 'like'가 사용되면 그 구성은 이탈리아어나 위에서 본 여러 언어들의 것과 같다(Andrews (1985:107)):

Mér   líka   Þeir

I+DAT   like+PL   they (MASC+PL+NOM)

'I like them'

그런데 동사 'need'가 사용되면 [여격이 아니라] 대격이 쓰이는데, 그 결과 요청자(needer)는 『목적어』로 표시된다(Rognvaldsson(1982:558)):

Mig   vantar   bókina

I+ACC   need+3SG   the book

'I need the book'

그런데 경험된 실체를 지시하는 NP(잠재적 『주어』)가 복수일 경우에
도 동사 'like'는 단수일 수 있다(Andrews(1985:107)):

> Mér   líkar   Þ eir
> I+DAT   like+SING   they (MASC+PL+NOM)
> 'I like them'

심지어 이 NP는 여격으로 나타나기도 한다. 그래서 외현적으로는 문
법적인 『주어』가 없다(Andrews(1985:102)):

> Mér   líkar   vel   við   henni
> I+DAT   like+SING   well   with   her (DAT)
> 'I like her'

바로 위의 예에서 동사 'like'는 무인칭(impersonal) 동사, 즉 외현적인
『주어』를 가지지 않지만 여전히 『간접 목적어』로 지시되는 경험주를
가지는 동사인 것처럼 보인다. 이런 예들의 지위는 이 절 끝에서 다루
기로 하겠다 (아이슬란드어는 무인칭 수동(impersonal passive)도 비
슷한 구성을 가진다. 5.4를 보라).
　　무인칭 구성은 종종 양상 동사(modal verb)에서 사용되는데, (대
격일 경우) 『목적어』나 (여격일 경우) 『여격어』로 표시되는 소위 '양상
주어(modal subject)'(이들 동사에서는 「경험주」와 같은 것(equivalent)
이다)가 같이 사용된다. 따라서 라틴어의 '양상 주어'는 동사 decet 'it
is fitting'이 쓰일 때는 대격이며, 동사 licet 'it is allowed'/'may'가 쓰
일 때는 여격이다:

> oratorem   irasci   minime decet   (Cic. *Tusc.* 4.25)
> orator+ACC   to be angry   least   it is fitting

'It is by no means fitting for an orator to become angry'

Licet   nemini   contra patriam ducere exercitum
                                          (Cic. *Phil.* 13.6.14)
it is allowed no-one+DAT against country lead army
'No-one may lead an army against his country'

암하라어(Amharic)(셈 어족, 에티오피아, 필자 조사)의 물리적인 경험
을 나타내는 동사들은 『목적어』로 경험주를 취하는 무인칭 동사다:

rabä-ɲ   däkkäma-ɲ
hunger+3SG+PAST+1SG+OBJ   tire+3SG+PAST-SG+OBJ
'I was hungry'   'I am tired'

Tigre어(셈 어족, 에티오피아, 필자 조사)에도 양상 동사 구성과 비슷
한 구성이 있다:

əgəl   tigis   lästəhəl-äkka
that   you go   be worthy+3SG+IMPF-2SG+OBJ
'You ought to go'

『여격어』와 함께 쓰이면 이 동사는 'belong to'의 의미다:

əlli   kətab   'əlye   lästəhəl
that   book   to me   be worthy+3SG+IMPF
'That book definitely belongs to me'

이 언어에서 동사 'become'은 『목적어』와 함께 쓰이면 'should'를 의미

하지만 『여격어』와 함께 쓰이면 'can'을 의미한다:

 gašša-ka 'əgəl tətkäbbət lətgäbbə'äkka
 guest-your that you receive become+3SG+IMPF
 'You should receive your guest'

 əgel tətməḫar 'i gäbbe'   'əlka
 that you learn not become 3SG+IMPF to-you
 'You cannot learn'

대개의 경우 『직접 목적어』를 취하면서 'must', 'be convinient' 등을 의미하는 동사들도 이 언어에 있다.

 타바사라어와 그루지야어(Georgian)는 더 복잡한 체계를 보인다. 3.6에서 논의할 것이다.

 몇몇 언어, 특히 아이슬란드어와 일부 인디언(Indian) 제어의 여격으로 표시되는 항들에 대한 지위에 대해서는 상당히 심각한 논쟁이 있었다. 주격으로 표시되지는 않지만 이것이 문장의 진정한 『주어』라고 일부 학자들은 주장하기도 하였다. Andrew(1985:101, 108), Kachru et al.(1976:86-91)이 그러하였다 (이 외에 Rosen and Kashi(1988)을 들 수 있는데 그들은 이것을 '전도(inversion)'[8장에서 논의할 'inverse system(도치 계통)'의 'inverse'와는 다름]라 하였다. 원래의 『주어』와 『목적어』가 '전도(invert)'되어 『여격어』와 『주어』로 되었다는 것이다). 이 분석을 선호하는 대부분의 논의들은 형태론 상 『여격어』로 확인되는 항이 이따금 통사적 중추(syntactic pivot)(1.3.1에서 약간 언급하였는데 4장에서 본격적으로 논의할 것이다)로 기능한다고 주장하면서, 『여격어』가 대격 계통에서 중추로 보통 기능하는 『주어』라고 주장하였다. 예는 다음과 같다(Rognvaldsson(1982:470)):

Þeim   líkar   maturinn   og   borða   mikið
they+DAT   like+3SG   the food   and   eat+3PL   much
'They like the food and eat a lot'

여기서 'eat'의 『주어』는 생략되었다. 그러나 선행절에서 그것과 동지시(coreferential)되는 NP가 『여격어』로 표시되고 있다 [따라서 생략된 것이 『여격어』임이 확인된다]. Andrews(1985:107)은 [위와 같이] 'like'가 쓰인 문장에서 동사 앞의 여격 표시된 항(경험주)이 실질적인 『주어』(종종 여격 주어(dative subject)라고 불리었다)이며 동사 뒤의 주격-표시된 항이 『목적어』라고 논의하였다. 그러나 4.3에서도 논의할 것인 바, 중추 개념은 『주어』 개념과 별개의 것으로 보아야 하며, 따라서 특정 항을 중추로 선택한다고 해서 그것이 『주어』라는 증거는 없다.

중추에 의하여 확인되는 것이 『주어』가 아니라는 가장 강력한 근거는, 중추의 근거를 해당 절 외부에서 찾았다는 점에 있다: 위의 예에서 첫 번째 절의 『주어』를 정립하는 근거로 두 번째 절이 이용되었다. 그러나 『주어』 개념은 한 절 내의 항과 서술소 간의 관계에만 개입하는 것이다. 그런데 외견상의 『여격어』가 실제로 『주어』라고 제안할 수 있도록 하는, 절 내의 자질이 있다:

(i) 어떤 언어는 어순이 증거가 된다. 실제로 아이슬란드어에서 무표적인 어순은 주어를 맨 앞에 두는 것이다(Van Valin(1991:147))

(ii) 앞에서도 예시하였듯이, 동사가 형태론적인 『주어』 항의 수와 일치를 하지 않고 『여격어』 항의 수와 일치를 보이는 경우도 있다.

(iii) Marathi어(Rosen and Kashi(1988:11))의 재귀사(reflexive)는 대개의 경우 『주어』와 동지시되지만 '여격 주어'와도

동지시될 수 있다:

Mini-ni   Ravi-laa   swataa-višayi   saangitla
Mini-ERG   Ravi-DAT   self-about   told
'Mini told Ravi about self (Mini)'

Ravi-laa   swataa-či   pistaka   aavḍ-t-aat
Ravi-DAT   self-'s   books   like-PRES-PLUR
'Ravi likes his (own) books'

이들 『여격어』를 『주어』로 여기는 것은 형태론적 증거를 완전히 무시하는 처사이다. 형태론적 증거는 여전히 대격/능격의 차이를 인식하는데 중요하다. 만약 이런 종류의 증거를 『주어』-관련성(Subject-hood) 정립에 대한 근거로 삼고 형태론을 무시해 버리면, 능격 계통의 여러 언어들은 대격 계통의 언어로 치부되어버릴 것이다. 예를 들어 수동태 (6.5)를 가지는 능격 계통도 있는데 이를 근거로 그 체계가 [능격 계통이 아니라] 궁극적으로는 대격 계통이라고 억지를 부릴 수 있다는 것이다. 그런 태도는 전적으로 이론적인, 그리고 통사론에 기초한 모델에는 도움이 될 수 있다. 그러나 유형론 연구에는 전혀 도움이 되지 않는다.

　　이런 구성에 대해서는, 한편으로는 『주어』+『목적어』 구성이면서 한편으로는 『여격어』+『주어』 구성이라고 제안하는 것이 더 합리적일 듯하다. 이것은 특별히 새삼스러운 것이 아니다: 「경험주」 등을 「행동주」같은 것으로 간주하는 의미 체계는 형태론을 무시하는 통사적 자질의 출현에 영향을 미치고 「경험주」 등을 『행동주』-『주어』로 여기도록 한다고 제안해 볼 수도 있다. 영어에서 'like'류의 동사 구성이 의미론적 동기에 의하여 『여격어』+『주어』 구성에서 『주어』+『목적어』 구성으로 추이(shift)하였다는 보고는 이와 관련이 있다(Jespersen(1909-

49, III:208-9) 참조).

그러나 이런 예들이 다 (형태론적인) 『여격어』+『주어』 구성을 보여주는 것이라고 할 수는 없다. 이들 가운데 일부는 『목적어』+『주어』 구성이다. 이렇게 보는 것은 아무런 문제도 야기하지 않는다: 그들은 단지 경험주 등을 지시하는 항을 『목적어』로 표시하고, 나머지 항은 『주어』로 표시할 뿐이다. 영어나 그 밖의 언어들에서 [『주어』와 『목적어』가] 곧바로 바뀌는 경우도 있었다 ('PLEASE' 동사 구성 및 이와 상반되는 'LIKE' 동사 구성을 참조하라). 속격의 용법을 설명하는 것은 용이하지가 않다; 그것은 어떤 신종의 하위 역을 나타내는 것으로 볼 수 있겠다 (그러나 2.8을 보라).

2.6 『처격어』와 『도구격어』

(관념역인) 「처소역」과 「도구역」은 영어와 그 밖의 여러 언어에서 전치사로 표시된다. 따라서 우언 역이라 하겠다(1.2.2 참조). 이들 중 일부는 격으로 표시되는데, 이를테면 라틴어는 탈격이 『도구격어』를 표시한다; 그러나 탈격은 『도구격어』만 표시하는 것은 아니다. 그리고 『도구격어』를 표시하는 데 하나의 격만 있는 것도 아니다. 그러나 많은 언어에서 『도구격어』와, 조금만 더 넓게 보면 『처격어』는, 자신을 완전한 문법관계로 표시하는 문법적 기능을 가진다. 그 기능은 다음과 같다.

첫째, 『도구격어』(『수혜주』도 그렇다 — 2.3참조)는 『주어』로 승진할 수 있다; 아래 예문은 말라가시어로서 1.4.1(5.3도 보라)에서 제시하였던 것이다:

Nividianan′   ny vehivavy   ny vary   ny vola
Bought+CIRC   the woman   the rice   the money

'The money was used to buy the rice by the woman'

둘째, Kinyarwanda어(Kimenyii(1988:367-9), 6.6 참조)에서 『도구격어』
와 『처격어』는 『목적어』로 승진할 수 있다:

Umugóre   a-ra-andik-a   íbarúwa   n'ííkarámu
woman   she-PRES-write-ASP   letter   with pen
'The woman is writing a letter with a pen'

Umugóre   a-ra-andik-iish-a   íbarúwa   íkarámu
woman   she-PRES-write-INSTR-ASP   letter   pen
'The woman is writing a letter with a pen'

Umwáalimu   a-ra-andik-a   imibáre ku kíbáaho
teacher   he-PRES-write-ASP maths   on blackboard
'The teacher is writing maths on the blackboard'

Umwáalimu   a-ra-andik-á-ho   ikíbáaho   imibáre
teacher   he-PRES-write-ASP-on blackboard   maths
'The teacher is writing maths on the blackboard'

셋째, 능격 계통의 『절대격어』(『피동주』)가 반수동에 의하여 강등될
수 있는 문법관계는 『도구격어』와 『처격어』(『수혜주』도 그렇다 ― 2.3
참조)다. 『도구격어』로의 강등은 아래의 에스키모어(Woodbury(1977:
322-3), 7.1 참조)에서 보인다:

miirqa-t   paar-ai
child+ABS+PL   take care of-INDIC+3SG+3PL

'She takes care of the children'

miirqu-nik   paar-si-vuq
child+PL+INSTR   take care of-ANTIP-INDIC+3SG
'She takes care of the children'

Yidiny어(Dixon(1977a:110), 7.1 참조)는 『절대격어』가 『처격어』와 『여격어』로 강등되는 예를 모두 보여준다:

ŋayu   balmbi:ɲ   wawa:l
I+NOM   grasshopper+ABS   see+PAST
'I saw the grasshopper'

ŋayu   balmbi-ŋɖa/balmbi:nda   wawa:ɖiɲu
I+NOM   grasshopper+LOC/grasshopper+DAT   see+ANTIP+PAST
'I saw the grasshopper'

넷째, 일부 반투(Bantu) 제어, 이를테면 스와힐리어(Swahili)(Shepardson(1981))와 Chichewa어의 『처격어』는 문두로 전치될 수 있는데, 이럴 경우 『처격어』는 동사와 주어-유형(subject-type)의 일치를 보인다. Chichewa어(Bresnan and Kanerva(1989:2))의 예를 다음에 보인다 (여기서 일치는 일련의 분류사(classifier)에 의하여 보이는데, 분류사는 [예문 아래에] 註解한 대로 숫자로 표시되어 있다 — 두 번째와 네 번째 예문의 동사에 있는 「처소역」 표지 'ku'는 그 자체로 분류사이며 격 표지가 아니다):

chi-tsîme   chi-li   ku-mu-dzi
CL7-well   CL7-be   LOC(CL17)-CL3-village

'The well is in the village'

ku-mu-dzi   ku-li   chi-tsîme
LOC(CL17)-CL3-village   CL17-be   CL7-well
'The well is in the village'

a-lendô-wo   a-na-bwéra   ku-mu-dzi
CL2-visitor-those CL2-RECPAST-come-INDIC LOC(CL17)-CL3-village
'Those visitors came to the village'   [RECent PAST]

ku-mu-dzi   ku-na-bwéra   a-lendô-wo
LOC(CL17)-CL3-village   CL17-RECPAST-come   CL2-visitors-those
'Those visitors came to the village'

이런 유형의 구성과 함께, 『처격어』가 실제로 『주어』로 승진하는 경우
도 있는 것 같다. 그러나 『처격어』는 자신의 형태론과 동사와의 일치
에 처격 표지를 남겨 둔다. 그러면 원래의 『주어』는 강등되지만 그것
이 무엇으로 강등되었는지를 지시해 주는 것이 없게 된다 (관계 문법
(Relational Grammar)으로 알려진 이론 — 이를테면 Johnson(1974)
— 에서는 일반적으로 논의하기를, 강등된 항이 그 문법적 지위를 잃
어 버렸다고 하는데, 'chomeurs'이 되었다고도 한다. 불어로 '실업자'란
뜻이다).

2.7 그 밖의 역들과 하위 역들

지금까지의 논의에 따라서, 유형론 상으로 가장 중요한 역은 『행

동주』, 『피동주』, 『수혜주』, 『처소역』, 『도구역』이라고 가정하자. 이들
이 유형론 논의에 충분한 기반을 제공한 것은 사실이다 (그리고 이들
에 대해서는 더 이상 주장할 것이 없다). 그러나 주요 역들이 명백히
표시됨에도 불구하고, 이 주요 역들을 하위 구분해야 하거나 하위 역
(sub-role)들로 구별해야 할 기준이 더 필요한 언어도 있다.

Bikol어(필리핀, Givón(1979:154-5))에서는 하위 역들이 『여격어』
로 인식될 수 있다. 이러한 현상은 8.1.2에서 면밀히 살펴볼 주제격 계
통(topic system)에서 볼 수 있는데, 이 계통에서는 항들 가운데 하나
가 동사와 해당 명사에 모두 특정 표시를 함으로써 『주제격어』(Topic)
로 표시된다. 동사의 표지는 하위 역들을 구별해 주는데, '『수령주』'와
'『수혜주』'(Givón은 이들을 『여격어』와 『수혜주』라 하였다)임이 확실
한 항들을 하위 구분해 준다. 예는 다음과 같다(DT='『여격어 주제
어』', BT='『수혜주 주제어』'):

> marái ʔang-babáye na na-taʔó-hán kang-laláke ning-líbro
> good TOP-woman that DT-give-DT AGT-man PAT-book
> 'The woman to whom the man gave the book is good'
> 'The woman that was given the book by the man is good'

> marái ʔang-babáye na pinag-bakal-án kang-laláke ning-kandíng
> good TOP-woman that BT-buy-BT AGT-man PAT-goat
> 'The woman for whom the man bought the goat is good'
> 'The woman that was bought a goat (for) by the man is good'

이런 구별은 난외로(marginally) 영어에도 있는데, 관념적으로 「수령주」
인 항은 『주어』로 승진할 수 있지만 관념적으로 「수혜주」인 항은 그
럴 수 없다:

He gave John a book
John was given a book

He bought John a book
*John was bought a book

Ga'dang어(필리핀, Walrod(1976))는 더 놀라운 현상을 보인다. 이 언어 역시 주제격 계통에 속하는데, 『피동주』가 『주제격어』일 경우 세 유형의 『피동주』 — '영향받음(affected)', '영향받지 않음(unaffected)', '자리함(positioned)'에 대하여 세 개의 표지가 동사에 주어진다:

> bəkən-nu   i no gafa   (p.29)
> break+AFF.PAT-you   TOP jar
> 'Break the jar'

> si'gutan-nu   i no bafuy   (p.30)
> tie-UNAFF.PAT-you   TOP pig
> 'Tie up the pig'

> isi'gu'-nu   i no bafuy   so ari   (p.34)
> tie+POS.PAT   TOP pig   LOC post
> 'Tie the pig to the post'

대격과 부분격(partitive case)(Fromm and Sadeniemi(1956:120-1))에 의하여 표시되어 대조를 보이는 핀란드어(Finnish)의 예들은 더욱 문제가 된다:

> Liikemies   kirjoitti   kirjeen   valiokunnalle

businessman   wrote   letter+ACC   committee-to
'The businessman wrote a letter to the committee'

Liikemies   kirjoitti   kirjettä   valiokunnalle
businessman   wrote   letter+PART   committee-to
'The businessman was writing a letter to the committee'

부분격의 용법은 2.3에서 간략히 논의한 '약화된 타동성'의 용법과 공통점이 많다. 이에 또 하나의 문법역 『부분격어』(Partitive)'를 상정할 수도 있을 것이다. 그런데, 『여격어』의 역과는 달리 『부분격역』은 독립된 역으로 나타나지 않는다. 그것은 『피동주』와 같이 출현하는 법이 없는데, 항상 『피동주』를 대체해서만 나타나기 때문이다. 다른 해결 방법은 두 개의 『피동주』가 있다고 하는 것이다. 하나는 동작에 의하여 완전히 영향을 받은(fully affected) 것이며 또 하나는 완전히 영향을 받지는 않은(not fully affected) 것으로 보는 것이다. 전자는 대격으로, 후자는 부분격으로 표시한다.

이와 비슷한 것으로는 러시아어의 속격을 들 수 있을 것 같은데 러시아어의 속격은 '부분격'의 의미를 가진다:

daite   khleba
give+IMP   bread+GEN
'Give me some bread'

'여격 주어'처럼 서로 상반되는 두 체계가 있는 구성은 간접적으로 다른 역을 지시할 수 있다: 이 항은 형태론적으로는 『여격어』로 표시되지만 한편으로는 『주어』로 기능하는데, '양상 주어'를 포함, 관념역이 개입하기도 하지만 그것은 일반적으로 관념역 「경험주」다. Tsunoda (1985:388)은 격 표시의 관점에서 2항 구성의 동사들을 분류하고, '여격 주어'를 취하는 일본어의 동사들처럼 이들을 (i) 지식(knowledge), (ii) 감정(feeling), (iii) 관계(relation), (iv) 능력(ability)에 따라 목록을 작성하였다. '여격 주어'가 『경험주』로 인식되면, 『경험주』는 이 동사들의 '주어'를 전부 포함하는 넓은 의미로 분명히 해석되어야만 한다 (Tsunoda가 다룬 대부분의 언어는 능격 계통이다. 이들은 이상의 네 종류의 동사들에 대한 더 많은 예들을 제공할 수 있을 것이다. 그러나 『여격어』+『절대격어』 구성에서만 그러할 뿐 『여격어』+『주어』 구성에서는 그렇지 못한 것 같다). 이와 비슷하게 타바사라어(3.6.2)는 동사 'see'가 외견상 '여격 주어'를 가지는 것으로 보인다. 이 주어의 역은 『지각주』(Perceiver)로 제안되었다. 뿐만 아니라 타바사라어의 동사 'beat', 'hit', 'look at' 등은, 어떤 점에서는 『주어』+『목적어』 구성을 가지는 것처럼 보이기도 하지만, 좀 색다른 격 표지를 가진다; 이들은 두 유형의 『행동주』와 두 유형의 『피동주』를 모두 지시할 수 있는 것처럼 보인다. Tsunoda가 그 밖의 언어들을 대상으로 목록화한 다양한 격 표시는 이들 외에도 많은 관념역들이 비슷한 방식으로 간접적으로 문법화될 수 있음을 제안한다.

2.8 문제가 되는 구성들

지금까지의 논의에 따라서는 설명하기 어려운 격 표시의 유형이 있다. 일본어 동사 'like'의 두 항은 모두 주격으로 표시된다. 일본어에는 첫 번째 항이 주격인 구성으로 세 가지가 가능하다: 주격+대격, 주격+여격, 주격+주격이 바로 그것이다. 예는 다음과 같다(Shibatani (1982:105)):

    Taroo-ga   hon-o   yonda
    Taro-NOM   book-ACC   read
    'Taroo read a book'

Taroo-ga   Hanoko-ni   atta
Taro-NOM   Hanoko-DAT   met
'Taroo met Hanoko'

Taroo-ga   Hanoko-ga   sukida
Taro-NOM   Hanoko-NOM   likes
'Taroo likes Hanoko'

문제가 되는 것은 마지막 예문의 두 번째 항이다. [첫 번째 항이] 이미 『행동주』-『주어』인데도 두 번째 항이 『행동주』-『주어』로 표시되고 있다.

Kewa어(파푸아뉴기니, Franklin(1971:62))에도 이와 비슷한 문제가 있는데, 첫 번째 항이 행위격(agentive)이나 도구격으로 표시된다는 점에서 그렇다고 할 수 있다:

áá-mé   répena   póá-a
man-AGT   tree   cut-did
'The man cut the tree'

raí-mi   tá-a
axe-INSTR   hit-did
'The axe hit it'

이에 대하여 일본어의 주격은 『피동주』가 '진정한(true)' 『피동주』가 아니라는 것을 지시하며 Kewa어의 도구격은 『행동주』가 '진정한' 『행동주』가 아니라는 것을 지시한다고 하면, 즉 『목적어』, 『주어』와 각각 관계를 가지는 두 하위 역의 항들을 구별해주면, 일견 가장 그럴듯한 해결책이 될 것도 같다. 좀더 정확하게 말하면 이 문제는 원형성

(prototypicality)의 관점에서 해결될 수 있다는 것이다(1.2.1 참조): 일본어의 대격은 원형적인 『피동주』-『목적어』를 표시하지만 주격은 원형적이지 않은 『피동주』-『목적어』를 표시하는데, 이런 해결 방식은 Kewa어의 『행동주』-『주어』 문제에도 비슷하게 적용될 수 있다. 이 책은 그와 같은 입장에 반대하는데, 여기에는 중요한 이유가 있다: 그런 입장은 격이 중의적으로 역을 확인한다고 해야 하는데, 2.5에서도 논의하였듯이 그런 입장은 전체 이론 틀에서 [이 책이] 계속 유지하여 온, 역 확인에 대한 형태론적 기반을 무시할 것이다. 더욱이 그런 입장은 일본어의 여격을 『목적어』와 관계된 제 3의 하위 역 표지로 여기지 않고 오히려 『여격어』라는 독자적인 관계의 표지로 여기는 데 대한 설명을 해야 할 부담을 가진다 (이 문제에는 두 가지 대안이 있다. 일본어와 Kewa어의 예들은 [각각] 『행동주』+『행동주』, 『도구역』+『피동주』의 역 구성을 가지지만, 어떤 『행동주』는 『피동주』처럼 『목적어』가 되는 것을 허용하고, 어떤 『도구역』은 『행동주』처럼 『주어』가 되는 것을 허용하기도 하므로, 이 두 언어는 공히 『주어』+『목적어』 구성도 가질 수 있다고 하는 것이다. 다른 하나는 『주어』+『주어』 구성[일본어]과 『도구역』+『목적어』 구성[Kewa어]을 부수적인 관계 구성으로 인정하는 것이다. 이 책의 이론 틀은 그런 입장들을 결코 수용할 수 없다).

　　라틴어의 격 표시와 역의 관계에도 같은 문제가 있다. 대격을 취하지 않고 여격을 취하는 라틴어 동사의 정항들은 형태론의 요구에 따라 『행동주』-『주어』+『여격어』로 처리해야 하며, 여격을 가진 『피동주』로 처리하여서는 안 된다고 2.3.1에서 제안하였다. 그렇다면 러시아어와 핀란드어(앞의 논의 참조)의 속격과 부분격 형태는, [라틴어의 것과] 동일하게 다른 역(『부분격역』)으로 처리해야 하며, 속격과 부분격을 가진 『피동주』로 처리해서는 안 된다. 그 밖의 라틴어 동사들은 다른 격을 요구하는데 이들은 쉽게 해석이 되지 않는다. 동사 UTOR 'use'는 탈격, 즉 『도구역』 표지를 취한다. 관념적으로는 이것이 얼마간의 의미가 있지만 여기서 탈격이 『도구역』의 문법역을 표시한다고 말하기는 어렵다. 오히려 'UTOR'의 『피동주』가 (원형적이지 않게) 탈격으로 표시되었다고 하는 것이 더 그럴듯하다. 더 심각한 것은, MEMINI 'remember'는 속격을 가지는데, 속격은 정상적으로는 문법역 표지가 아니라, 명사와 관련된 소유(possessive) 표지라는 점이다. 그런데 어떤 언어에서는 속격이 외현적인 역 표지로 나타나기도 한다. 벵골어(2.5 참조)를 보라:

<blockquote>
aamaar   tomaake   caai
I+GEN   you   need
'I need you'
</blockquote>

속격이 변별되는 문법역을 지시하거나, 『목적어』나 『여격어』와 관련된 하위 역들을 지시하는 것은 논쟁거리가 된다.

더 이상한 것도 있다. 호머(Homer)의 작품(과 아이스킬로스(Aeschylus)의 비극, 이들 외에는 거의 없음)에는 격의 선택이 문법적으로는 어느 정도 자유로울 수 있으나 [오히려] 의미적으로 구속된다는 증거가 있다는 점이다. 따라서 동사 KLUO: 'hear'의 『주어』가 아닌 항은 대격, 속격, 여격이 될 수 있는데, 심지어 주격도 될 수 있다:

<blockquote>
ékluon   audé:n   (Hom. Od. 14.89)
they heard   sound+ACC
'They heard a sound'
</blockquote>

<blockquote>
moú . . . ékluon   (Hom. Od. 15.300)
me+GEN   they heard
'They heard me'
</blockquote>

eukhoméno:i   moi   ékluon
praying+DAT   me+DAT   they heard
'They heard (complied with) my prayer'

klúein   ánalkis   (Aesch. *Pr.* 868)
to hear   feeble+NOM
'to be called feeble'

일반적으로 대격은 귀에 들린 것에, 속격은 말하는 사람에 쓰인다. 반면에 여격은 승낙이나 복종으로 들어주는 것을 지시한다 (이들 격의 용법은 약간 다양할 수 있다). 주격은 '불리운 것, 또는 말해진 것'을 지시한다; 그러나 다른 정항이 개입하는 것으로 보이지는 않는다. 따라서 이것은 더 이상 고려하지 않겠다. 이러한 차이의 일부는 동사의 의미 차이에 기인한 것으로 여길 수 있다. 그러나 명사가 가진 격의 의미로부터 동사의 의미를 변별해 내기는 쉽지가 않다. 대격/여격의 대비는 아무런 문제도 야기하지 않는다. 그것은 『피동주』/『수혜주』로 다룰 수 있기 때문이다. 속격은 약간 다른 문제를 야기한다: 그것은 의미에 있어서의 차이를 나타내는데, (그리고 [그 차이가] 라틴어에서처럼 동사의 선택에 따라 결정되지 않는다) 그것을 별도의 역으로 처리하거나 앞에서 논의한 부분격과 마찬가지로 『피동주』의 하위 역으로 처리하는 것은 이 때문이다.

　　그러나 이 모든 문제를 한꺼번에 해결할 수 있는 (역설적인 (paradoxical)) 해결책이 하나 있다 — 어떤 이론 틀 내에서도 단순한 해결책은 제시될 수 없다고 해버리는 것이다. 어떤 분석이 주어지더라도 모든 예들을 예외 없이 끼워 맞추기는 어렵다. 관련 자료를 최대한 제시하고 설명하는 것, 그것이 유형론의 이론 틀을 짜기 위한 유일한 노선이다. 모든 문제들에 대하여 단일하고 절대적인 해결책을 제시하는 것은 그 노선이 될 수 없다.

2

대격 계통, 능격 계통, 행위격 계통

3.1 능격 표지

1.2.2에서 영어와 그 밖의 언어들을 검토하면서 『행동주』와 『피동주』가 (그리고 간접적으로는 『주어』와 『목적어』가) 다음 사항에서 구별된다고 하였다:

(i) 어순
(ii) 명사 형태론, 또는 대명사 형태론
(iii) 동사와의 일치

『주어』항의 이와 같은 쓰임은 (능동문에서) S와 A가 같다는 것을 당연히 함의하는데, 이러한 동일성의 확인은 위의 기준에 따라서 이루어진다. 그런데 (이 기준을 그대로 적용시켜 보았더니) S와 P가 같은 언어가 있었다. 1.3.1에서 논의하였듯이 (그리고 앞으로도 계속 논의 할 것이다) 이런 언어들은 일반적으로 '능격 언어'로 알려져 있는데, 우리는 이를 '능격 계통'이라고 부르기로 하였다.

능격성(ergativity)이 어순에 의하여 표시되는 언어도 있는 것 같다. 이를테면 S와 P는 같은 장소에 위치하고 A는 다른 장소에 위치하

는 것이다. 그런데 A와 P가 모두 동사에 선행하거나 후행하는 언어에
서는 어순을 통한 이러한 구별이 당연히 불가능하다 (그리고 많은 언
어들이 실제로 그렇다). 그런 언어에서는 A와 P가 서로의 상대적인
관계를 통해서만 서로의 위치가 구별되기 때문이다. 그러나 두 항들
가운데 하나는 동사에 선행하고 하나는 동사에 후행하는 언어에서는
그런 구별이 가능하다.

　　1.3.1에서도 살펴보았듯이 Dyirbal어는 능격 계통에 속하는 언어
다. 이 언어의 능격성은 명사 형태론에서 확인된다: (접미사 '-ngu'가
있으므로) A는 능격이다. 반면에 P와 S에는 (아무런 표지가 없으므
로) 절대격이다. 격 표지만으로 능격성을 표시하는 것은 여타의 오스
트레일리아 제어에서도 볼 수 있다. Warrungu어(Tsunoda(1988:598))
를 보자:

　　　pama-ngku　　kamu-ø　　　yangka-n
　　　man-ERG　　　water-ABS　　search-P/P
　　　'A man looked/looks for water'

능격성을 동사에 표시하는 경우는 Tzotzil어(마야 어족(Mayan), 멕시
코, Foley and Van Valin(1985:312))에서 볼 수 있다:

　　　bat-em-ø
　　　go-PERF-3SG+ABS
　　　'He's gone'

　　　s-max-ox-ø
　　　3SG+ERG-hit-PAST-3SG+ABS
　　　'He hit him'

일치를 표시하는 접사들이 동사 복합체(verbal complex) 내에서 그 위
치를 달리한다고 기술할 수 있는데, 이를테면 능격은 접두사이며 절대
격은 접미사이다. 그렇지만 위치상의 이러한 차이가 어순에 반영되지
는 않는다. A, P 모두 ([접사들의 순서와] 반대의 순으로) 동사에 후행
하기 때문이다.

> s-mil-ox-ø   Xan li   Petal e
> 3SG+ERG-kill-PAST-3SG+ABS John ART Peter
> 'Peter killed John'

동사와의 일치가 형태와 접사의 위치에 의하여 이중으로 표시되었다.
Comrie(1978:339)는 동사에만 능격성을 표시하는 언어가 드물지 않다
고 기술하였다. 이런 언어들은 북서 코카서스 제어, 멕시코의 마야
(Mayan) 제어, 중앙 아메리카 등지에서 발견된다. 아래의 예는
Quiché어(마야 어족, 과테말라)다:

> k-at-ka-cuku-x
> ASP-2SG+ABS-1PL+ERG-seek-ACT
> 'We seek you'

> k-ox-a-cuku-x
> ASP-1PL+ABS-2SG+ERG-seek-ACT
> 'You seek us'

최근까지 능격성을 가진 언어의 예로 가장 널리 인용된 것은 바스크
어로서 이 언어는 프랑스와 스페인의 서부 피레네 산맥 일대에서 쓰
이는데, 우리에게 알려진 여타의 어떤 언어들과도 다르다. 바스크어는
능격성을 명사 형태론과 동사와의 일치로 표시한다. 예는 아래에 보인

다(Brettschneider(1979:371)):

> ni-k   gizona   ikusi d-u-t
> I-ERG   man+ABS   see   3SG+ABS-AUX-1SG+ERG
> 'I saw the man'

> gizona   etorri d-a
> man+ABS   come 3SG+ABS-AUX
> 'The man came'

첫 번째 예문에서 'I'는 접미사 '-k'와 동사 접미사 '-t'에 의하여 능격
으로 표시된다. 반면에 (두 예문 모두에서) 'man'은 접미사의 결여 [접
미사가 붙지 않으면 절대격이다(1.3.1의 Dyirbal어에서도 그러하였다)]
및 동사 접두사 'd-'에 의하여 절대격으로 표시된다. 그린란드의 에스
키모어에도 비슷한 현상이 있다(Woodbury(1977:323)):

> aŋut-ip   arnaq-ø   taku-vaa
> man-ERG   woman-ABS   see-INDIC+3SG+3SG
> 'The man saw the woman'

우리가 '능격 언어' 대신에 '능격 계통'라고 부르는 데는 두 가지 이유
가 있다. 첫째, 우리가 지금 다루고 있는 자질들이 일부 언어에서는
대격/능격의 구별에 있어서 상반된 결론을 내릴 수 있게 한다(3.2 참
조). 둘째, 이러한 구별과 관련된 통사적 자질들이 있는데, 이들 언어
들에서는 어순이나 형태론에 따른 특성과 무관한, 그리고 어떤 경우에
는 상반되는, 대격 또는 능격 통사론을 가진다고 말할 수 있다(4.1 참
조).
　끝으로 한마디만 더 하겠다. 능격 구성이야 말로 '진정한(really)'

수동형이라고 여기기도 했었는데, 수동태에서 P(『주어』로 승진했음)=S라는 것이 그 이유였다 (덜 그럴듯하지만 이에 대한 대안으로 능격 계통의 능동문을 반수동형으로 취급할 수도 있다). [그렇다면] 두 구성 가운데 어느 것을 기본형(basic)으로 잡고 어느 것을 도출형(derived)으로 잡아야 하느냐를 묻지 않을 수 없다. 그러나 실제로는 이것은 별 문제가 되지 않는다. 라틴어처럼 능동 굴절형(inflection)과 수동 굴절형을 다 가지는 언어에는 어느 것을 기본형으로 잡아야 하는가의 문제가 끝까지 제기될 수 있지만, 상당수의 언어들은 (반수동도 그렇듯이) 수동태에만 동사에 특정한 표시를 하므로 그것이 문제가 되지 않는다 [당연히 능동태가 기본형이 된다]. 더 중요한 것은 능동태의 『행동주』와 『피동주』는 그들에게 1차적으로 사용되는 특정한 표지를 가진다는 점이다. 주격 표지와 대격 표지가 바로 그것이다. 반면에 수동태에서는 『행동주』가 삭제되거나 비핵심적인, 또는 우언적인 것으로 표시된다. 반수동에도 비슷한 설명이 가능하다. 그러나 어떤 능격 계통은 수동태를 가지는 것으로 보인다. 따라서 대조되는 두 구성이 있을 수 밖에 없다. 그러나 여기서의 수동은 대격 계통의 수동과 다르다. (비핵심적인 것으로 표시됨으로써) 『행동주』가 강등되기는 하지만, 『피동주』는 『행동주』가 능동태였을 때 가졌던 관계를 가지지 못한다 (『피동주』는 여전히 절대격으로 표시된다). 또한 통계상으로도 능동문은 수동문보다 더 일반적이다. 만약 [어떤 언어에] 승진과 강등의 기제가 없다면, (즉 수동이나 반수동 따위의 기제가 없다면), [그 언어에는] 당연히 하나의 구성만이 있을 것이며 아무런 문제도 야기되지 않는다 — S=A이거나 S=P이다.

　　[능동/수동의 논의는] 문제의 여지가 있고 명확히 이들을 구별하기 어려운 경우도 있다. 그러나 일반적으로 대격 계통에서는 능동 구성과 수동 구성을 구별하기가 그리 어렵지 않다. 그리고 능격 구성을 대격 구성과는 다른 계통에 속하는 것으로 처리하는 것도 어려운 일이 아니다 (그러나 이상의 논의를 위하여는 7.8을 보라). 그러나 8.2의

도치 계통을 포함, 어떤 경우에는 그것이 대격 계통인지 능격 계통인지가 명확히 구별되지 않는 경우도 있다.

3.2 상반되는 기준

　한 언어가 명사 형태론의 관점에서는 능격을 취하고 동사 일치의 관점에서는 대격을 취하는 것이 가능하다; Warlbiri어가 그런데, 앞에서 여러 번 언급한 오스트레일리아 제어 가운데 하나다(Hale(1973a: 309, 328)). 예를 다음에 보인다:

　　　ŋatju　　ka-ŋa　　　　pula-mi
　　　1+ABS　　PRES-1+NOM　shout-NONPAST
　　　'I am shouting, I shout'

　　　ŋjuntuluḷu　ka-npa-tju　　　　ŋatju　　njanji
　　　2+ERG　　　　TNS-2+NOM-1+ACC　1+ABS　　see-NONPAST
　　　'You see me'

　　　ŋatjuluḷu　ka-ŋa-ŋku　　　　njuntu　njanji
　　　1+ERG　　　PRES-1+NOM-2+ACC　2+ABS　　see-NONPAST
　　　'I see you'

이들 예에서 자동사문의 S와 타동사문의 P는 절대격으로 표시된다(첫 번째 예문과 두 번째 예문의 'I'/'me', 세 번째 예문의 'you'). 반면에 A는 능격으로 표시된다(두 번째 예문의 'you'와 세 번째 예문의 'I'). 따라서 명사 형태론의 관점에서 Warlbiri어는 『절대격어』(S=P)와 『능격어』(A)를 가지는 능격이다. 그러나 (시제 표지에 나타나는) 동사 일치

의 관점에서 이 언어를 관찰하면 결과는 반대로 나타난다. 자동사문의
S와 타동사문의 A(P가 아님)가 동일한 형태, 즉 '주격'으로 표시된다
(각 예문의 'I', 'you', 'I'). 반면에 P는 대격으로 표시된다. 그렇다면 동
사 일치의 관점에서는, Warlbiri어는 주격과 대격을 각각 취하는 『주
어』(A=S)와 『목적어』(P)를 가지는 대격이다.

　　Warlbari어만 그런 것이 아니다. 부루샤스키어(Burushaski)(파키
스탄, Morin and Tiffou(1988:494, 509))에도 비슷한 경우가 있는 것
같다:

> ne　　　hír-e　　phaló　　bók-i
> the+MASC man-ERG　seed+ABS　sow+PRET-3SG+MASC+SUBJ
> 'The man planted the seeds'

> ne　　　hir　　　yált-i
> the+MASC man+ABS　yawn+PRET-3SG+MASC+SUBJ
> 'The man yawned'

> ne　　　hír-e　　ja　　a-yórtikin-i
> the+MASC man-ERG I+ABS 1SG+COMPL-drag+PRET-3SG+MASC+SUBJ
> 'The man dragged me'

예문 아래의 주석에서 보듯이, 'SUBJ'와 'COMPL'은 Warlbiri어의 'NOM'
과 'ACC'에 해당하는 듯하다; 그렇다면 부루샤스키어도 동사 일치에서
는 대격이며 명사 형태론에서는 능격이라고 할 수 있다.

　　결론은 명백하다. 세상의 수많은 언어들을 능격 언어와 대격 언어
로 양분하는 것은 잘못이다. Warlbiri어와 부루샤스키어는, 능격 명사-
형태론 체계를 가지지만 대격 동사-일치 체계도 가진다.

3.3 문법 범주에 따른 변이형

어떤 언어는 대격 계통과 능격 계통 (또는 다른 어떤 계통) 사이에서 변이형을 가지는데, 그것은 문장 내의 문법 범주에 따라 결정된다: 시제/상, NP의 부류, 주절/종속절(main/subordinate clause) 따위가 그것이다. 이 현상을 두고 '분열 능격성(split ergativity)' — 같은 맥락에서 '분열 대격성(split accusativity)' — 이라는 용어를 사용하기도 하는데, 이 현상을 두고 그런 용어를 사용하는 것은 조금은 잘못이다. ('동사의 의미적 본성(nature)에 따르는') 네 번째 유형의 변이형은 Dixon(1979:80)에서 감지되었다. 이 책은 3.5에서 그것을 별도의 계통 (행위격(agentivity) [계통]으로 다룰 것이다)으로 다루고자 한다.

3.3.1 시제/상

가장 분명하면서도 놀라운 예는 이 분열이 시제나 상에 따라 결정되는 경우다; 그런 분열이 있으면, 과거(PAST), 완료(perfect) 또는 완료상(perfective)의 시제/상은 능격 계통을 가지고 다른 시제나 상들은 대격 계통을 가지는 것이 일반적이다.

사모아어(Samoan)(Milner(1973:635))의 완료상은 능격 표시를 하는데, 『행동주』에는 표시를 하고 『피동주』에는 표시를 하지 않는다. 반면에 미완료상(imperfective)은 대격 표시를 하는데, 『행동주』에는 표시를 하지 않고 『피동주』에는 표시를 한다:

```
na   va'ai-a          e le tama   le i'a
PAST look at-PERF   ERG the boy   the fish
'The boy has spotted the fish'

na   va'ai             le  tama   i le i'a
```

PAST look at+IMPERF   the boy   OBJ the fish
'The boy was looking at the fish'

힌디어(Hindi)는 이와 비슷한 분열을 가지는 언어로 가끔 제시되는데, 아래의 예(Allen(1951:70), 전사(transcription)는 수정하였음)에서 보듯이 미완료상과 완료상이 뚜렷이 대조되므로 그 차이를 명백히 볼 수 있다:

ləɽka   dɔɽta   hɛ
boy(MASC)   run+MASC   AUX
'The boy runs'

ləɽka   billī   dekhta   hɛ
boy(MASC)   cat(FEM)   see+IMPERF+MASC   AUX
'The boy sees a cat'

ləɽke-ne   billī   dekhī   hɛ
boy(MASC)-ERG   cat(FEM)   see+PERF+FEM   AUX
'The boy has seen a cat'

첫 번째 예문은 자동사문인데 단일 항 S('boy')에 형태론적으로 아무런 표지가 없다. 그러나 그것은 (남성이라는 점에서) 동사와 일치를 하고 있다. 두 번째 예문은 미완료상의 동사를 가진 타동사문인데, 『행동주』('boy')와 『피동주』('cat') 모두에 형태론적으로 아무런 표지가 없다. 그러나 『행동주』가 동사와 일치를 하고 있다; 따라서 이 예문은 대격 계통의 예를 보여준다고 할 수 있다. 그러나 세 번째 예문은 동사가 완료상인 타동사문인데, (여성) 『피동주』('cat')에 아무런 표지도 없고 그것이 동사와 일치를 하고 있다. 반면에 『행동주』에는 Allen이

'도구격'이라고 주석을 달았던 접미사가 있다. 하지만 이 항은 분명히 동사와 일치를 하지 않고 있으며, 유형론 상 이 언어는 분명히 능격으로 보아야 한다; 이 계통은 분명히 능격 계통이다.

구자라트어(Gujerati)(Mistry(1976:257, 245))에도 비슷한 예가 있다:

Ramesh   pen   khərid-t-o   hə-t-o
Ramesh(MASC) pen(FEM)   buy-IMPERF-MASC   AUX-IMPERF-MASC
'Ramesh was buying the pen'

Ramesh-e   pen   khərid-y-i
Ramesh(MASC)-ERG pen(FEM)   buy-PERF-FEM
'Ramesh bought the pen'

DeLancy(1981:628)에 따르면, 이와 비슷한 분열 체계는 오스트레일리아 제어, 오스트로네시아(Austronesian) 제어[태평양 중남부의 여러 섬], 마야 제어, 인도-이란(Indo-Iranian) 제어, 티벳-버마(Tibeto-Burman) 제어, 코카서스 제어 등에서 발견된다고 한다.

그러나 순전히 시제/상에 따라서만 대격/능격이 단순히 분열되는 경우는 좀처럼 드문 것 같다. 이를테면 힌디어는 완료상에서 능격 계통인데, 『피동주』가 한정적이고 유정물이면 그것은 여격 자리에 놓이게 되고 동사와의 일치를 보이지 않는다(Allen(1951:70)):

lərke-ne   billī-ko   dekha   hɛ
boy(MASC)-ERG   cat(FEM)+DAT   see+PERF+MASC   AUX
'The boy has seen the cat'

여기서 'cat'은 여격이고 동사와 일치를 하고 있지 않다. 사실 이런 구성에는 동사와의 일치가 없다; 동사에 남성을 표시하는 것이 [동사와의 일치인 것 같지만] 'boy'와의 일치에 의한 것이 아니다. 그것은 어떤 NP와의 일치에도 의하지 않고 '무인칭'이거나 '중립적(neutural)'이다.

시제에 따라 이루어지는 분열은 네팔어(Nepali)(cf. Bandhu(1973: 32, 4/20))에서도 보인다. 하지만 여기에도 인칭이 개입하기 때문에 이상의 논의는 다음 절에서 하기로 한다. 일부 언어학자들은 이와 비슷한 분열의 예로 그루지야어를 제시하기도 한다. 그런데 그루지야어의 상황은 훨씬 더 복잡하다. 절을 달리하여(3.6.1) 논의하겠다. 힌디어와 그 밖의 인디언 제어에는 이들 외에 격 표지와 능격/대격의 차이와 관련된 문제들이 있다. 자세한 논의는 4.3에서 다시 할 것이다.

3.3.2 명사 부류

두 번째 유형의 분열은 어떤 유형의 명사가 A와 P의 위치에 놓이느냐에 따라 나누어진다. Dyirbal어는 그것을 아주 명백히 보여주는 언어 가운데 하나인데 1, 2인칭 대명사는 A와 S일 때는 아무 표시가 되지 않지만 P일 때는 표시가 된다. 반면에 3인칭 대명사와 모든 명사들은 S와 P일 때는 아무런 표시가 되지 않고 A일 때는 표시가 된다. 이를 정리하면 다음과 같다(Dixon(1979:87) 참조. 조금 더 복잡한 설명을 원하면 Dixon(1972:50)과 비교해 보라):

	1인칭, 2인칭	3인칭
S	-ø	-ø
A	-ø	-ŋgu
P	-na	-ø

앞 줄은 대격 형태론[S=A]이며 뒷 줄은 능격 형태론[S=P]이다. 1, 2

인칭 대 나머지 모든 명사의 대립이 관여하는 이 분열은 아마도 감정
이입의 위계(2.2)와 관계가 있을 수 있다; 3.4에서 더 논의하겠다.

　　Warrungu어(오스트레일리아, Tsunoda(1988:596))에도 능력 표지
를 가지는 명사, 대격 표지를 가지는 대명사와 관련하여 비슷한 현상
이 보인다. 명사의 격은 (아주 자연스럽게) '능격'과 '절대격'으로 처리
할 수 있다. 그렇지만 대명사의 격은 '주격'과 '대격'이다. 두 계통 간
의 본질적인 차이는, 자동사문의 S가 명사일 경우 그것은 절대격으로
확인되지만, 대명사일 경우 그것은 주격으로 확인된다는 점이다:

pama	yama-pi-n	yati-karra-n	(p.599)
man+ABS	so-INTR-P/P	laugh-REP-P/P	[REPorted]

'The man was laughing like that'

pama-ngku	warrngu	mayka-n yama-nga-n	(p.599)
man-ERG	woman+ABS	tell-P/P so-TRANS-P/P	

'The man told the woman so'

ngaya	waka-n	(p.599)
1SG+NOM	rise-P/P

'I got up'

ngaya	yina	yangka-n	(p.599)
1SG+NOM	2SG+ACC	search-P/P

'I looked for you'

두 계통이 한 문장에 같이 쓰일 수도 있다:

nyula	tyampa-n	katyarra	(p.606)

3SG+NOM   find-P/P   possum+ABS
'He found possums'

이들 언어의 이 현상이, 완전히 능격적인 통사부(syntax)에는 영향을 미치지 않는다는 점을 덧붙여 둔다. 그러나 다른 오스트레일리아 제어에는 더 복잡한 경우가 있으며, 이러한 분열 계통을 설명할 방안은 여전히 논란이 되고 있다. 3.4에서 다시 논의하겠다.

　분열에 인칭이 개입하는 것은 네팔어에서도 볼 수 있다. 그렇지만 여기서는 시제와의 관련 하에서 그러한데(3.3.1), 모든 『행동주』는 과거 시제일 경우 능격으로 표시되지만, 3인칭 단수는 단독으로 비과거일 때에도 능격으로 표시된다. 더군다나 그것은 명사 형태론에만 영향을 미칠 뿐이며 동사와의 일치는 대격 계통을 따른다(3.2 참조). 예는 다음과 같다(Masayosh Shibatani, 사석에서):

mə   shaw   pãu-chu
I   apple   get-NONPAST+1
'I get an apple'

məy-le   shaw   pa-ẽ
I-ERG   apple   get-PAST+1
'I got an apple'

us-le   shaw   pãu-cha
he-ERG   apple   get-NONPAST+3
'He gets an apple'

us-le   shaw   pa-yo
he-ERG   apple   get-PAST+3

'He got an apple'

3.3.3 주절/종속절

Dixon(1979:96-8)은 주절/종속절에 따라서 분열이 정해질 가능성도 주목하였다. 이러한 현상을 가장 잘 보여주는 것으로 Shimshia어 (콜롬비아(영국)/알라스카, Boas(1911))가 있기는 하지만, 그리 확실한 것은 아니라고 Dixon도 인정하였다. 이 언어에서 종속절은 능격 계통을 가지는 반면, 주절은 능격 계통을 가지거나 A와 P의 문법적 인칭에 따라 아무런 표지를 가지지 않을 수도 있다.

이 외에 주절/종속절에 따라 다른 표시를 하는 언어로는 Mam어 (마야 어족, 중앙 아메리카, England(1983))를 들 수 있다. 명사 형태론과 동사와의 일치에서 이 언어의 주절은 능격 계통이다(pp.2-3):

    ma   tz'-ok   n-tzeeq'a-n-a
    ASP   2SG+ABS-DIR   1SG+ERG-hit-DS-1SG/2SG
                                 [DIRectional, Directional suffix]
    'I hit you'

    ma   chin   ok   t-tzeeq'a-n-a
    ASP   1SG+ABS   DIR   2SG+ERG-hit-DS-2SG/1SG
    'You hit me'

    ma   chin   b'eet-a
    ASP   1SG+ABS   walk-1SG
    'I walked'

    ma   ø-b'eet-a

ASP　　2SG+ABS-walk-2SG
'You walked'

그런데 종속절에서는 A 뿐만 아니라 S와 P가 모두 능격으로 표시된다(pp.10, 14):

n-chi　　　　ooq' n-poon-a
ASP-3PL+ABS　cry　1SG+ERG-arrive-1SG
'They were crying when I arrived'

o　chin　ooq'-a　aj　n-kub'　　t-tzeeq'a-n-a
ASP 1SG+ABS cry-1SG when 1SG+ERG-DIR 2SG+ERG-hit-DS-2SG/1SG
'I cried when you hit me'

그러나 실제로 Mam어의 종속절은 다른 계통을 보여주고 있지 않다; 그것은 오히려 구별되는 계통이 아님을 — 즉, S, A, P가 다르지 않음을 보여준다. 뿐만 아니라, 이상하게 보일 수도 있지만, 우리에게 꽤 친숙한 대격 언어가 그런 차이를 결여한 예를 종속절에서 보여준다; 라틴어와 고대 그리스어에서, 보고 동사(verb of reporting)에 후행하는 [종속]절은 P('목적어') 뿐만 아니라 S와 A(주어)도 대격이다 (이른바 '대격과 비한정절 구성(accusative and infinitive construction)'이다). 라틴어의 예를 보기로 하자:

Dixit　　Marcum　　　venisse
he said　Marcus+ACC　to have come
'He said Marcus had come'

Narrant　　　Romulum　　　urbam　　　condidisse

They relate   Romulus+ACC   city+ACC   found-PERF+INF
'They say that Romulus founded a city'

3.4 세 개의 기본적인 관계가 있는 계통

지금까지 논의한 계통들은 두 개의 기본적인 문법관계 하에서 S, A, P 간의 관계를 다루었다. 가능한 문법관계는 다음과 같다; 대격 계통은 S=A(『주어』), P(『목적어』), 능격 계통은 S=P(『절대격어』), A(『능격어』), 행위격 계통은 S_A=A, S_P=P이다(3.5 참조).

그런데 이 셋(S, A, P)을 전부 다르게 표시하는 언어도 있다. Nez Perce어(미국(북서부), Rude(1988:547-8, 522))가 그 중 하나다:

háana-nm   pée-'wiye   wewúkiye-ne
man-ERG   3ERG-shot   elk-DO
'The man shot an elk'

háama   hipáayna
man   3+NOM-came
'The man came'

이 언어의 A는 명사와 동사의 능격 접사, P는 명사의 대격('DO') 접미사에 의하여 표시되는 반면, S는 동사의 주격 접두사에 의해서만 표시되는 것 같다.

몇몇 오스트레일리아 제어의 일부 명사들은 대격 계통을 따르고, 일부 명사들은 능격 계통을 따르는 반면, 어떤 것들은 세 개의 역 모두에 대하여 다른 표지를 가진다. Yidiny어(오스트레일리아, Dixon(1977a))가 그런데, 1, 2인칭 대명사는 S와 A일 때 같은 형태가 되는 반면, 명

사들은 S와 P일 때 같은 형태가 된다. 아래 예들을 보라
(Dixon(1977a:126, 168)):

	'I/me'	'man'
S	ŋayu	waguːɖa
A	ŋayu	waguːɖaŋgu
P	ŋaɲaɲ	waguːɖa

이것은 3.3.2에서 논의한 Dyirbal어와 아주 비슷하다. 그러나 일부 話
示素들(deictics), 즉 인성 부정사(indefinite human) 'who'/'someone'과
함께 쓰이면 S, A, P는 그 형태가 각각 다르다(Dixon(1977a:187)):

S	waɲa
A	waŋɖu
P	waŋɖuːɲ

Diyari어(Austin(1981a:51, 61))는 여자의 이름과 관련하여 세 개
의 기본 격을 가지는데, [앞의 것과는 달리] 그것이 1, 2인칭 단수일
경우에는 그렇지 않으나 그것이 비단수 명사이거나 대명사일 경우에
는 그 격들이 다 실현된다:

('person'+PL)	nom.(S)	kaɳawaɽa
	erg.(A)	kaɳawaɽali
	acc.(P)	kaɳawaɽana

남자 이름과 단수 보통 명사는 능격 계통을 따른다:

('stick')	abs.(S/P)	piʈa

erg.(A)	piṭali

비단수 1,2인칭 대명사는 대격 계통을 따른다:

('you'+PL)	nom.(S/A)	yura
	acc.(P)	yuraṇa

이러한 변이형들 두 가지 방법으로 설명할 수 있다. Yidiny어와 Diyari어는 3.2의 것과 같은 분열 계통을 가지는데, 3.2의 것과 달리 그 분열이 능력 계통, 대격 계통, 3관계(three-relation) 계통이라는 세 유형으로의 분열이라고 하는 것이다. 다른 해결 방법도 있다: 언어의 모든 형태에 대하여 세 개의 다른 관계가 있다고 하고, 차이들의 일부 가 중화(neutralized), 또는 혼합(syncretized)되었다고 해버리는 것이 다. 앞에서 논의한 세 쌍의 형태는 하나의 표로 정리할 수 있겠다:.

S(nom.)	kaṇawaṛa	piṭa	yura
A(erg.)	kaṇawaṛali	piṭali	yura
P(acc.)	kaṇawaṛana	pita	yuraṇa

이 해결 방안은 Austin이 격에 사용하였던 용어들('주격', '능격', '대 격')의 용법을 반영하고 있다. 이와 같은 분석하에서, Diyari어는 단순한 3관계 계통을 가진다. 여기서 제안한 것과 같은 혼합주의(syncretism)는 굴절어에 아주 흔한 것이다. 이를테면 라틴어의 주격과 대격은 어떤 명사에서는 각각 다르게 실현되지만(amicus/amicum 'friend') 어떤 명 사에서는 같은 형태로 실현된다(bellum/bellum 'battle'); 전통적으로 이들을 다른 계통이라고 하지 않고 다만 'bellum'은 주격형과 대격형 이 같다고 설명하였다.

　　Goddard(1982)는 비슷한 설명이 명사 부류(nominal)에서 분열 계통을 가지는 모든 언어에 적용될 수 있다고 주장하였다. 명사류에서 분열 계통을 보이는 예로는 3.3.2에서 논의한 Dyirbal어와 Warrungu 어를 들 수 있다. Goddard는, 격에 대한 전통적인 접근법을 사용하는 이 설명이, 같은 방식으로 대부분의 오스트레일리아 제어를 설명하는 가장 간단한 방법이라고 주장하였다. 그리고 이 주장은 일부 일치 자 질에 의하여 부분적인 지지를 받기도 한다. 그러나 그런 주장이 결론 을 내리게 할 정도로 강력한 근거를 갖는 것은 아니다. 계통들 가운데 하나가 Diyari어처럼 이미 3관계 계통일 때는, 분열 계통을 단일한 3 관계 계통으로 축소시키는 것은 분명 그럴듯하다; [그러나] Dyirbal어 처럼 한 언어가 대격과 능격이라는 두 계통만 가질 때는 별로 그럴듯 해 보이지 않는다. 오스트레일리아 제어에 3관계 계통이 널리 퍼져있 다는 사실은 그런 언어들을 일반화하는 기술로는 의미가 있을 것이다. 그러나 세계 언어들 전반에 대한 유형론적 기술에는 별로 중요하지 않는 것 같다. 단순성(simplicity)의 문제는 여전히 과제로 남아 있는 셈이다.

그런 해결 방법에 반대하는 중요한 이유는, 그것이 어떤 분열이든 지 다소간은 존재한다는 사실을 糊塗하기 때문이다. 분열은 능격과 대 격 계통에 대한 논의에 서광을 비춘다는 점에서라도 그 자체로 주목 거리가 되지만, 2.2와 8.2에서 논의하(였)듯이 유정성의 문제와도 관계 가 있는 것 같다. (Goddard는 반대하였지만) Dixon(1979:85ff.)는 주장 하기를, 유정성(또는 감정이입 ─ 2.2를 보라)의 위계는 그런 1, 2인칭 대명사들이 「행동주」로 기능할 막대한 가능성을 시사한다고 하였다. 유정성의 위계의 내용은 대강 다음과 같다; 유정성 위계에서 높이 있 는 NP일 수록 「행동주」가 되기 쉽다. 따라서 별도의 표시로써 그것이 『행동주』임을 나타내 줄 필요가 없다 (이는 대격 계통에서 선호된다). 반면에 위계상 낮은 데 있는 NP는 「행동주」가 되기 어렵다. 그러므로 그것이 『행동주』일 때는, 별도의 표시를 해야 할 필요가 있다 (이는 능격 계통에서 선호된다). 최소한 하나의 언어, 즉 대격 계통도 능격 계통도 아닌 행위격 계통인 언어(포모어(북부), 3.5.3 참조)가, 『행동주』가 인성일 경우는 『행동주』가 형태론적으로 표시되지 않고 『피동주』가 형태론적으로 표시되며, 역으로 『행동주』가 비인성일 경우는 『행동주』가 표시되고 『피동주』가 표시되지 않는다는 사실에 의하여, 이 논의는 지지를 받는다.

더군다나, Warlbiri어(3.2)의 '명사 형태론 대 동사 일치', 또는 Tzotzil어(4.2)의 '형태부 대 통사부' 등의 예에서 보듯이 한 언어에 상반되는 계통이 있을지라도, Goddard의 것과 똑같은 논의가 가능하다. 여기서는 물론, S, A, P들이 서로 통합된 기능을 별도로 기술함으로써 두 계통을 한 데 묶는 것도 가능하다. 그러나 그것은 통찰력이 부족한 주장이며, 능격과 대격이라는 두 계통이 있다고 기술하는 것보다 훨씬 복잡하다.

3.5 행위격 계통

자동사문의 단일 항(S)이, 대격 계통과 달리 타동사문의 『행동주』(A)와 같지 않고, 능력 계통과 달리 타동사문의 『피동주』(P)와 같지 않지만, 때로는 A로, 때로는 P로 그 단일 항을 다양하게 표시하는 언어가 있다. 포모어(동부)가 그러한데, 1.3.1에서 소개한 바 있다. Lakhota어(수 어족(Siouan), 미국, Van Valin(1985:365-6))에서도 예를 볼 수 있다:

> ma-yá-kté   'You killed me'
> 1SG+PAT-2SG+AGT-kill

> ø-wa-kté   'I killed him'
> 3SG+PAT-1SG+AGT-kill

ni-ø-kté   'He killed you'
2SG+PAT-3SG+AGT-kill

wa-hí   'I arrived'
1SG+AGT-arrive

ma-khúže   'I am sick'
1SG+PAT-sick

ya-ʔú   'You are coming'
2SG+AGT-come

ni-háske   'You are tall'
2SG+PAT-tall

앞의 세 예문은 타동사 구성으로서, 『행동주』 표지와 『피동주』 표지가 있다. 1인칭에 대한 행위격(agentive), 피행위격(patientive) 표지는 각각 'wa', 'ma'이며, 2인칭에 대한 표지는 각각 'ya', 'ni'인 점을 특히 주목해서 보라. 그 밑의 네 예문은 자동사문인데, 'arrive', 'come'의 단일 정항에는 행위격이, '(be) sick', '(be) tall'의 단일 정항에는 피행위격이 사용되고 있다.

   '분열 자동사 구성(split intransitive)'이라는 용어는 이러한 계통을 기술하기 위하여 종종 사용되었다. 그리고 이 용어는 이 계통의 본질을 확실히 잘 표현하고 있다고 하겠다. 그렇지만 이 용어는 만족스럽지 않다. '분열(split)'이라는 용어는, 다른 의미로 '분열 능격성'(3.3)에서 사용하였기 때문이다. 그리고 특히 이들 '분열 자동사 구성'은 다른 의미의 분열에도 종종 개입하기 때문이다(아래 3.5.3 참조). 초기 문헌들은 이러한 계통을 '행위격'('Active') [계통]이라고 하였다. 그러나 능동태(active voice)와 수동태를 구별하는 데 이미 'Active'라는 용어를 사용하였기 때문에 이 용어는 부적합하다. 능격과 대격을 전형적으로 취하는 계통에는 '능격 계통', '대격 계통'이라는 용어를 사용하였으므로, 이와 같은 제3의 유형에는 '행위격 계통'(agentive)이라는 용어를 사용하는 것이 가장 합리적이다 [국어는 'active/passive'의 'active'를 '능동(태)'이라고 할 수 있으므로 용어가 중복되지 않는다. 따라서 'active', 'agentive'를 모두 '행위격'으로 번역할 수 있다. 아래 논의를 계속 보라].

　3.3에서 다루었던, '동사의 의미적 본성에 따라 나누어지는' 분열에 더하여, Dixon(1979:80)은 행위격 계통을 제4 유형의 분열 능격성으로 처리하였다. 그러나 그런 입장은 모순된 상황에 직면하게 된다. 행위격 계통에서는 자동사 구성의 [단일] 항이 그 항의 표지에 따라서 다양하게 실현되는 반면, 나머지 두 계통과의 차이는 타동사 구성의 항들의 표지에 의한다는 점에서 그러하다. [그렇다면] 분열 능격성의 관점에서 행위격 계통의 해석은, 하나의 타동사 구성이 그 짝이 되는 자동사 구성이 무엇을 선택하느냐에 따라서, 능격 및 대격 계통으로 특징지워지는 상황에 이른다: 행위격을 취하는 자동사 구성과 짝을 이루면 그것은 대격 계통이라 할 수 있으며, 피행위격을 취하는 자동사 구성과 짝을 이루면 그것은 능격 계통이라 할 수 있다. 이 계통을 대격 계통도 능격 계통도 아닌 별도의 유형으로 처리하고, [그것의] 자동사 형태에만 따로 구별되는 자질을 두는 것이 확실히 더 낫다.

　두 유형의 S를 S_A, S_P로 제시하면, 대격 계통의 S=A, 능격 계통의 S=P와 대비하여, 이 계통은 S_A=A, S_P=P로 특징지워질 수 있다. 그리고 『행위격어』(Agentive)와 『피행위격어』(Patientive)는 관련된 두 문법관계로 여길 수 있다(1.3.2 참조).

3.5.1 기본 체계

방금 논의한 것과 비슷한 예들은 과라니어(Guarani)(Mithun (1991: 511-13), Gregorez and Suárez(1967)을 설명한 것임)에서 볼 수 있다. 1인칭의 『행위격어』와 『피행위격어』의 형태는 각각 'a-'와 'se-'에 의하여 확인된다:

> a-gwerú a í na   'I am bringing them now'
> še-rerahá   'It will carry me off'

같은 형태가 자동사 구성의 S를 표시하는 데 사용된다:

> a-xa   'I go'
> še-ras í   'I am sick'

Acehnese어(수마트라, Durie(1985:45))는 과라니어의 예들보다 조금 덜 분명하다. 여기서 『행위격어』는 동사 접두사에 의하여 반드시 표시되지만 『피행위격어』는 동사 접미사에 의하여 수의적으로 표시된다.

> ka   lôn-poh-geuh
> already   1+AGT-hit-3+PAT
> 'I hit him'
>
> lôn   lôn-jak
> I   1+AGT-go
> 'I am going'

```
gopnyan     caröng(-gueh)
he          clever(-3+PAT)
'He is clever'
```

(비록 그 의미에 있어서는 심각하게 다르지만 ― 3.5.2를 보라)『행위
격어』 S냐『피행위격어』 S냐에 대한 선택은 어휘적으로 폭넓게 결정
된다. 어떤 동사들은『행위격어』를 요구하고 어떤 동사들은『피행위격
어』를 요구한다. 그러나 일반적으로 분명한 의미 변화를 수반하면서,
어떤 언어의 일부 동사들은『피행위격어』 S와 함께 쓰일 수도 있고
『행위격어』 S와 함께 쓰일 수도 있다. 과라니어의 동사 'karu'가 그러
한데,『행위격어』와 함께 쓰이면 'to dine'을 의미하고,『피행위격어』와
함께 쓰이면 'be a glutton'을 의미한다. 비슷한 예를 포모어(동부)(캘
리포니아, McLendon(1978:2-3))에서도 볼 수 있다:

```
há·   wá-du·kìya        'I'm going'
wí    ʔečkiya           'I sneezed'
há·   c'e·xélka         'I'm sliding'
wí    c'e·xélka         'I'm slipping'
```

'há·'와 'wí'는 각각 1인칭 단수의 행위격, 피행위격 형태다. 따라서
'go'는 행위격인 반면 (즉, 행위격 S를 요구한다) 'sneeze'는 피행위격
이다. 세 번째 동사는 두 경우에 다 쓰일 수 있는데, (능동적으로, 의
도에 따라서) 미끄러질(sliding) 경우에는 행위격이지만 (의도하지 않
게, 우연히) 미끄러질(slipping) 경우에는 피행위격이다. Batsbi어(코카
서스, Comrie(1978:366))에도 비슷한 자질이 있다. 이 언어는 포모어
(동부)와 비교되는데 [Batsbi어의] 'fall'은 행위격이면서 피행위격이다:

```
tχo          naizdraχ      qitra
```

we+PAT   to ground   fell
'We fell to the ground (not our fault)'

a-tχo   naizdraχ qitra
AGT-we   to ground   fell
'We fell to the ground (through our own carelessness)'

[이처럼] 같은 동사에 행위격, 또는 피행위격 표지가 다 있는 경우를 두고 Dixon(1979:80)은, '분열-S 표지(split-S marking)'와 대조가 되는 개념으로, '유동-S 표지(fluid-S marking)'라고 하였다.

어떤 언어에서는 S가 세 가지 형태로 실현될 수도 있는데, 『행위격어』, 『피행위격어』, 『여격어』(S$_A$, S$_P$, S$_D$)로 각각 그 성격을 규정할 수 있다. 초크토어(Choctaw)(오클라호마, Heath(1977:204))가 한 예가 된다:

iš-iya-h
2SG+AGT-go-PRES
'You are going'

si-(y)abiːka-h
1SG+PAT be-sick-PRES
'I am sick'

im-ačokma-h
3+DAT-feel good-PRES
'He feels good'

행위격, 피행위격 자동사라는 관점에다가, 2.5에서 논의한 것과 비슷하게 『여격어』를 취하는 무인칭 구조라는 관점을 더하여 이 예를 다룰 수도 있다. 그러나 행위격 언어를 가정하면 더 간단하게 다룰 수 있다. 『행위격어』 S, 『피행위격어』 S, 『여격어』 S라는 3방식(three-way)으로 다루는 것이다.

초크토어의 2항 구성은 훨씬 더 복잡하다. 아래 예를 보라 (Heath(1977:207)):

> hattaak-at   oho:yoh(-a)   ø-ø-pisa-h
> man-SUBJ   woman-OBL   3AGT-3PAT-see-PRES
> 'Man sees woman'

> hattaak-at   oho:yoh(-a)   ø-i̜-hiyi̜ya-h
> man-SUBJ   woman-OBL   3AGT-3DAT-stand-PRES
> 'Man wait for woman'

> hattaak-at   oho:yoh(-a)   i̜-ø-nokšo:pa-h
> man-SUBJ   woman-OBL   3DAT-3PAT-be afraid-PRES
> 'Man is afraid of woman'

3.2에서 논의한 것과 같은, 두 개의 구별되는 계통이 있다. 명사 형태론은 대격 계통으로서 『행동주』-『주어』와 『피동주』-『목적어』를 구별하지만, 동사 표지는 세 가지를 모두 다 사용하여 행위격+피행위격, 행위격+여격, 여격+피행위격의 복합형을 가진다 (또는 피행위격+여격일 수도 있다. 격 표지를 반대로 할 수 있기 때문이다. 이를테면 여격이 원인인 'the woman'을 지시하고 피행위격이 경험주인 'the man'을 지시하는 것이다).

이들 구성은 능격 계통에서 보이는 구성, 즉 『능격어』+『절대격어』, 『능격어』+『여격어』, 『절대격어』+『여격어』와 비슷한 면이 있다

(그리고 첫 번째, 세 번째 것은 완전히 전형적인 능격 계통의 타동사, 자동사 구성인 반면, 두 번째 것은 특이한 유형의 구성이다(7.4 참조)). 그러나 자동사 구성의 단일 항이 (여격과 마찬가지로) 행위격이나 피행위격일 수 있다는 사실은, [그런 구성을 가지는 계통에는] 대격/능격이 구별될 수 없음을, 그리고 이 계통은 확실히 대격 계통이나 능격 계통이 아니라 행위격 계통임을 의미한다. 그럼에도 불구하고 능격 계통과 평행하게(parallel fashion), 『행위격어』+『피행위격어』, 『행위격어』+『여격어』, 『피행위격어』+『여격어』의 조합을 제시하여 『행위격어』, 『피행위격어』, 『여격어』라는 역/관계의 관점에서 이 구성을 다룰 수 있다.

그러나 어떤 2항 구성은 [여전히] 문제가 된다. 포모어(동부)의 'love', 'hate', 'miss' 같은 동사들은 두 항이 모두 피행위격으로 표시된다. 아래 예들을 보라(McLendon(1978:6)):

> mí·ral wí ma·rá
> 3SG+FEM+PAT 1SG+PAT love
> 'I love her'

이와 비슷하게, Lakhota어(Mithun(1991:517))에는 이중 피행위격 구성이 아주 많다 ('-ni-'와 '-ma-'는 각각 2, 1인칭 단수 피행위격 형태이다):

> iyé-ni-ma-čʰeča 'I look like you'
> í-ni-ma-ta 'I am proud of you'

비록 『피행위격어』+『피행위격어』가 형태론이 제시하는 것이라 할지라도, 이들을 과연 『피행위격어』+『피행위격어』 구성으로 다루어야 하는가에 대해서는 논의의 여지가 있다. 2항 구성에서 항들의 역과 관계가 다를 수 있다는 것이 일반적인 가정이기 때문이다. 이와 비슷한 문제가 일본어의 'like' 동사 구성에도 있다. 이 동사의 두 항은 모두 주격으로 표시된다(2.8 참조): 해결책은 그리 간단하지 않다.

3.5.2 의 미

어떤 언어에는 (『행위격어』 S를 취하는) 행위격과 (『피행위격』 S를 취하는) 피행위격을 다 가지는 것으로 분류된 자동사가 있는데, 그 분류가 전적으로 자의적인 것이 아니다. 그것은 어느 정도 의미 차이에 근거한 것이다; 경우에 따라 상적인 자질들도 개입하는 수도 있지만, 그것은 특히 행동성(agency)의 개념에 의존한다. 행위격 동사의 정항들은 「행동주」가 되기 쉽고, 피행위격 동사의 것들은 「피동주」가 되기 쉽다. 그러나 문법적 부류와 의미 간에는 일 대 일 대응 관계가 성립하지 않으며, 성립한다 하더라도 극히 드물다는 것은, 여타의 문법 범주들을 통하여서도 잘 알려진 사실이다. 의미만으로는 행위격이나 피행위격의 표지에 대한 선택을 충분히, 그리고 폭넓게 설명하지 못한다. 그리고 그러한 차이를 내는 방식에 따라 언어들은 달라진다. 지금까지 출판된 것 중에서 가장 상세하고 가장 신뢰할 만하게 그 차이를 의미론적으로 설명한 것은 Mithun(1991)이다.

과라니어(Mithun(1991:512-14), Gregorez and Suárez(1967)을 재분석한 것임)에서 이들을 구별하는 자질은 아마도 상 가운데 하나인 듯한데, 사건(event)의 외연을 지시하는(denote) 동사들은 행위격이고 상태(state)의 외연을 지시하는 동사들은 피행위격이라는 점에서 그렇다:

a-xá	'I go'
šé-rasí´	'I am sick'

이 밖에도 다음과 같은 동사들이 있다:

행위격 동사		피행위격 동사	
gawatá	'walk'	ka ŋ í-	'be weak'
ké	'sleep'	kaneʔõ′	'be tired'
yeká	'split'	-akú	'be hot'
manó	'die'	aŋatá	'be anxious'

그러나 이들 항목 중에서 사건과 상태가 아주 뚜렷하게 구별되지 않는 경우도 있다; 과라니어에서 -ki- 'rain'은 사건으로 '여겨지지'만, -aiviruʔi 'drizzle'은 상태로 여겨진다.

    그런데 과라니어는 전형적인 것이 아니라고 할 수 있다. '상황을 수행하고(perform), 초래하고(effect), 선동하고(instigate), 통제하는(control) 참여자(participant)'의 관점에서 Foley and Van Valin(1984:29)의 주장을 들어보면 그것을 알 수 있다. Foley and Van Valin은 주장하기를, 어떤 언어는 행동성이 한정되면 상보다는 행동성이 오히려 그와 같은 구별을 해준다고 하였다. Lakhota어와 포모어(중부)(Mithun(1991:515-21))의 경우 그것은 분명한 사실이다. 아래에서 보듯이 Lakhota어에서 행동성의 차이는 (사건/상태라는) 상의 차이를 초월한다:

ma-wá-ni	'I walked'	(행위격, 사건)
wa-tʰí	'I live, dwell'	(행위격, 상태)
ma-wášte	'I'm good'	(피행위격, 상태)
ma-tʼé	'I fainted, died'	(피행위격, 사건)

그런데 이들 두 언어가 'cough', 'sneeze' 따위의 동사들을 사용하는 방식은 중요한 차이를 보인다. 아래에서 보듯이 Lakhota어에서는 이들이 모두 (1인칭 '-wa-'를 가지는) 행위격이다:

wa-pšá	'I sneezed'
šuwatʰe	'I missed my aim, failed'
wa-glépa	'I vomit'
iyó-wa-ya	'I yawn'

[반면에] 포모어(중부)에서는 이들이 모두 피행위격이다; 1인칭 피행위격 표시는 'ṭo·'다:

ṭo· ʔésʔesya	'I sneezed'
ṭo· daláščiw	'I missed'
ṭo· msátčiw	'I blushed'
ṭo· šyéšyew	'I tremble'

여기서 초점은 통제에 있다고 Mithun은 제안하였다: Lakhota어에서는 행동주에 의한 통제가 행동성의 본질적인 부분이 아니므로, 통제가 되지 않아도 수행만 되면 그 동사는 여전히 행위격이다. 반면에 포모어(중부)에서는 통제가 본질적이므로 통제가 이루어지지 않으면 그 동사는 피행위격이다.

그러나 포모어(중부)는 피행위격을 표시하기 위하여 다른 자질을 더 요구한다. 바로 (상황에 의하여 영향을 받은) '영향받음(affected-ness)'이다. 참여자가 눈에 띄게 영향을 받지 않는 본래의 상태는 행위격 동사에 의하여 표현된다 ('ʔa-'는 1인칭 행위격 표지다):

ʔa· ʔe qól	'I'm tall'
ʔa· ʔe q'dí	'I'm good'
ʔa· ʔe nasáy	'I'm blind'

그러나 기동 동사(inchoative)가 쓰이면 참여자는 상태의 변화에 영향

을 받는 것처럼 보이고 피행위격으로 표시된다. 아래의 두 예는 그와 같은 대조를 잘 보여준다:

| yém ʔe ʔa· | 'I am old' | (행위격) |
| yémaqʼ to· | 'I have become old' | (피행위격) |

뿐만 아니라 자동사 구성이든 타동사 구성이든, 사람을 지시하는 명사 부류들만 피행위격으로 나타날 수 있다; 나머지 명사들은 모두 표시되지 않는다.

    Caddoan 제어(텍사스, 오클라호마)는, 행동성, 통제, 영향받음의 견지에서는 오히려 포모어(중부)와 비슷하다(Mithun(1991:525-8)). 그런데 뜻밖에도 'lose', 'die'가 행위격이다 ('ci:-'와 '-ki-'는 행위격 표지다):

| ciː-yúníkhʔnah | 'I lost (something)' |
| ha-ki-hahyúsaʔ | 'we die' |

Mohawk어(이로쿼이 어족(Iroquian), 뉴욕과 퀘벡)의 상황은 훨씬 느슨하다(Mithun(1991:528-36)). 이 언어는 역시 행동성이 중요한 자질인 것 같다. 그런데 얼마간의 예외가 있다. 통제가 없는 수행 동사(verb of performance)들이 둘로 나뉜다: 일부는 행위격이고 일부는 피행위격이다 ('-k-'는 1인칭 행위격 표지고 '-wak-'은 피행위격 표지다):

waʔ-k-áhsaʔkeʔ	'I coughed'	(행위격)
waʔ-k-átstikeʔ	'I vomited'	(행위격)
wak-hnyóːtskareʔ	'I have the hiccoughs'	(피행위격)
waʔte-wak-íʔtsu̜hkweʔ	'I sneezed'	(피행위격)

더 놀라운 것은, 통제하에서 사건의 외연을 지시하는 일부 동사들이 피행위격이라는 점이다:

te-wak-h∧ réhta?	'I yell'
wak-yó?te?	'I work'
ye-wakátye?s	'I throw (it)'

Mithun은 이들을 역사적인 의미 변화로 설명할 수 있다고 제안하였다 (이상의 논의는 3.5.3의 Mohawk어 참조).

　　Merlan(1985)는 약간 다르게 기술하였는데, 대부분의 행위격 계통에서 동사의 두 부류 중 하나는 '특수화한(specialized)' 부류로 여겨질 수 있다고 하였다. 그렇다면 Lakhota어에서 특수화한 부류를 형성하는 것은 행위격 유형의 동사들이라 하겠는데, 실제로 이들은 수가 적고 의미적으로 명세되거나 별도로 '표시'된다. 반면에 포모어(동부)에서 특수화한 부류를 형성하는 것은 피행위격 유형의 동사들이라 하겠다. 새삼스러운 것은, 특수화한 부류들은 의미론적으로 상반될 수 있지만, 이들은 유정물과 관련있는 동사들에 강하게 제약되는 성질을 공유한다는 점이다; [앞에서 살펴보았듯이] Lakhota어에서나 포모어(동부)에서나 'sneeze'는 특수화한 부류로 여겨지지만(McLendon(1978:3)) 전자에서는 행위격 부류에 속하고, 후자에서는 피행위격 부류에 속한다.

3.5.3 문법 범주에 따른 변이형

　　행위격성(agentivity)이 모든 언어 전반에 걸친 자질이 아닐 때도 있다. 그것은 다만 일부 문법 범주에 제약되는 것이거나, 아니면 일부 문법 범주들과 다른 것이다; 이를테면 분열이 있다는 말이다.

　　Lakhota어는 인칭이 관여하는데, 1, 2인칭만이 행위격/피행위격

표지를 가진다. 그러나 포모어(동부)는 행위격/피행위격 표지가 대명
사, 친족(kinship)어, 고유 명사에 제약될 뿐 아니라, 능격 계통 내에서
는 일반 명사 또한 그런 것이 사실이다. 유일한 표지는 능격 접미사
'-a'다(McLendon(1978:5)):

> bu·ráqall-a   mí·p-al   šá·k'a
> bear-ERG   3SG-PAT   killed
> 'A bear killed him'

이것은 3.3.2에서 논의했던 '분열 능격성'과 비슷한데, 여기서는 대격/
능격의 분열이 아니라 행위격/능격의 분열이라는 점이 다르다. 더구나
이것은 2.2, 3.4에서 논의하였던 감정이입 위계의 문제와도 얽혀있다.
인성/비인성에 따라 행위격과 피행위격의 격 표지가 분열된다는 것은
주목할 만하다. 관련 언어로는 포모어(북부)(Croft(1991:168))가 있다.
인성 명사류 행위격은 표시되지 않지만 피행위격은 '-al'로 표시된다.
반면에 비인성 명사류 행위격은 'ya"로 표시되지만 피행위격은 표시되
지 않는다. 이들 표지가 보여주는 것은, 인성이 가장 자연스러운「행
동주」이고 비인성이 가장 자연스러운「피동주」인데 제일 자연스러운
역은 표시되지 않는다는 것이다 (이러한 사실은 3.4에서 Dyirbal어 등
의 언어들이 보이는 대격/능격의 분열을 설명하면서 논의하였던 것이
다). Mithun(1991:542)는 Koasati어(Kimball(1985))도 언급하고 있는데,
이 언어의 명사 형태론은 대격 계통을 따르지만, 동사의 대명사 접두
사는 능격 계통을 보여준다 (그루지야어와는 반대다 ― 3.6.1 참조).
　　일부 마야 제어는 행위격/피행위격이 동사의 어휘 유형에 따라
차이를 보이지 않고 상에 따라 차이를 보인다. 자카르타어(Jakaltek)
는, 완성상(completive)일 때는 S가 P와 관련된 형태를 가지지만, 진행
상(progressive)일 때는 S가 A와 관련된 형태를 가진다(Craig(1976),
Nora England, 사석에서):

x-ach   wayi
COMPL-2SG+PAT   sleep
'You slept'

x-ach   hin   laq'a
COMPL-2SG+PAT   1SG+AGT   embrace
'I embraced you'

lanhan   ha   wayi
PROG   2SG+AGT   sleep
'You are sleeping'

lanhan   hach   hin   laq'ni
PROG   2SG+PAT   1SG+AGT   embrace
'I am embracing you'

3.5.2에서 보았듯이, Mohawk어는 그런 차이가 대부분 동사 부류에 따라 결정된다. 뿐만 아니라 완료일 경우 모든 동사들이 피행위격 표지를 가진다(Mithun(1991:533)):

k-ahtʌ́tyeʔs   'I go away'   (행위격)
wak-ahtʌ́tyų   'I have gone away'   (피행위격)

이것은 설명이 가능하다: 상태/사건라는 상적 차이는 어휘적 자동사를 행위격/피행위격으로 분류하는 데 개입한다. 그러므로 이와 같은 상적 차이는, 사건보다는 상태를 일반적으로 지시하는 완료와 진행상을, 그렇지 못한 시제들과 구별하는 데에도 문법적으로 이용된다.
　　동사 부류와 시제/상 모두에 의존하는 행위격성을 가지는 기타 언어들은 Merlan(1985)의 논의를 참조하라. 이보다 더 복잡한 계통은 3.6.2에서 논의하겠다.

　　Acehnese어의 상황은 약간 다르다. 3.5.3에서는 이 언어가 행위격 계통을 가지는 것으로 논의하였다. 이 언어에는 두 가지 동사 형태론이 있는데, 그것은 실제로 자동사를 피행위격에서 행위격으로, 또는 행위격에서 피행위격으로 바꾼다(Durie(1985:47-50)). 아래에서 보듯이 'meu-'는 피행위격을 행위격으로 바꾼다:

sakét	'feel pain'
meu-sakét	'suffer with endurance'
seunang	'(be) happy'
meu-seunang	'enjoy oneself'

첫 번째, 세 번째 예에는 『피행위격어』 S가, 두 번째, 네 번째 예에는 『행위격어』 S가 있다. 그리고 그 형태론은 '기본적으로 통제되지 않은 어근(root)에 통제 요소를 더하라'라고 지시한다. 그 逆은 형태소 'teu-'가 보여준다. 이 형태소가 쓰인 예에서, '통제에 대한 주어의 상실(subject's loss of control)'로 인하여 행위격 동사 'go', 'stand'는 피행위격으로 표시된다:

jih　teu-jak　teu-döng　lagèe　　ureueng　gadöh　tuwah
he　　DC-go　　DC-stand　manner　person　lost　　mind
　　　　　　　　　　　　　　　　　　　　　　　　　[Decontrol]
'He is wandering about stopping and starting as though out of his mind'

그러나 이들 두 형태소에는 다른 기능도 있다. 특히 타동사와 함께 쓰이면 그들은 항상 자동사화소(intransitivizer)로 기능한다. 그러므로

'teu-'는 『행동주』 없이 완성된 상태를 지시할 수 있다:

> lôn   crôh   pisang
> I   fry   banana
> 'I fry bananas'

> pisang   nyan   ka   teu-crôh
> banana   that   already   DC-fry
> 'Those bananas are already fried'

이는 통제에 대한 상실로 설명할 수 있다. 그런데 다른 형태소 'meu-'의 자동사화 기능을 설명하는 데는 어려움이 있다. 'meu-'는 타동사를 중성 자동사(intranstive neuter)로 바꾼다:

> gantung   'hang' (타동사)   meu gantung   'hang' (자동사)
> som   'hide' (타동사)   meu-som   'hide' (자동사)

이 형태소는 우연한 행위 개념도 표현할 수 있다:

> bak   kayèe   nyan   ka   meu-koh   (lé lôn)
> tree   wood   that   already   DC-cut   (by I)
> 'I accidently cut down that tree'

이것은 기대하지 못했던 상황이다. 앞의 예에서 'meu-'는 통제 요소를 더하는 것으로 여겨졌었다. 그런데 이 예에서는 주석에서 보듯이 통제의 상실로 여겨진다. Durie도 제안하였듯이 이것은 아마도 다른 형태소, 즉 동음이의(homonymous)의 형태소일 가능성이 있다.

3.5.4 기타 유형의 행위격성

행위격 동사와 피행위격 동사 간의 구별은 영어에서도 가능할 것
이라고 제안되었었다. 영어의 동사 'DIE, GROW' 등은 필연적으로 피행
위격 동사다. 반면에 'JUMP, COME' 등은 행위격 동사다 (그러나 영어
와 같은 언어는, 맥락상 '행위격', '피행위격'이라는 용어 대신 오히려
불분명한 용어 '비능격', '비대격'이라는 용어를 쓰는 것(Perlmuter(1978))
이 더 일반적이다). 이런 맥락에서 피행위격 동사는 명령문에 쓰일 수
없거나 'deliberately'와 같은 부사와 함께 쓰이지 못한다고 일부 논의
되었다:

*Grow tall!
*He deliberately grew tall.

그러나 이것은 문법적인 차이라기보다는 의미적인 차이라고 해야 한
다. 의미적인 차이는 확고한 문법적 규칙보다는 의미에 기초한 경향성
을 가진다. 'DIE, GROW' 등도 맥락만 주어진다면, 어렵기는 하지만 얼
마든지 명령문에 쓰일 수 있다: 이를테면 병으로 고생하는 어머니에게
자식이 'please die'라고 할 수 있으며, 아이가 키가 자라지 않아서 애
태우는 부모가 약을 사와서 아이에게 'come on, eat up and grow
tall!'이라고 할 수도 있다.

행위격/피행위격의 구별을 보여주기 위하여 도입된 다른 자질들
은, 일부 언어에서 특정 자동사만 '무인칭' 수동 구문(5.5 참조)을 가진
다는 데서 볼 수 있다. 일반적으로 '행위격' 동사만이 무인칭 수동을
가질 수 있는 것으로 기술되었다. 네덜란드어(Dutch)의 동사 'drown'
은 무인칭 수동을 가질 수 없고 'swim'은 무인칭 수동을 가진다
(Perlmutter(1978:168-9)):

in de zomer   wordt   er   hier   vaak   gezwommen
in the summer   becomes   it   here   often   swum
'There is often swimming here in the summer'

*In de zomer   wordt   er   hier   vaak   verdronken
 in the summer   becomes   it   here   often   drowned
'There is often drowning here in the summer'

이와 유사하게 이탈리아어의 어떤 자동사는 조동사 avere 'have'를 가지고 어떤 자동사는 조동사 'essers'를 가지거나 이 둘을 모두 가지는데, 그 결과 완료형을 표현한다(Van Valin (1990:232)):

avere	*essere*	둘 다 가짐
parlare 'talk'	arrivare 'arrive'	correre 'run'
piangere 'cry'	sembrare 'seem'	volare 'fly'
ballare 'dance'	affondare 'sink'	fiorire 'bloom'

제일 앞 줄의 것들은 모두 동작 동사로, 두 번째 것들은 상태 동사, 완성 동사(accomplishment), 완수 동사(achievement) 동사로, 세 번째 것들은 양자 모두에 속하는 것으로 제시되었다 (그런데 세 번째 경우는 어떤 조동사를 취하느냐에 따라 약간의 의미 차이를 보인다. 영어로 치자면 시제와 상의 차이 정도로 표현될 수 있다 ― è volato 'he has flown', ha volato 'he flew'). 'avere'를 취하는 동작 동사만이 기간(period of time)을 지시하는 부사 per un ora 'for an hour'를 후행시킬 수 있다고 기술되었다; 상태 동사는 그와 같은 성질을 가질 수 없는데 영어에서도 그러하다. 이렇게 볼 때, 전 절에서 논의한 두 자질, 즉 3.5.1.의 '유동' 체계와 3.5.3.의 시제/상의 개입이라는 자질이 비슷한 데가 있음을 알 것이다.

그러나 이탈리아어에서 'essere'가 상태 동사에만 쓰인다고 하는 것은 전적으로 옳다고 할 수 없다. 왜냐하면 그것은 재귀사와 함께 쓰이기도 하는데, 재귀사는 일반적으로 동작 동사 및 명백한 타동사와 함께 쓰인다. 아래 예를 보라(Lepschy and Lepschy(1977:136)):

Si é   lavato le mani
REFL ESSERE+3SG+PRES washed the hands
'He washed his hands'

그러나 Vincent(1982:96)도 지적하였듯이 재귀사와 함께 'essere'가 쓰이는 것은 중간 수동(mediopassive)(6.1 참조)에서처럼 문체적으로 더 선호된 용법에 영향을 받은 것이다. 중간 수동에서는 반드시 자동사와 비행위격이 쓰인다.

이를 조금 다른 각도에서 보기로 하자. 행위격성은 형태론적으로 표시될 수 있다. 그것은 Cupeño어(유토아스텍 어족(Uto-Aztecan), Hill(1969:349-50))에서 확인된다. 이 언어에는 접미사 '-ine'나 '-yaxe'와 함께 쓰이는 동사들이 많이 있다. 이들 두 접미사의 기능 가운데 하나는 의도적 행위(intentional activity)와 우연한 행위(accidental activity) 간의 대조를 보여주는 것이다:

ne?en pipíqnen   'I touched it'
ne?en pipíqneyex   'I bumped into it by accident'
ne?en piwecáxnen   'I threw it down'
ne?en piwecáxneyex   'I dropped it accidently'

의미론적으로 볼 때 이것은 피행위격/행위격 간의 대조와 아주 비슷하다. 그러나 또 다른 기능은 한 동사의 타동성과 중성 대응부(neuter counterpart)를 구별하는 것이다:

ne?en cáwelnen keláweti   'I shook the stick'

keláwet cáwelpeyex   'The stick shook'

(덧붙여진 기능과 더불어 그 행위의 어떤 수행자에 대해서는 언급이 없기는 하지만) 비록 이것이 다른 구성에 개입하고 있다 할지라도, 그 것은 행동성/통제의 대조 및 행동성/통제의 부재라는 기능을 공유하고 있다.

　　3.5.3에서도 논의하였듯이, 통제의 문제는 매우 복잡하고 언어마다 매우 다양한 현상을 보인다. 그리고 행동성, '중성(neuter)' 동사, 재귀 사 등 많은 자질들이 개입하고 있는 것 같다. 이러한 모든 문제에 대 한 해결을 시도한 것으로는 Klaiman(1991)을 참조하라.

3.6 그루지야어와 타바사라어

　　이 절에서는 코카서스의 두 언어 그루지야어(Harris(1981, 1982)) 와 타바사라어(Kibrik(1985))를 개괄하고자 한다. 이를 통하여 한 언어 가 자동사와 타동사 구성 모두에 영향을 미치는, 확대된 행위격 계통 을 가질 수 있게 되는 방법을 살펴보고, 그루지야어의 경우 시제/상과 더불어 대격 및 능격 계통의 성격을 가지게 되는 방법도 살펴보고자 한다. 이 두 언어는 능격 계통의 성격을 가지는 것으로 규정되었다. 그러나 이들을 행위격성(agentivity)의 관점에서 분석해 보면 이들은 더 간단히 기술될 수 있고 문제를 피할 수 있음을 알 것이다.

　　이들 계통에 대한 분석은 세 항들의 격 체계, 즉 Harris(1981)과 Kibrik(1985)에서 '능격', '주격', '여격'으로 처리된 격 체계에서 시작한 다 (Harris(1982)는 후에 '능격'을 '행위격(active)'으로 대체하였다 [행 위격으로 번역되는 'active'는 3.5를 보라]). 여기서의 분석은 행위격성 과 관련이 있으므로, 이들을 각각 '행위격'('agentive'), '피행위격

(patientive)', '여격'으로 바꾸어 불러야 할 것이다 (약정상 동사 일치
의 표지에 따른 것이다. 아래 논의를 계속 보라).

3.6.1 그루지야어

Harris(1981)도 토로하였지만 그루지야어의 형태론은 참으로 복잡
하기 그지없다. 그러나, 일반적인 경우는 아니지만, 우리에게 친숙한
언어의 체계와 비교해 보면 이 언어가 가지는 문법관계의 기본 체계
는 생각보다 매우 간단하다는 것을 알게 된다.

초크토어(3.5.1.)와 마찬가지로 [그루지야어의] 행위격 계통의 세
항들, 즉 『행위격어』, 『피행위격어』, 『여격어』는, 1항 구성(자동사)과 2
항 구성일 경우, 3인칭 NP의 형태론적 표지가 명백히 보여준다. 격의
선택은 동사들의 어휘 부류에 의한다 ('부류(class)'는 Harris의 동사
부류(형태론적 의미임)와는 다른 것이다).

자동사는 아래에 보인다(Harris(1981:40, 132)):

```
ninom         daamtknara
Nino+AGT      yawn+3SUBJ+AOR
'Nino yawned'

vaxṭangi      ekimi      iqo
Vaxtang+PAT   doctor     be+3SUBJ+AOR
'Vaxtang was a doctor'

ṭusaγs        šioda
prisoner-DAT  hunger+3IO+AOR
'The prisoner was hungry'
```

2항 동사는 위의 것과 비슷하게 첫 번째 NP에 세 유형의 격 표시를
하는 방식을 따른다:

> glex-ma   datesa   simind-i
> peasant-AGT   sow+3SUBJ+3DO+AOR   corn-PAT
> 'The peasant sowed corn'

> mama   mouqva   matxroba-s nino-s
> father+PAT tell+3SUBJ+3IO+3DO+AOR   story-DAT Nino-DAT
> 'Father told a story to Nino'

> čems megobar-s gasaɣeb-i daḳarga
> my   friend-DAT key-PAT   lose+3SUBJ+3IO+AOR
> 'My friend lost his key'

(3항 구성은 2항 구성과 차이를 보이지 않으므로 [별도로 예시하지 않
고 2항 구성인] 위 예문의 두 번째에 예문으로 대신해 두었다) 격 표
시의 체계는 다음과 같이 요약, 정리할 수 있다:

> (i) 행위격어(agentive)   피행위격어(patientive)
> (ii) 피행위격어(patientive) 여격어(dative)
> (iii) 여격어(dative)   피행위격어(patientive)

설명의 편의를 위하여, 이들 유형(과 자동사 구성의 유형)을 각각 '행
위격' 구성, '피행위격' 구성, '여격' 구성이라 부르기로 한다.
　　지금까지는 이 언어의 예들이 동사의 부류에 따라 대조되는 양상
을 소개하였다. 그런데 이 세 가지 유형은 [동사의 부류와 무관하게]
한 동사의 시제-상 체계에도 영향을 미치는데, 1항 구성과 2항 구성에

서 동일한 양상을 보인다. 위 예문의 첫 번째 것들[동사 'daamtknara'
와 'datesa'가 있는 구성]만을 대상으로 하여 그 영향받는 양상을 보이
겠다; 다른 동사들도 모든 시제와 상에 있어서 같은 양상을 보인다.
예를 보기로 하자(Harris(1981:40-1, 135, 1)):

nino-m   daamtknara   (행위격)
Nino-AGT   yawn+3SUBJ+AOR
'Nino yawned'

nino   amtknarebs   (피행위격)
Nino+PAT   yawn+3SUBJ+PRES
'Nino yawns/is yawning'

merab-s   turme   daumtknarebia   (여격)
Merab-+DAT   apparently   yawn+3IO+PERF
'Merab apparently (has) yawned'

glex-ma   datesa   simind-i   (행위격)
peasant-AGT   sow+3SUBJ+3DO+AOR   corn-PAT
'The peasant sowed corn'

glex-i   tesavs   simind-s   (피행위격)
peasant-PAT   sow+3SUBJ+3DO+PRES   corn-PAT
'The peasant sows corn'

glex-s   dautesavs   simind-i   (여격)
peasant-DAT   sowed+3SUBJ+3IO+PERF   corn-DAT
'The peasant has sown corn'

지금까지의 논의는 분명한 행위격인 격 체계와 관련된 것이었다. 그런데 동사와의 일치를 보면 상황이 약간 달라진다. 위의 예문에도 동사와의 일치가 표시되어 있다. 동사와의 일치에서 보면 이 언어는 대격 계통이라 할 수 있다. Harris도 이들을 『주어』, 『직접 목적어』, 『간접 목적어』로 간주하였다 (예문 아래의 주석을 보라. Harris(1982)는 S, 'DO', 'IO'로 주석을 달았다. 이 책은 'SUBJ'로 바꾸었다; Harris(1981)은 'he', 'I', 'her'로 주석을 달았다). 위 예문은 이를 확실히 보여준다. 행위격 구성과 피행위격 구성에서는, 1항 구성의 단일항과 2항 구성의 첫 번째 항을 『주어』로 표시하고 있다 (2항 구성의 두 번째 항은 『목적어』로 표시된다). 이와 같이 동사와의 일치에서 이를 바라보면 이들 구성은 전혀 복잡하지 않고 대격 계통의 자동사/타동사 구성과 완전히 같다고 하겠다. 그러나 격 표시에 있어서는 차이를 보인다. 행위격 구성이면 (동사와의 일치에서 확인되는) 『주어』는 행위격이지만, 피행위격 구성이면 그것은 피행위격이다. 그리고 이와 비슷하게 『목적어』는 피행위격도 될 수 있고 여격도 될 수 있다. 그렇다면 이 언어에는 3.2.2에서 살펴본 분열이 있다고 할 수 있겠다. 그런데 이 언어의 분열은 능격과 대격 간의 분열이 아니라 행위격과 대격 간의 분열이다. 다시 말하면 명사 형태론에서는 행위격이면서 동사와의 일치에서는 대격으로 표시된다는 것이다.

세 번째 구성(여격 구성)을 보기로 하자. (Harris(1981:121-2)도 논의하였듯이) 여격으로 표시된 NP는 동사와의 일치에서 『간접 목적어』로 표시된다. 반면에 피행위격 NP는 『주어』로 일치를 보인다. 이것은 전혀 뜻밖의 상황이다. 관련 동사들이 대부분 'be hot', 'be hungry', 'love', 'remember', 'ba able to' 등 경험 동사나 양상 동사이기 때문이다: 경험주는 『여격어』로 여겨지지만, 그것이 문두에 오면 경험하는 실체는 『주어』이거나 (자동사일 경우는) 무인칭 『주어』라고 2.5에서 논의한 바 있는데, 이 현상은 경험주의 일반적인 유형을 따르고 있다.

그루지야어는 복잡하다고 할지도 모른다. 그러나 이 언어도 전체적으로는 아주 단순하고 일관된 유형으로 정리될 수 있다. 그 유형을 1항 구성과 2항 구성에 영향을 미치는 행위격 체계와 대격 일치 체계로 정리할 수 있는데, 이들은 다시 세 개의 동사 부류와 세 개의 시제/상과 관련되어 있다. 그런데 별도로 두 가지를 주목해야 한다.

첫째, 행위격 『주어』를 취하는 일부 동사들은 피행위격 『직접 목적어』나 여격 『간접 목적어』를 취할 수도 있다 (Harris(1982:302)):

> ǰariskac-ma   dasʒlia   mṭer-i
> soldier-AGT   overcome+3SUBJ+3DO+AOR   enemy-PAT
> 'The soldier defeated the enemy'

> ǰariskac-ma   sʒlia   mṭer-s
> soldier-AGT   overcome+3SUBJ+3IO+AOR   enemy-DAT
> 'The soldier defeated the enemy'

이들은 격 표시에 있어서 다른 순서(행위격+여격)를 보이는 다른 구성(『주어』+『간접 목적어』)에 대한 방증이 되는데, 이것은 이미 주목한 바 있었다: 다른 대격 계통에서도 보았던 구성이다.

둘째, 많은 '감정 서술어'(affective predicate) (Harris(1982:302))는 행위격-『주어』+『목적어』나 여격-『여격어』+『주어』 구성을 취한다:

> čemma megobar-ma   gasaɣeb-i   daḳarga
> my friend-AGT   key-PAT   lose-3SUBJ+3DO+AOR
> 'My friend lost his key'

> čems megobar-s   gasaɣeb-i   daḳarga
> my friend-DAT   key-PAT   lose-3SUBJ+3IO+AOR
> 'My friend lost his key'

다시 말하면, 일부 동사들은 '정상적인(normal)' 타동사 구성과 '여격 주어'가 있는 경험주 구성을 둘 다 가질 수 있다는 것이다. [위 예문에서] 'lose'가 그런 동사라는 점은 하등 이상할 것이 없다. 이 동사의 주체가 되는 사람은 (통제력이 없는) 행동주로 여겨질 수도 있고 경험주로 여겨질 수도 있기 때문이다.

3.6.2 타바사라어

타바사라어(Kibrik(1985))는 격 표시의 체계가 복잡하고 독자적인 동사 일치가 있다는 점에서 그루지야어와 비슷하다. 그렇지만 명사 형태론의 기능과 동사 일치의 표지, 그리고 시제/상에 따른 변이형이 없다는 점에서 이 언어는 그루지야어와 다르다.

이 언어에는 기본적으로 네 유형의 2항 구성이 있다. 예문의 주석에는 행위격이라는 용어를 사용하였다 (Kibrik는 능격으로 표시하였다):

  čuεu   či   Rurεnu   (p.279)
  brother+AGT sister+PAT beat
  'Brother beat sister'

  čuεu   čuεuz   Rivnu   (p.281)
  brother+AGT sister+DAT hit
  'Brother beat sister'

  εe   čuεuz   Rigilnu   (p.282)
  brother+PAT sister+DAT look at
  'Brother look at sister'

```
ĉuĉuz          či           RarqInu              (p.283)
brother+DAT    sister+PAT   see
'Brother  saw  sister'
```

동사에 따른 명사의 격은 다음과 같이 정리할 수 있다:

'beat'	행위격	피행위격
'hit'	행위격	여격
'look at'	피행위격	여격
'see'	여격	피행위격

동사와의 일치 표지를 보라. 예문에서 '행위격', '피행위격', '여격'으로 주석을 달았어야 하는데 아무런 표지가 없다. [그루지야어와는] 상황이 다르다는 것을 알 것이다. 동사와의 일치 표지는 1인칭과 2인칭에만 쓰인다. (대명사의 일치 표지가 아니라) 대명사 자체가 행위격/피행위격을 구별하지 않기 때문에 다소 복잡하다고 할 수 있다. 그러나 이런 복잡성은 명사와의 비교에서 해소될 수 있다. 아래 예문에서 볼 수 있듯이, 형태는 동일하지만 'AGT(PAT)', '(AGT)PAT'가 이들의 격이 행위격, 피행위격으로 각각 확인될 수 있음을 보여주고 있다. 위의 예들과 비교해 보라. 대명사가 취할 수 있는 네 가지 가능성을 예시해 두었다 (수의적인 것은 괄호로 표시하였다):

```
uzu          uvu           Rurĉun-za-(vu)            (p.279)
I+AGT(PAT)   you+(AGT)PAT  beat-1SG+AGT-(2SG+PAT)
'I beat you'
```

```
uzu          uvuz          Rivum-za-(vuz)            (p.280)
I+AGT(PAT)   you+DAT       hit-1SG+AGT-(2SG+DAT)
```

'I hit you'

uzu	uvuz	Rigilun-za-(vuz)	(p.281)

I+(AGT)PAT   you+DAT   looked at-1SG+AGT-(2SG+DAT)

'I looked at you'

uzuz	uvu	RarqInu-zuz	(p.282)

I+DAT   you+(AGT)PAT   see-1SG+DAT

'I saw you'

동사와의 일치에서 보면 세 개의 가능성만이 있다. 'hit'와 'look at'은 같은 유형에 속한다:

'beat'	행위격	(피행위격)
'hit', 'look at'	행위격	(여격)
'see'	행위격	—

뿐만 아니라 앞에서 지적한 대로, 그리고 주석에서 'AGT(PAT)', '(AGT)PAT'로 표시한 대로, 이들 두 유형의 동사는 명사 형태론에서 다르지만, 대명사 자체는 행위격/피행위격에 따라 형태론적으로 구별 되지 않으므로 대명사가 있을 경우 이들 두 유형의 동사는 전혀 구별 되지 않는다.

명사일 경우 자동사 구성의 NP는 피행위격이다:

či	Ranu	(p.296)

sister+PAT   came

'Sister came'

> či   aldaknu
> sister+PAT   fell
> 'Sister fell'

(앞선 예문의 'beat' 구성은 가장 전형적인 타동사 구성인데(3.6.3 참조) 이들 자동사 구성을 'beat' 구성과 비교해 보라. 그러면 이 계통은 능격 계통임을 알 것이다. 1, 2인칭 대명사는 행위격과 피행위격 간에 구별되지 않으므로 그러한 결론에 아무런 영향을 미치지 않는다)

그러나 동사 일치 체계를 보라. 1, 2인칭 대명사에서만 그렇기는 하지만, 그것은 행위격과 피행위격을 구별한다:

> daqun-za   (p.278)
> lay down-1SG+AGT
> 'I lay down'

> RarRun-zu
> freeze-1SG+PAT
> 'I froze'

일부 동사들은 그들의 의미에 따라 두 유형의 표지를 모두 가질 수 있다:

> Ruʒun-za   'I remained (voluntarily)'   (p.278)
> Ruʒun-zu   'I remained (against my will)'
> aqun-za   'I fell (intentionally)'
> aqun-zu   'I fell (involuntarily)'

이것은 전형적인 유동적인 행위격 계통의 예를 보여주는 듯하다. (비

록 위의 'beat'가 쓰인 예에 2인칭 형태 '-vu'가 있지만) 'beat' 예문 구
성에서 '-za', '-zu'가 각각 1인칭 『행동주』, 『피동주』 표지라는 사실에
서 행위격성은 드러난다. 이같은 동사와의 일치 표지는 3인칭 NP에서
는 보이지 않는다. 위의 예문 'Sister came', 'Sister fell'에서 그것을 알
수 있다 (1인칭이나 2인칭이 쓰이면 'come'은 행위격 접미사를, 'fall'은
피행위격 접미사를 가질 것이다).
여격 구성도 있다:

> uzuz   durXnu   ƙunžu-(zuz)   (p.278)
> 1SG+DAT   learn   should-(1SG+DAT)
> 'I should learn'

그런데 이 구성은 보어를 가지므로, 위 예문이 자동사 구성인지를 정
확시 알 수가 없다. 이 구성은 ('see'처럼) 타동사 유형의 제3의 유형
으로 보는 것이 더 나을 듯하다. 여격을 취하는 자동사의 예로는
'fear'가 더 적합할 듯하다:

> baliz   guč'ura   dasijixan   (p.289)
> son+DAT   fears   father+ELAT
> 'Son fears father'

여기서 'son'은 여격이고 'father'는 유래격(elative)인데 Kibrik는 유래
격을 '"주변에 포진하는(around)" 정도의 의미를 가지는 국지적 연쇄
(local series)'로 기술하였다; 유래격을 우언적인 관계를 표시하는 것
으로 볼 수 있으면, 이 예문은 자동사 구성이다.

　반드시 짚고 넘어 가야 할 것이 더 있다. 대명사가 [타동사 구성
의] 첫 번째 NP(또는 자동사 구성의 유일한 NP)이면, 그 대명사는 반
드시 동사와 일치해야 한다. 반면에 그것이 [타동사 구성의] 두 번째

NP이면, 그런 일치는 수의적이거나 허용되지 않는다. 그리고 위에서 살펴본 바와 같이, 일치 표지의 순서는 고정되어 있다. 이 현상은 『주어』, 『목적어』와 관련하여 제3의 계통을 정립하게 하는데 『주어』는 필수적으로 표시되고 『목적어』에 선행한다는 논의를 가능하게 한다. 이로부터 한 가지 중요한 사실을 지적할 수 있다. 타바사라어의 여격＋피행위격 유형은 그루지야어의 여격＋피행위격 유형이나 여타 언어의 경험주 구성과는 다르다는 것이다. 경험의 근원이 『주어』로 표시되지 않고 그 경험을 수행하는 경험주가 『주어』로 표시된다는 점에서 그렇다고 할 수 있다.

3.6.3 의미론적인 문제들

그루지야어와 타바사라어의 자동사 구성의 단일 항들이 가지는 세 개의 격이 보여주는 의미 차이는, 일반적으로 아주 단순하고 3.5.2의 논의와 일치하는 것 같다: 행위격은 「행동주」를, 피행위격은 「영향받음」(affectedness)을 지시하는데 반하여, 여격은 「경험주」로 확인된다. 이와 같이 그루지야어(Harris(1981:261-7))의 행위격 동사에는 'yawn', 'dance', 'sing', 'fight' 등이 (Lakhota 어(3.5.2)에서도 'yawn'이 행위격이었음을 주목하라. 통제력은 행동주의 필수 성분이 아니다), 피행위격 동사에는 'break', 'fall', 'remain', 'cook' 등이, 여격 동사에는 'be cold', 'be thirsty', 'feel sleepy' 등이 포함된다. 타바사라어 (Kibrik(1985:278))의 행위격 동사에는 'begin to cry', 'work', 'come', 'fly away' 등이, 피행위격 동사에는 'drown', 'freeze', 'hang', 'get tired' 등이 포함된다. 반면에 단일 항의 여격 동사는 양상의 'should'이다.

타동사 구성의 두 항이 가지는 격들의 의미는 서로 간에 관련이 없으므로 완전히 설명되지는 않는다. 그러나 '타동성'을 고려하면 이들을 가장 잘 설명할 수 있는데, 타동성을 문법적 의미로 사용하지 않고 관념적 의미로 사용한다: 동사가 지시하는 동작에 따라 피동주에 영향을 미치는 행동주를, 두 항들이 개념적으로 얼마나 잘 보여 주는가. 타동성은 이것과 관계가 있다. 대격 계통과 능격 계통의 (관념적인) 피동주에 대한 여격 표지의 용법을 논의하면서(2.3.1) 이 자질을 주목한 바 있다. 행위격＋피행위격 유형은 분명히 완전한 타동성을 지시한다. 이러한 타동성은, 두 번째 항이 여격이면 (행위격＋여격 구성이 되어) 약해진다. 그리고 첫 번째 항이 피행위격이면 (피행위격＋여격 구성이 되어) 타동성은 더 약해진다. 여격＋피행위격 구성이 되면 당연히 타동성은 최고로 약해진다. 이 구성에는 경험주와 경험이 행해지는 무언가만이 있을 뿐이다. 타바사라어의 예들은 3.6.2에서 정리한 바 있다. 그루지야어의 예들은 다음과 같이 정리할 수 있다:

행위격 ＋ 여격 구성 　　　　　　　‘bake’, ‘rip’, ‘bend’, ‘lock’
피행위격 ＋ 여격 구성 (조금밖에 없음)　‘play with’, ‘tell’,
　　　　　　　　　　　　　　　　　　　‘persuade’
여격 ＋ 피행위격 구성 　　　　　　　‘love’, ‘hate’, ‘forget’, ‘want’

행위격＋여격 구성은 ‘defeat’으로 교체될 수 있다는 점에서 주목되었다; 이 구성은 행위격＋피행위격보다는 타동성이 약하고 피행위격＋여격보다는 타동성이 강한 정도를 표현하는 것으로 여길 수 있겠다.

　그루지야어의 시제/상에 따른 변이형은 설명하기가 더 어렵다. 행위격 유형은 不定 過去(aorist)와 기원법(optative)(제2 가정법)에 쓰인다. 피행위격 유형은 현재, 미래, 미완료(imperfect), 조건, 가정법(subjunctive) 현재, 가정법 미래에 쓰인다. 여격 유형은 완료, 과거 완료(pluperfect), ‘확실법(evidential)’이라고도 하는 제3 가정법에 쓰인다. 이것이 다시 타동성의 약화 문제와 관련이 있다면, 행위격과 피행위격 간에 보이는 대조는 반수동과 7.2.2, 7.4에서 논의할 타동성 낮추기(detransitive)의 용법과 비교해 볼 수 있겠다. 7.2.2, 7.4에서는 능격(＝

행위격) 구성은 상에 따라 절대격(=피행위격) 구성으로 대체된다고 논의할 것이다; 뿐만 아니라, 부정 과거가 행위격 유형을 가진다는 사실은 시제/상에 따른 분열 능격성이 있다는 사실, 즉 능격 표지는 '항상 과거 시제나 완료 상에서 보인다'(Dixon(1979:95))라는 사실과 관계가 있다. 다음으로 여격 유형을 살펴보기로 하자. 여격 구성은 관련 시제/상의 확실성(evidentiality)으로부터 도출되는데 확실성은 일종의 양태(modality)라고 분명히 말할 수 있을 것이다. 그렇지만 전체적으로 볼 때, 의미론을 불분명하게 만들어 버릴 정도의 엄청난 문법화를 그루지야어가 겪었다는 점은 확실하다.

　　능격 계통의 약화된 타동성과 '타동성 낮추기'는 7.2.2에서 논의할 것이며 7.6에서는 어휘에 근거한 차이를 고려하면서 그것을 다시 논의할 것이다. 그러면서 이 현상이 그루지야어와 타바사라어에서 본 것과 아주 비슷하다는 것을 증명할 것이다. 능격 계통에서는 일반적으로 두 항이 모두 영향을 받는데, 첫 번째 것은『능격어』가『절대격어』로 바뀌며 두 번째 것은『절대격어』가『대격어』로 바뀐다는 점에서 그렇다. 이러한 유사성은 일부 논자들로 하여금 그루지야어, 타바사라어와 같은 행위격 계통을 능격 계통으로 처리하도록 하였으며 행위격과 피행위격에 '능격', '주격' 따위의 용어를 사용하게끔 하였다. 타바사라어의 격에는 명사의 격 표지를 능격 계통으로 여기게 할 만한 것이 실제로 있다. 반면에, 그루지야어는 행위격 계통과 대격 계통만 가지는 것처럼 보이기는 하지만, 동사와의 일치를 보면 행위격 계통이다. 그렇지만 타동성의 약화는 대격 계통에서도 볼 수 있는 것이므로(2.3.1 참조) 그것이 능격성을 지시하는 것은 아니다. 대격 계통에서 이 현상이 뚜렷이 보이는 것은 아니다. 왜냐하면 대격 계통에서는 두 번째 항만이『피동주』-『여격어』에서『대격어』로 바뀌기 때문이다; 첫 번째 항은 여전히『주어』인데 타동사 구성의『행동주』가 자동사 구성의 단일 항으로 바뀌는 것은 문법관계를 바꾸는 것이 아니기 때문이다 (이 두 항은 여전히『주어』일 뿐이다).

통사적 관계

이 장에서는 1.3.1.과 3.1.에서 개괄적으로 다룬 통사론의 문제를 아주
면밀히 살펴보고자 한다.

4.1 통사적 중추

어떤 문법관계, 특히 대격 언어의 『주어』는 특정한 문법적 구성과
관련이 있다. 영어의 대등 구성은 접속사 'and'로 연결되는데, 선행 문
장의 주어와 후행 문장의 주어가 동지시되면 후행 문장의 주어는 생
략되거나 '삭제(delete)'되는 것이 일반적이다. 예는 다음과 같다 (생략
된 NP는 괄호 안에 있다):

The man came in. The man saw the woman.
The man came in and (the man) saw the woman.

선·후행 문장의 명사가 『주어』일 때만 생략이 가능하다. 따라서 다음
예문들은 모두 부적격하다:

The man came in. The woman saw the man.
*The man came in and the woman saw [the man].

The man saw the woman. The woman came.
*The man saw the woman and [the woman] came in.

The man saw the woman. The boy heard the woman.
*The man saw the woman and the boy heard [the woman].

이 장의 끝에서 이와 유사한 몇몇 통사적 조건들을 더 다룰 것인데, 대등 구성의 이 [삭제] 제약은 '중추(pivot)'로 설명할 수 있다. 영어에서는 『주어』가 대등 구성 삭제에 대한 중추라고 할 수 있다 [그렇다면 두 문장의 『주어』 NP 가운데 어느 것이 중추가 되어야 할지를 정해야 한다]. 많은 논저들이 후행 문장의 NP만을 중추라고 하고 있는데, 두 NP가 서로 동지시되므로 이 둘을 다 '중추'라고 하는 것이 나을 듯하다. 그리고 선행 문장의 NP는 '통제자(controller)', 후행 문장의 NP는 '표적(target)'이라고 하겠다(Foley and Van Valin(1985:305)).

4.1.1 대등 구성

앞에서 우리는 영어의 대등 구성의 예들을 보았는데 각 예문의 『주어』는 삭제에 대한 통제자와 표적이었다. 그런데 이에 더하여 좀 더 살펴보아야 할 것들이 있다. 수동화는 『피동주』-『목적어』를 『주어』로 승진(promote)시키는데, 바로 앞에서 본 부적격한 예문들도 두 문장 가운데 하나를, 또는 두 문장을 모두 수동화시키면 적격한 문장이 된다:

The man came in and [the man] was seen by the woman.

The woman was seen by the man and [the woman] came in.
The woman was seen by the man and [the woman] heard
by the boy.

이들 예문에서 수동화된 『주어』(즉 승진한 『피동주』)는 각각 표적, 통
제자, 통제자/표적이 된다. 영어와 같이 대격 계통인 언어에서 중추가
되는 것은, 바로 1차 항인 『주어』다. 그렇다면 능격 계통인 언어에서
중추가 되는 것은 무엇일까? 이들 언어에서 중추가 되는 것은 바로
(능격 계통의) 1차 항인 『절대격어』(S=P, 기본형인 능동문일 경우)라
고 쉽게 예상할 수 있을 것이다. [능격 계통인] Dyirbal어의 대등 구성
을 보자(Dixon(1979:62-3)):

> ŋuma   banaga-ɲu   yabu-ŋgu   buɾa-n
> father+ABS returned-PAST mother-ERG see-PAST
> 'Father returned and Mother saw [Father]'

> ŋuma   yabu-ŋgu   buɾa-n   banaga-ɲu
> father+ABS mother-ERG see-PAST returned-PAST
> 'Mother saw Father and [Father] returned'

각 예문의 후행 절에서 'Father'가 삭제되었다; 첫 번째 예문에서는 삭
제된 'Father'가 P인데 선행 절의 S와 동지시된다. 두 번째 예문에서
는 삭제된 'Father'가 S인데 선행 절의 P와 동지시된다. 이 예들이 영
어였다면 P는 『목적어』였을 것이므로 마땅히 통제자나 표적이 되지
못했을 것이다; [영어에서는] A와 S만 통제자나 표적이 될 수 있기
때문이다 ('Father returned and [Father] saw mother', 'Mother saw
father and [Mother] returned'). 그런데 Dyirbal어의 예문을 영어의 것
처럼 수동형으로 해석해 버리면 이들은 영어의 유형과 같아진다

('Father returned and was seen by mother', 'Father was seen by mother and returned'). 역과 관계의 관점에서 볼 때, 이는 능격과 수동이 가지는 유사성에 따른 자연스런 귀결이다(3.1을 보라).

위의 예문은 'Father returned and [father] saw mother', 'Mother saw father and [mother] returned'로 해석되지 않는다. (첫 번째 예문의 'Mother'에 있는 능격 표지를 눈감아 주더라도) 그런 해석은 [『절대격어』가 아닌] 『능격어』가 각각 (삭제된) 표적(첫 번째 예문)과 통제자(두 번째 예문)라는 것을 뜻하기 때문이다. Dyirbal어로 이 내용을 표현하고 싶으면 『능격어』-『행동주』를 『절대격어』로 승진시키는 반수동의 기제를 사용해야 한다:

ŋuma   banaga-ɲu   buṛal-ŋa-ɲu   yabu-gu
father+ABS   returned-PAST   see-ANTIP-PAST   mother-DAT
'Father returned and saw mother.'

yabu   buṛal-ŋa-ɲu   ŋuma-gu   banaga-ɲu
mother+ABS   see-ANTIP-PAST   father-DAT   returned-PAST
'Mother saw father and returned.'

첫 번째 예문의 후행 절과 두 번째 예문의 선행 절에 반수동이 적용되면 (『능격어』) 『행동주』가 『절대격어』로 승진한다. 그러면 그것은 각각 표적과 통제자가 되어 중추로 기능할 수 있게 된다.

Dyirbal어의 통사론은 능격 계통의 1차 항인 『절대격어』와 관계가 있으므로 Dyirbal어는 '능격 통사론(ergative syntax)'을, 영어는 '대격 통사론(accusative syntax)'을 가진다고 할 수 있다.

그런데 그 밖의 오스트레일리아 제어들, 이를테면 Yidiny어(Dixon (1977b:380-1), cf. Dixon (1977a:388-90))는, 동지시되는 NP가 명사일 때는 능격 통사론을 가지지만, 그것이 대명사일 때는 대격 통사론을

가진다. 아래 예들은 그런 대조를 잘 보여준다:

ŋayu　　　 maŋgaːɲ　 buɲa　　　　　 wuɾaːɲ
I+NOM　　 laughed　　 woman+ABS　　 slapped
'I laughed and slapped the woman.'

ŋayu　　　 buɲa　　　 wuɾaːɲ　　 maŋgaːɲ
I+NOM　　 woman+ABS　 slapped　　 laughed
'I slapped the woman and laughed.'

wagɖuːa　　 maŋgaːɲ　 buɲaːŋ　　　 wuɾaːɲ
man+ABS　　 laughed　 woman+ERG　　 slapped
'The man laughed and the woman slapped him.'

buɲaːŋ　　　 waguːɖa　　 wuɾaːɲ　 maŋgaːɲ
woman+ERG　 man+ABS　　 slapped　 laughed
'The woman slapped the man and he laughed.'

이들 예문의 첫 번째 쌍에서 S인 A와 A인 S의 동지시성 여부에 따라 삭제가 이루어지고 있다(대격 계통); 두 번째 예문이 'I slapped the woman and she laughed'라는 의미를 가질 수 없음을 특별히 주목하라. 능격 통사론에서는 이 예문의 의미로 이것이 가능하였다. 이와는 대조적으로, 예문의 두 번째 쌍은 P인 S와 S인 P의 동지시성 여부에 따라 삭제가 이루어지고 있다. 그리고 두 번째 예문이 'The woman slapped the man and laughed'라는 의미를 가지지 못한다. 그러나 Yidiny어의 대등 구성에서 보이는 이런 원리를 두고, Dixon(1977a:392)는 '규칙(rule)이라기보다는 "선호(preference)"의 문제'라고 하였다. 아래 예에서 보듯이 의미론은 통사론을 압도한다:

```
ŋayu        buɲa              wawa:l    yaɽŋga:ɲ
I+NOM       woman+ABS         saw       was frightened
'I saw the woman and she was frightened.'
```

[통사론에 따르면 앞의 예문과 같이 'was frightened' 앞에 'I'가 생략되었어야 마땅하다. 동지시되는 NP가 대명사이므로 대격 통사론을 따르기 때문이다. 그럼에도 불구하고 이 예문의 후행 절에서 생략된 것은 'she'로서 능격 통사론을 따르고 있다] 이 예문의 해석은 '남자는 여자에게 겁먹지 않는다'는 [의미·화용론적] 사실로부터 나온다고 논의되었다.

    Yidiny어가 명사와 대명사를 다르게 취급하는 것은 이 언어가 가지는 분열 능격성을 반영하는 것일 수도 있다. Yidiny어는 그 형태론에서 분열 능격성을 보이는데 대명사(첫 번째, 두 번째 예문)는 S, A가 같은 형태(주격)를 가지는 반면, 명사는 S, P가 같은 형태를 가진다 (3.3.2와 3.4를 보라). 그러나 Dyirbal어도 그 형태론에서는 분열 능격성을 보인다. 그렇지만 Yidiny어와는 대조적으로 Dyirbal어의 통사론은 전적으로 능격 계통이다.

    그런데 형태론에서 능격 계통을 보이는 대부분의 언어들은 Dyirbal어나 Yidiny어와는 다른 것으로 보아야 한다: 이들 언어들은 완전한 대격(능격이 아님) 통사론을 가진다. — 4.2 참조.

    1차 항의 삭제와 비슷한 기능을 하는, (그리고 그런 삭제를 수반할 수도 있는) 기제로는 '변환 지시(switch reference)'를 들 수 있는데, 그것에 따라서 선·후행 문장의 1차 항의 동일성 여부를 보여주는 표지가 있다. 일반적으로 (A=S(『주어』)인) 대격 계열(line)에서는 이 표지가 실제로 작용하는 것 같다(Foley and Van Valin(1984:117-19)). Kewa어(뉴기니, Frankin(1971:104, 108))를 보자:

```
ní      réko-a        ágaa      lá-lo
```

I   stand-ss   talk   say-I+PRES
'I stood up and am talking.'

ni   réko-no   ágaa   lá-a
I   stand-DS   talk   say-he+PAST
'I stood up and he talked.'

이들 예문의 표지 'SS', 'DS'는 선·후행절 『주어』의 동일성 여부를 나타 낸다. 이 예들은 약간 특별한 것으로서 이 표지는 별로 주목할 거리가 되지 못하는 듯하다. 이들 예문에서 『주어』가 누구인지는 너무나 명백 하기 때문이다. 그러나 선행절에 3인칭 『주어』나 『목적어』가 있고 3인 칭 『주어』가 생략되어 있으면 이 표지가 중의성을 해소할 수 있다; 아 쉽게도 Franklin(1971:106)은 선·후행절의 3인칭 『주어』가 같은 예만 제시하고 선·후행절의 『주어』가 다른 예는 제시하지 않았다:

nipú   tá-ri   pámua-la
3+SG   hit-SS   walk-3SG+PRES
'He is hitting it while he is walking.'

[Kewa어 외에] 뉴기니의 언어인 Barai어에서는 위와 같은 경우에 변 환 지시와 동지시된 『주어』의 생략이 함께 이루어지는데, 선행절 『주 어』와 동지시되지 않는 후행절 『주어』는 별도의 대명사로 표시되는 것 같다. Foley and Van Valin(1984:342)이 제시한 예를 보자:

fu   juare   me-na   fae   kira
3+SG   garden   make-SS   fence   tie
'He made a garden and tied a fence.'

```
fu      juare    me-mo      fu    fae     kira
3+SG    garden   make-DS    he    fence   tied
'He₁ made a garden and he₂ tied a fance.'
```

Olson(1978:342)가 참고 문헌으로 제시되었는데 Olson의 예들은 변환
지시를 예증하기에 충분하지 않다. 선·후행절의 NP가 모두 3인칭이 아
니기 때문이다:

```
na      juae     me-na      fae     kira
I       garden   do-SS      fence   tie
'I made a garden and tied a fence.'
```

```
na      juae     me-ga      fae     kira
I       garden   do-DS      fence   tie
'I made a garden and he tied a fence.'
```

변환 지시의 다른 예들은 4.1.2에서 다시 제시하겠다.
　　Lango어(나일사하라 어족(Nilo-Saharan), 우간다, Noonan(1992:259))
는 문제가 된다. 이 언어의 대등 구성에는 『주어』, 『목적어』 등의 문
법관계가 개입하지 않고 그 대신에 『주제격어(Topic)』가 개입한다:

```
dákô    lócá   ònÈnò            tÊ                   dÒk
woman man see+3SG+PRRF and then+3SG+HAB  go back+INF
'The woman was seen by the man and then (she) went back.'
```

Lango어에는 『주제격어』를 문두로 이동시키는 주제화(topicalization)
가 일반적인 자질이다. 위 예문에서 『목적어』 'the woman'은 주제화
되었는데, 좀더 원문에 가깝게 번역하면 'The woman, the man saw...'

정도가 될 것이다. 『주제격어』는 후행 절의 삭제를 통제한다. 따라서 두 번째 절은 '…and then he went back'의 의미로는 해석될 수 없다. 그런데 이를 두고 수동화(주제화가 아니라)라고 할 수도 있다. 이런 견해는 'the woman'을 수동화한 『주어』로 보는 것이다. 그러면 위 예문은 해당 영어 번역과 완전히 같다. 그런데 두 가지 근거로 그런 주장을 부정할 수 있다: 첫째, 위 예문에는 수동화 표지가 없다. 둘째, 재귀사의 경우 통제자가 되는 것은 『주어』이지 『주제격어』(또는 잠재적인 수동화된 『주어』)가 아니다 (4.1.4 참조, 주제화 대 수동화에 대한 개괄적인 논의는 5.5를 보라).

4.1.2 보문 구성

동지시되는 『주어』의 삭제는 보문절에서도 흔히 보이는 현상이다. 이를테면 영어의 경우 동사 'WANT' 뒤에서나 목적절(purpose clause)에서 그런 현상이 보인다.

> John wants [John] to meet Mary
> *John wants Mary to meet [John]

> John came there [John] to see Mary
> *John came there Mary to see [John]

> John remembered/liked [John] meeting Mary
> *John remembered/liked Mary meeting [John]

이들 구성과 대등 구성에서, 통제자와 표적은 『주어』다. 그런데 동사 'TELL, ASK, PERSUADE' 등이 쓰이면, 주절의 『목적어』가 통제자가 되고 보문의 『주어』가 표적이 된다:

John persuaded Mary [Mary] to wait.

이 예문에서 삭제된 것은 두 번째 'Mary'라고 하는 것이 최선일 것 같다; 'Mary'가 주절의 『목적어』라는 것은 대부분 수용하는 주장이다. 'Mary'는 수동화에 의하여 『주어』(자리)로 승진할 수 있기 때문이다:

Mary was persuaded (by John) [Mary] to wait

주목해서 보아야 할 것은, 통제자와 표적이 되는 NP가 둘 다 『주어』가 아니라 각각 『주어』와 『목적어』라는 점이다; 중추에 대한 규칙은 배타적으로 『주어』에만 관여하는 것이 아니다.

　　Dyirbal어에서는 능격 계통의 1차 항(능동문에서 P/S)인 『절대격어』가 삭제된다고 예상할 수 있을 것이다. 아래 예문에서 그것을 확인할 수 있다(Dixon(1979:128)):

　　　　ŋana　　yuba　　　　giga-n　　　　banagay-gu
　　　　we　　　mother+ABS　tell-PAST　　return-PURP
　　　　'We told Mother to return'

이 예문에서 삭제된 NP는 종속절의 S다. 그런데 'mother'가 『행동주』라면, 삭제가 일어나기 전에 그것을 『능격어』에서 『절대격어』로 승진시키는 반수동이 요구된다:

　　　　ŋana　yabu　　　　giga-n　　ŋuma-gu　　buṛal-ŋay-gu
　　　　we　　mother+ABS　tell-PAST　father-DAT　see-ANTIP-PURP
　　　　'We told Mother to see Father.'

이 언어의 통사론은 완전히 능격 계통이고 통제자와 표적이 『절대격

어』임을 주목하라 (영어의 [보문] 구성과 대조해 보라. 영어는 통제자
와 표적이 모두 『주어』가 아닌 경우도 있다).

Dyirbal어는 목적절에서도 능격 통사론이 확인된다. 삭제에 대한
표적이 1차 항(『절대격어』)임을 확인하기 위하여 반수동을 사용하고
있다. 아래 예문이 그것을 보여준다:

> ŋuma   banaga-ɲu   yabu-gu   buṛal-ŋay-gu
> father+ABS   return-PAST mother-DAT see-ANTIP-PURP
> 'Father returned to watch mother.'

(Dyirbal어에는 'want'의 예가 없다. 'want' 표현은, 'want'에 해당하는
동사와 종속절을 사용하지 않고, 목적 첨사(purposive particle)가 대신
사용된다)

능격성은 다른 언어에서도 어느 정도 발견된다. Mam어(마야 어
족, England(1983:7-8)도 또한 능격 계통을 가지는데, 표적이 삭제되면
통제자는 항상 『절대격어』다:

> o   chi   eʔx xjaal   laqʼoo-l t-ee
> ASP   3PL+ABS   go   person buy-INF   3SG+PAT
> 'The people went to buy it.'

> ma   tzʼ-ok   n-qʼo-ʔn-a   txʼeema-l siiʔ
> ASP 2SG+ABS-DIR 1SG+ERG-give-DS-1/2SG cut-INF   wood
> 'I made you cut wood.'

첫 번째 예문에서는 통제자가 S이고 두 번째 예문에서는 통제자가 P
이다. 잠재적인 통제자가 『능격어』일 때는 삭제가 되지 않는다:

ø-w-ajb'el-a   chin   aq'naa-n-a
3SG+ABS-1SG+ERG-want-1SG   1SG+ABS   work-ANTIP-1SG
'I want to work.'

앞의 두 예문에서는 두 번째 절의 'people', 'you'가 삭제되었지만, 바로
위 예문에서는 'I'가 삭제되지 않았다.

보문 구성에도 변환 지시의 예가 보인다. Lango어(나일 어족
(Nilotic), Noonan(1985:81))의 예를 보자:

dákó   òpòyò   ní   ècégò   dɔ́gólá
woman   remembered+SG   COMP   closed+3SG+SS   door
'The woman₁ remembered that she₁ closed the door.'

dákó   òpòyò   ní   òcégò   dɔ́gólá
woman   remembered+SG   COMP   closed+3SG(+DS)   door
'The woman₁ remembered that he/she₂ closed the door.'

특이하게도 이 언어에는 '동일 『주어』' 표지만 있고 '비동일 『주어』'
표지는 없다. 그리고 대명사 접두사가 일반적으로 3인칭에 쓰인다.

Austin(1981b:316)은 Diyari어(오스트레일리아)의 예로 '포함(impli-
cative)' 구성을 제시하였는데 주목할 만한 것들이다. 이들 예문은 한
쌍으로 되어있는데 다른 언어에서는 모두 목적절과 결과절(result
clause)에 해당한다.

nhulu   nganthi   pardaka-rna   warrayi   thanali   thayi-lha
he+ERG   meat+ABS   bring-PTCP   AUX   they+ERG   eat-IMPL+SS
'He brought the meat for them (him and others) to eat.'

nhulu   nganthi   pardaka-ma   warrayi thanali thayi-rnanthu
he+EGR meat+ABS bring-PTCP AUX   they+EGR eat-IMPL+DS
'He brought the meat for them (others) to eat.'

이들 예문에서 보듯이, 주절의 『주어』로 언급된 사람이 보문의 『주어』
로 언급된 사람에 포함되어 있을 때, '동일 『주어』' 형태가 사용된다.
Austin은 이런 '내포(inclusion)'가 많은 언어에서 주목되었다고 하면서
다른 오스트레일리아 제어의 예로 Arabana-Wangganguru어(Hercus
(1976:471))의 예를 더 제시하였다:

athu   nha   kathi   ngunhi-rra   tharni-lhiku
I+ERG   you+ACC meat+ABS give-PRES   eat-PURP+SS
'I am giving you this meat to eat (I'm having some too)'

athu   nha   kathi   ngunhi-rra   tharni-nhanga
I+ERG   you+ACC meat+ABS give-PRES   eat-PURP+DS
'I am giving you this meat to eat (on your own)'

이 두 언어에서 주목해야 할 점은, 이들 언어의 형태론은 능격이지만
변환 지시의 체계는 대격 계열로 작용한다는 것이다(4.2 참조). 즉 능
격 NP가, 중추가 되는 동일 『주어』인 것이다.

4.1.3 관계절 구성

관계절은 명사구를 수식하는데, (관계절을 형성하는) 관계화(rela-
tivization)는 그 NP와 관계절 내에 있는 한 NP 간의 지시적인 동일성
에 관여한다. 물론 관계절 내의 NP는 삭제되거나 대명사, 때로는 특정
유형, 즉 관계 대명사일 수도 있다. 영어에서는 이 NP가 하위절인 관

계절의 『주어』나 『목적어』일 수도 있고, 소유의 NP이거나 전치사의
지배를 받는 NP일 수도 있다. 그리고 관계 대명사는 쓰일 수도 있고
삭제될 수도 있다:

> The man who saw me (the man - the man saw ma)
> The man (whom) I saw (the man - I saw the man)
> The man whose book I borrowed (the man - I borrowed
> the man's book)
> The man to whom I spoke/The man I spoke to (the man
> - I spoke to the man)

그런데 1차 항만 관계화되는, 즉 관계절 내의 동지시 명사가 반드시 1
차 항이어야 하는 언어도 있다. 아래의 말라가시어(Keenan(1972:173-
4))를 보라. 이 언어에서는 다음과 같이 말할 수 있다:

> ny vehivavy izay nividy   ny vary ho an'ny ankizy
> the woman   REL   bought the rice for the   children
> 'The woman who bought the rice for the children.'

이 예문에서 'woman'은 관계절의 『주어』다. 그러므로 이 언어는 (다음
의 영어 표기식대로) 'The rice which the woman bought for the
children', 또는 'The children for whom the woman bought the rice'
라고 말할 수는 없다. 'the rice'와 'the children'은 관계절의 『주어』가
아니기 때문이다.

   그러나 말라가시어는 『목적어』나 그 밖의 다른 관계에 있는 항들
을 『주어』의 지위로 승진시키는 장치를 가지고 있다(1.4.1, 5.3). 수동
태와 우언태(Circumstantial)가 바로 그것인데, 전자는 『목적어』를, 후
자는 그 밖의 다른 관계(『여격어』, 『도구격어』)에 있는 항들을 『주어』

로 승진시킨다. 이들은 『주어』로 승진되어서 중추로 기능할 수 있다:

>ny vary izay novidin'   ny vehivavy ho an'ny ankizy
>the rice REL bought+PASS the woman   for the children
>'The rice that was bought by the woman for the children.'

>ny ankizy   izay nividianan'   ny vehivavy ny vary
>the children REL bought+CIRC the woman   the rice
>'The children for whom the rice was bought by the woman.'

(『도구격어』가 승진된 예는 제시되지 않았다. 그렇지만 'The money that was-used-for-buying ('was-bought-with') the rice for the children' 같은 예를 상정할 수 있으므로, 그것 역시 중추로 기능할 수 있다고 가정할 수 있겠다)

어떤 언어는 1차 항과 2차 항(대격 언어에서의 『주어』와 『목적어』)만 관계화시키기도 한다. 루간다어(Luganda)(반투, Keenan and Comrie(1979:341) 참조. 하지만 5.4도 보라)가 그러하다:

>ekikopo   e-kigudde
>cup   REL-fell
>'The cup which fell.'

>ekikopo   John   ky'-aguze
>cup   John   REL-bought
>'The cup which John bought.'

비핵심 항들은 관계화될 수 없다. 아래의 예에서 'knife'를 보라:

John   yatta   enkonko   n'ekiso
John   killed   chicken   with-knife
'John killed the chicken with a knife.'

그렇지만 루간다어는 비핵심어인 항을 『목적어』의 지위로 승진시키는
동사 형태가 있다:

John   yattisa   ekiso   enkonko
John   killed with   knife   chicken
'John killed the chicken with a knife.'

이 예문은 [『목적어』의 지위로 승진한 비핵심 항의] 관계화를 허용한
다:

ekiso   John   kye-yattisa   enkonko
knife   John   REL-killed   with chicken
'The knife with which John killed the chicken.'

『수혜주』의 관계화도 가능하다. 예상할 수 있겠지만 『수혜주』를 『목적
어』로 승진시키는 동사 형태가 있을 경우에만 그럴 수 있다:

mukazi   John   gwe-yattira   enkonko
woman   John   REL-killed   for chicken
'The woman for whom John killed the chicken.'

말라가시어와 루간다어에서는 승진 규칙에 의하여 제약을 만족시킨
항들만 여러 유형의 관계화에서 중추가 될 수 있는 것 같다. 이와는
대조적으로 영어는 관계화의 중추가 되는 항을 만들어내기 위하여 [승

진 규칙인] 수동 따위를 사용하지는 않는다.

　　Keenan and Comrie(1977, 1979)는 『주어』, 『목적어』, 『간접 목적어』(『여격어』) 등의 순서를 가지는 '명사구 접근 가능성(noun phrase accessibility)'의 위계가 있다고 논의하였다. 한 언어가 위계상의 어떤 항을 관계화시킬 수 있으면 위계상 그것의 상위에 있는 것은 모두 관계화시킬 수 있다는 것이다 — 어떤 언어가 『목적어』를 관계화시킬 수 있으면 『주어』도 관계화시킬 수 있다. 위계의 전체 계층은 다음과 같다(1977:60):

　　　　주어 > 목적어 > 간접 목적어 > 사격어(Oblique) > 속격어(Genitive) > 비교 목적어(Object of Comparison)

Keenan and Comrie(1977, 1979)는 여러 언어의 예를 통하여 이 위계를 증명하려고 하였지만 여기에는 분명히 얼마간의 예외가 있다. 그리고 이 가설은 모든 논자들에게 수용되지도 않았다(Fox(1987) 참조). 유형론의 여러 자질들이 늘 그랬듯이, 이 위계도 일반적이고 강한 경향성을 반영한 것일 뿐이었으며 예외없는 일련의 규칙이 될 수는 없다.

　　대등 구성과 보문 구성에서 능격 통사론을 보이는 경우에 국한된 현상이지만, 관계화에서 능격 유형을 따르는 언어들이 있다. Dyirbal어는 능격 계통의 1차 항인 『절대격어』 P=S만 보문 구성에서 관계화시킬 수 있다. 다음의 예를 보라(Dixon(1979:128)):

　　　　ŋuma　　　　yabu-ŋgu　　　buɾa-ŋu　　duŋgara-ɲu
　　　　father+ABS　　mother-ERG　　see-REL　　　cry-PAST
　　　　'Father whom mother saw (who was seen by mother), was crying'

'Father, who saw mother'를 표현하려면 반수동을 사용해야 한다. 그렇지 않으면 관계절 내의 'father'는 1차 관계가 아닌 『능격어』 A다. 반수동은 이 A를 1차의 지위인 『절대격어』로 승진시킨다. 반면에 P는 『여격어』인 비핵심적인 지위로 강등된다:

ŋuma   buṛal-ŋa-ŋu   yabu-gu   duŋgara-ŋu
father   see-ANTIP-REL   mother-DAT cry-PAST
'Father, who saw mother, was crying.'

지금까지 논의한 모든 예들을 보면, 제약은 삭제되는 NP에만 영향을 미친다는 것을 알 것이다. 이 NP는 『주어』라야 하거나(말라가시어), 『주어』나 『목적어』라야 한다(루간다어, Dyirbal어일 경우는 『절대격어』). 그런데 Yindi어(4.1.1)는 통제자(주절)와 표적(종속절(관계절)의 삭제된 NP)이 모두 관계한다: 이 둘 모두 『절대격어』인 1차 항(Dixon (1977b:377-80))이라야 한다. (하위절 표지 '-ɲunda'로 표시되고 주절의 뒤에 나타나는) 전형적인 관계절의 예를 다음에 보인다:

waguːda   maŋgaːɲ   buɲaːŋ   wuṛaɲunda
man   laughed   woman+ERG   slapped+REL
'The man whom the woman slapped laughed.'

여기서 'the man'은 주절에서는 S이며 두 번째 절([종속절])에서는 P이다. 아래의 두 예문은 이 예문에 반수동이 적용된 것이다:

buɲa   maŋgaːɲ   waguḍanda   wuṛaːḍiɲuːn
woman+ABS   laughed   man+DAT   slapped+ANTIP+REL
'The woman who slapped the man laughed.'

buɲa   waguḍanda   wuṛaːḍiɲɲu   maŋgaɲunda

woman+ABS   man+DAT   slapped+ANTIP   laughed+REL
'The woman who laughed slapped the man.'

첫 번째 예문에는 Dyirbal어의 것과 같은 규칙이 적용되었다 — 삭제된 NP는 『절대격어』라야 하는데 이를 위하여 (삭제된) ([『능격어』]) A를 [『절대격어』로] 승진시키는 반수동이 사용되었다. Dyirbal어와 달리, [Yidiny어는] 두 번째 예문도 주절의 A('the woman')를 승진시키는 반수동을 요구한다; [주절의] A 또한 『절대격어』가 되어야 하는 것이다 (『능격어』이면 안 된다). 이런 점에서 Yidiny어는 Dyirbal어보다 '더 능격적(more ergative)'이다. 더군다나 두 NP가 모두 대명사일 경우, 이들도 동일하게 『절대격어』 S, 또는 『절대격어』 P라야 하며 통사론은 능격성을 가진다. 이런 현상은 의외일 수 있는데, 대등 구성에서는 대명사가 대격(S=A) 통사론을 가지는 것으로 여겨졌기 때문이다 (4.1.1에서 논의하였다).

   Austin(1981b:326)도 오스트레일리아 제어의 관계절에서 보이는 변환 지시를 논의하였다. 이들 언어에서는 '관계적(relative)'이라는 말이 'while....'의 의미도 가지고 있어서, 상황이 다소 복잡해진다. 그렇지만 아래의 Alyawarra어의 예들(Yallop(1977:130-2))은 흥미를 끌기에 충분하다:

antimirna   aynt-ila   alkuka
honey+ABS   lie-REL+SS   eat+PAST
'I ate the honey while lying down.'

aringkirnima   irwarinika   atntirrirr-inyja
dog+some+ABS   see across+PAST   run+PL-REL+DS
'(We) looked across at the dogs (which were) running.'

보문 구성(4.1.2.)에서 보았던 예들과 마찬가지로 변환 지시는 대격 유형을 따른다 (『주어』가 관여하고 『절대격어』가 관여하지 않는다).

　　Peranteau(1972), Keenan and Comrie(1977, 1979) Lehmann(1984) 등 관계절을 면밀하게 논의한 문헌들이 있다. 관계절은 언어마다 다른 양상을 보이는데, 관계절에서 동지시되는 대명사가 요구되는가, 혹은 허용되는가, 그리고 NP가 단독으로 관계절에서 표현될 수 있는가 등에 따라서 관계절의 위치, 분포 제약, 관계절 표지의 유형과 그것의 존재 여부가 다양해지기 때문이다(Keenan(1985) 참조). 이들 가운데 어떤 것도 중추의 문제나 문법관계들의 문제와 직접 관련되지는 않는다. 여기서는 더 논의하지 않을 것이다.

4.1.4 그 밖의 구성들

　　중추는 보통 1차 항이 통제자가 되는데, [앞에서 논의한 대등 구성, 보문 구성, 관계절 외에도] 중추와 관계가 있는 구성이 있다. 재귀사(reflexive) 구성과 초점(focus) 구성이 바로 그것이다.

　　(예외가 있기는 하지만) 영어의 유일한 재귀사 규칙은 '재귀 대명사는 반드시 같은 절 내에 동지시되는 NP가 있어야 한다'라는 것이다. 이 동지시되는 NP는 일반적으로 『주어』나 『목적어』다. 그러나 전치사 'to'를 가진 『간접 목적어』를 포함, 우언적인 관계도 동지시되는 NP가 될 수 있다:

　　　　The boy neglected himself
　　　　He told her about herself
　　　　He said something to her about herself
　　　　He took from her a picture of herself

일반적으로 동지시되는 NP는 재귀사에 선행한다. 그러나 강조(emphasis) 등의 효과를 위하여 재귀사를 문두에 둘 수 있으므로 재귀사가 동지시되는 NP에 선행할 수도 있다:

Himself, the boy neglected

[재귀사 구성의 경우] 『주어』만 통제자가 될 수 있는 언어도 많다. 한 국어가 그렇다(Shibatani(1973: 292)):

ai-nun   sonye-lul caki-uy pang-eyse   cha-ess-ta
child+TOP girl+ACC self-'s   room-LOC   kick-PAST-INDIC
'The child kicked the girl in his room.'

(주석에는 '주제(TOPIC)'라고 되어 있지만 Shibatani는 이것을 주어로 보았다) 위 예문은 'The child kicked the girl in her room'을 의미할 수 없다. 이 언어에서는 재귀사인 표적이 소유격이다; 영어의 재귀 대 명사는 소유격 형태가 없다. 이를테면 'himself's' 따위가 없는 것이다. 대신에 단순 소유격이나 'his own' 따위는 사용할 수 있다.

한국어에는 복잡하지만 중요한 예가 있다: 종속절의 재귀사가 그 절의 『주어』를 지시할 수도 있고 주절의 『주어』를 지시할 수도 있다:

Kimssi-nun   ku sonye-eykey   caki-uy   pang-ey
Mr. Kim+TOP   the girl+DAT   self-'s   room-to
iss-u-ta-ko a   yocheng-ha-ess-ta
be+INDIC+COMPL   request-do-PAST+INDIC
'Mr. Kim requested the girl to be in his own/her own room.'

(이 예문을 영어의 '??He asked the girl to talk about himself'와 대 조해 보라.)

　　이와 비슷하게 말라얄람어(Malayalam)(드라비다 어족(Dravidian),
인도, Mohanan(1982:566))와 힌디어(Kachru et al.(1976:87))도 『주어』
만 통제자가 될 수 있다:

> raajaawə　　swaṇṭam　　bhaaryaye　　nulli
> king+NOM　　self's　　　wife-ACC　　pinched
> 'The king pinched his own wife.'

> ləṛka　　əpne　　gher　　gəya
> boy　　his own　　home　　went
> 'The boy went to his (own) home.'

Kachru et al.은 『직접 목적어』와 『간접 목적어』는 재귀사와 동지시되
는 NP(촉발자(trigger))가 될 수 없다는 증거를 제시하고 있다. 그렇지
만 주어와 비슷한(subject-like) 여러 NP들('여격 주어', 능격 NP, 도구
격인 '양상 주어')은 촉발자가 될 수 있다고 제안하였다(4.3 참조).
　　Lango어(나일사하라 어족, 우간다, Noonan(1992:260))에서도 『주
어』가 재귀화(reflexivization)의 통제자가 된다:

> òkélò　　òkwàò　　　　　àlábâ　　pÍrÈ　　　kÉnÊ
> Okero　　ask+3SG+PERF　　Alaba　　about+3SG　self+3SG
> 'Okelo₁ asked Alaba about himself₁'

> àlábâ　òkélò　　òkwàò　　　　　pÍrÈ　　　kÉnÊ
> Alaba　Okero　　ask+3SG+PERF　about+3SG　self+3SG
> 'Alaba was asked by Okelo, about himself₁,'
> ('Alaba, Okelo₁ asked about himself₁')

그렇지만 4.1.1에서도 살펴본 바 있듯이, Lango어의 대등 구성에서 중

추가 되는 것은 『주어』가 아니라 『주제격어』였다.

　말라가시어(Keenan(1976:263))에서는 능동 구성의 주어만 [재귀사의] 통제자가 된다:

> namono　tena　Rabe
> kiied　　body　Rabe
> 'Rabe killed himself'

아래 예문은 부적격하다:

> *novonoin'　tena　Rabe
> was killed　body　Rabe
> 'Robe was killed by himself'

인도네시아 공용어(Bahasa Indonesia)(Chung(1983:223))에서는 [통제자가 아니라] 표적이 제약되기도 한다. 『목적어』만 재귀사가 될 수 있는 것이다:

> saja　me-lihat　diri　saja　dalam　air
> 1SG　TRANS-see　self　1SG　in　water
> 'I saw myself in the water'

모든 다른 문법관계들과 함께 대명사＋강조 형태 'sendiri'가 사용되어야 한다:

> sjahrir　men-tjerita-kan　sesuatu tjerira　kepada dia sendiri
> Sjahrir　TRANS-tell-BEN　a　story　to　him EMPH
> 'Sjahrir told himself a story'

대부분의 언어에서 재귀사는 스스로 『행동주』-『주어』가 될 수 없다. 영어에서도 아래 예문은 부적격하다:

*Himself neglected the boy

위 예문이 부적격한 것은, 동지시되는 NP가 재귀사에 선행해야 한다는 통상적인 요구를 어긴 때문만은 아니다. [재귀사에 선행하도록] 동지시되는 NP를 강조, 문두 위치로 이동시켜도 그 예문은 여전히 부적격하기 때문이다:

*The boy, himself neglected

그런데 능격 형태론 체계를 가지는 사모아어(Chapin(1970:369))에서는, 동지시되는 NP[표적]가 [제약을 받지 않고] 재귀사에 선행하기만 하면 된다고 할 수 있다. 이 언어에서는 『행동주』-『능격어』가 『피동주』-『절대격어』에 선행/후행할 수 있는데, 아무튼 앞의 것이 통제자이고 뒤의 것이 표적이다. 아래 예문들을 비교해 보라 (능격 표지는 관련 NP 앞에 있는 '행위격' 표지다):

    sa   sogi   e   Ioane   ia lava
    PAST cut   AGT John   himself
    'John cut himself'

    sa   sogi   Ioane   e   ia lava
    PAST cut   John   AGT self
    '*Himself cut John'

중추가 관련하는 초점 구성은 Mam어(마야 어족, England(1983: 4-7),

cf. England(1988:532))에서 볼 수 있다. 이 언어는 동사 일치에서는 능격 계통을 가진다. 그리고 문장에 초점 성분이 없으면 동사구가 문두에 온다:

    a   tz-uul   xiinaq
    ASP   3SG+ABS-arrive   man
    'The man arrived.'

    ma chi   kub' t-tzyu-?n   xiinaq qa-cheej
    ASP 3PL+ABS DIR 3SG+ERG-grab-DS   man   PL-horse
    'The man grabbed the horses'

문장에 초점 성분이 있으면 그것이 문두에 온다. 그런데 『절대격어』만 (『능격어』는 아님) 초점을 받을 수 있다:

    qa-cheej xhi   kub' t-tzyu-?n   xiinaq
    PL-horse ASP+3PL+ABS   DIR 3SG+ERG-grab-DS   man
    'The man grabbed *the horses*'

위 예문에서 『절대격어』(『피동주』) 'the horse'는 '초점받은 강조 성분, 또는 대조적 강조 성분(contrastive emphasis)'이다. 『능격어』(『행동주』)는 문두 위치로 이동시켜서 초점 성분이 되도록 할 수 없다. 그런데 [『능격어』]『행동주』가 초점 성분이 될 방법이 있다. 『능격어』를 『절대격어』로 승진시키는 반수동을 사용하는 것이다 (수동화 외에도 초점화의 기제가 있다):

    xiinaq x-ø-kub'   tzyun-n   t-e   qa-cheej
    man   ASP-3SG-DIR   grab-ANTIP   3SG-OBL   PL-horse

'*The man* gabbed the horses'

부정소(negative)도 초점 성분이 될 수 있다:

> miyaaʔ xiinaq x-ø-kub'   tzyuu-n   t-e   qa-cheej
> NEG   man   ASP-3SG-DIR grab-ANTIP 3SG-OBL PL-horse
> 'It wasn't the man who grabbed the horses'

의문문일 경우, 의문 대명사는 『능격어』가 될 수 없다. 그러므로 『행동주』가 의문의 대상[초점]일 경우, 반수동을 사용하여 그것을 『절대격어』로 승진시켜야 한다:

> alkyee x-ø-kub'   tzyuu-n   t-e   qa-cheej
> who   ASP-3SG-DIR grab-ANTIP 3SG-OBL PL-horse
> 'Who grabbed the horses?'

마야 제어의 초점에 대한 더 포괄적인 논의는 Aissen(1992)를 참조하라.

4.2 통사론 대 형태론

3.2.에서 논의하였듯이 한 언어의 형태론을 놓고 볼 때, 어떤 측면에서는 능격이지만(명사 표지) 어떤 측면에서는 대격인 경우(동사와의 일치)가 있었다. 이와 비슷하게, 한 언어가 형태론에서는 능격이지만(명사 형태론이나 동사 형태론에서, 또는 그 둘 모두에서), 통사론에서는 대격일 수 있다(중추의 선택).

Dyirbal어는 전적으로 능격 계통이다. 명사 표지에서도 능격이며

[형태론], 대등 구성과 보문 구성에서 생략에 대한 중추도 능격적으로 결정되며, 관계화에 대한 제약을 해소할 때에도 평소에 사용하던 것과 같은 방식으로 반수동을 사용한다[통사론]. 사실상, Dyirbal어처럼 전적으로 능격 계통인 언어도 찾기 힘들다.

예를 들어 바스크어 명사 표지와 동사 일치는 능격 형태론을 따르지만, 보문 구성에서 동지시되는 NP의 생략은 대격 통사론을 따른다. 이 언어의 능격 명사 형태론과 능격 동사 일치를 먼저 보기로 하자(Brettschneider(1979:376, 378)):

> Gizona   etorri   d-a
> Man+ABS   come   3SG-AUX
> 'The man has come'

> gizona   ikusi   d-u-t
> man+ABS   see   3SG+ABS-AUX-1SG+ERG
> 'I have seen the man'

보문 구성에서의 NP 삭제는 다음에 보인다:

> Nai   dut   neska   ikusi
> desire   I have   girl+ABS   see
> 'I want to see the girl'

> Nai   dut   gelditu
> desire   I have   stay
> 'I want to stay'

위의 예들에서 생략된 NP('I')는 A(첫 번째 예문)와 S(두 번째 예문)

다. 거꾸로 말하면, 종속절에서 동지시된 P를 삭제하는 것을 바스크어
가 허용하지 않는다는 것이다. Dyirbal어는 그것을 허용하였다; 만약
P가 주절의 NP와 동지시되면, 그것을 대명사로 표현하거나, 가정법
구성을 사용하거나, [별도의] 완전한 (한정(finite)) 종속절 구성 등을
사용하여 표현한다 (불어나 이탈리아어는 그렇게 한다):

nai dut   neska-k ni ikusi n-a-za-ø-u
desire I have girl-ERG I-ABS see 1SG+ABS-TNS-AUX-3SG+ERG-SUBJ
'I want the girl to see me'

(P가 아니라) A나 S를 삭제하는 것은 대격 계통의 표지다.
　　Tzotzil어(멕시코, Foley and Van Valin(1985: 313))는 동사 일치
에서는 능격 계통을 따르지만 대등 구성에서의 삭제는 대격 계통을
따른다:

A li Petal e bat-em-ø   ta xobel
TOP ART Peter   go-PERF-3SG+ABS   to town
s-max-ox-ø   li   Anton e
3SG+ERG-hit-PAST-3SG+ABS ART   Anton
'Peter went to town and hit Anton'

이 예문에서 'go', 'hit'로 주석달린 동사들을 유심히 보라. 타동사 'hit'
의 『행동주』가 능격으로 표시되어 있다 (그리고 's-'로 3인칭 표시되
어 있다). 반면에 『피동주』는 절대격이다 ('ø'로 표시되어 있다). 그리
고 이 절대격은 자동사 'go'의 단일 항 S에도 실현되어 있다; 동사 일
치는 의심의 여지없이 이 언어가 능격 계통임을 보여준다. 그런데 영
어 번역문을 보면, 대등 구성의 후행절에서 생략된 것이 다름 아닌
『행동주』('Peter'), 즉 선행절의 S와 동지시 관계에 있는 것임을 알 것

이다. 『피동주』의 삭제는 수동화가 되어야만 가능하다:

A   li   Petal e   bat-em-ø
TOP   ART   Peter   go-PERF-3SG+ABS
ta   xobel max-bil-ø   yuʔun li   Anton
to   town   hit-PASS-3SG+ABS   by   ART Anton
'Peter went to town and was hit by Anton'

S와 동지시될 때, (P가 아니라) A를 삭제하는 것은 이 언어가 대격
계통임을 보여준다; [반수동을 사용하지 않고] 수동을 사용하는 것도
그 증거가 된다(6.6 참조).

　　Kâte어(뉴기니, Anderson(1976:14))는 경우가 약간 다르다. 이 언
어에도 일련의 동사들이 대등 구성에 쓰일 수 있는데, 동지시되는 NP
는 바로 맨 마지막 [동사] 앞에서 직접 표현되고 인칭 일치는 동사에
만 표시된다. 그렇다면 삭제가 '순행적(progressive)'이라기 보다는 '역
행적(retrogressive)'으로 일어난다고 해야 한다. 그리고 삭제 규칙 역
시 대격 계통을 따른다:

vale-la   beʔ-ko   nana   na-veʔ
come-PAST   pig-ERG   taro   eat-3SG+PAST
'The pig came and ate taro'

vale-la   nana na-la   beʔ   guy   fo-veʔ
come-PAST   taro eat-PAST pig+ABS sleep lie-3SG+PAST
'The pig came, ate taro and lay down to sleep'

첫 번째 예문의 삭제된 항은 S인데(동사 'came'이 쓰인 절), A와 동지
시된다(동사 'ate'이 쓰인 절). 두 번째 예문의 삭제된 항은 S(동사

'came'이 쓰인 절)와 A(동사 'ate'이 쓰인 절)인데 S(동사 'lay down'이 쓰인 절)와 동지시된다.

Warrungu어(오스트레일리아)는 Dyirbal어와 매우 비슷한 것 같은데, 능격 형태론 체계를 가진다는 점, 일반적으로 능격 계열을 따라 대등 구성의 동지시 항을 생략한다는 점, S가 A가 되게 하려고 반수동을 사용한다는 점 등에서 그러하다. 그렇지만 대등 구성에서의 생략은 능격 계열을 엄격하게 따르지 않는다. Tsunoda가 말하는 '목적 구성(purposive construction)'들 중에서 많은 것들이 대등 구성으로 번역될 수 있는데, Tsunoda는 [이 언어는] 능격 유형이 대격 유형보다 훨씬 더 일반적이라고 단순히 기술하였다. 그러나 [이 언어에는] 대격 유형도 있다: 아래 예문은 A=S의 생략을 보여준다(Tsunoda(1988:644)):

kalu-ø   yani-ø yuray-yuray-ø   pangkarra-ø aplpa-n
mouse-ABS go-P/P quiet-quite-ABS lizard-ABS   roll-P/P
'The mouse sneaked up and rolled the lizard'

이것을 보면 [이 언어의] 통사론은 대격 통사론이라고 해야 한다. Warrungu어의 통사론은 일반적으로 능격 통사론인 것 같다 (그러나 그것이 배타적이지는 않다). 능격성은 절대적이지 않다. 그것은 다만 정도의 문제일 뿐이다.

대등 구성의 동지시 항 생략에서 대격 통사론을 보이는 현상은, 그 형태론이 능격도 대격도 아닌 언어에서 역시 발견된다. 3.4에서 보았듯이 Diyari어(오스트레일리아)의 형태론은, 일부는 능격 유형을 따르고 일부는 대격 유형을 따르고, 일부는 [능격도 대격도 아니게] S, A, P가 각각 다른 표지를 가진다. 그런데 Diyari어의 대등 구성은 A=S인 대격 유형을 따른다. 대등 구성의 한 유형은 '포함절'로 표현되는데 이는 앞선 행동으로부터 결과한 행동을 지시한다. 그런 절은, 변환 지시에서 형태론적으로 동일한 『주어』(SS)를 가지는 것으로 표시되거나 다른 『주어』(DS)를 가지는 것으로 표시된다(4.1.1 참조); 이를 위하여 '『주어』'는 A, S를 의미한다 ─ 통사론은 대격인 것이다. 예는 다음과 같다(Austin(1981a:194)):

ŋawu   ŋaḍaṇi mangi-yi wakada ŋiṇa   ṇanda-ḻa
3SG+FEM+s behind run-PRES neck+ABS 3SG+FEM+o hit-IMPL+SS
'She ran behind and hit him on the neck'

끝으로 언급해 두어야 할 이론적인 주안점이 하나 있다. 앞에서 소개한 모든 예들은 능격 명사 형태론과/이나 동사 일치를 가지면서 대격 통사론을 가지는 언어들이었다. 역으로 능격 통사론을 가지면서 대격 형태론을 가지는 언어는 없는 것 같다. Dyirbal어처럼 1, 2인칭 대명사는 대격 형태론을 가지고 나머지 NP들은 능격 형태론을 가지는 분열이 있는 경우는 예외가 되겠다.

4.3 중추와 '여격 주어'

2.5에서 「경험주」와 '양상 주어'가 『행동주』-『주어』가 아니라 『여격어』로 나타나는 구성을 살펴본 적이 있다. 그 형태론과는 별도로, 이들 『여격어』는 종종 『주어』의 성격을 가진다(그래서 소위 '여격 주어'라 불린다)고 하였고 그들은 중추로서 행동할 수 있다고 짧게 언급하였다.

중추로 행동할 수 있는, 단순하고 명백한 『여격어』의 예는 아이슬란드어에서 볼 수 있다. 대등 구성에서 『여격어』는 통제자가 될 수도 있고 삭제에 대한 표적(후행절)이 될 수도 있다. 예는 다음과 같다(Rognvaldsson(1982:470)):

Þeim   líkar   maturinn og   borða   mikið
they+DAT   like+3SG the food and eat+3PL much
'They like the food and eat a lot'

Þeir   sjá stúlkuna og finnst   hún álitleg
they+NOM see the girl and find+3SG she attractive
'They see the girl and find her attractive'

첫 번째 예문에서 생략된 NP는 후행절 동사 'eat'의 주격 『주어』인데, 그것이 선행절의 『여격어』와 동지시된다. 두 번째 예문에서 생략된 NP는 『여격어』일 수 있다. 'find'는 발견자(finder)에게 (발견되는 실체는 주격이지만) 여격이 주어질 것을 요구하기 때문이다. 그리고 선행절의 (주격) 『주어』와 동지시된다.

    이와 비슷하게 보문 구성에서도 『여격어』는 중추로 기능한다. 여격이 통제자인 예는 러시아어와 Khinalug어(코카서스, Comrie (1978: 345))에서도 볼 수 있다:

mne   nado   uiti
I+DAT   necessary to go
'I must go'

Hinu   pʰšä   q'izi   muxwižmä
she+DAT bread+ABS to bake   can
'She can bake bread'

이들 예문에서 보문절의 삭제된 NP와 동지시되는 것은 바로 여격 NP다.

    Kachru et al.(1976:86-91)은 힌디어를 논의하면서 이 자질을 최

대한 상세히 설명하였다. 힌디어에서 중추의 문제는 『여격어』보다 문
법관계들에 더 영향을 미치지만, 『여격어』도 또한 중추로 기능할 수
있다. 앞에서 논의한 바 있듯이(3.3.1.) 힌디어는 시제에 따라서 분열
능격성을 가진다; 시제에 따라서 대격 계통의 『주어』나 능격 계통의
『능격어』가 중추로 기능한다. 더욱이 [이 언어에는] '양상 주어'가 도
구격인 구성도 있다. 이것 역시 중추로 기능할 수 있다. 그렇다면 [중
추와 관련하여] 네 유형의 문법관계가 개입해 있다고 할 수 있다: 『주
어』, 『능격어』, 『여격어』, 『도구격어』가 바로 그것이다. 기본 문장들은
다음과 같다:

> lərke   kitab   pərh-rəha   hɛ
> boy(SUBJ) book   read-ing   is
> 'The boy is reading a book'

> lərke   ne   kitab   pərhī
> boy   ERG   book   read
> 'The boy read a book'

> lərke   ko   mā   yad   aī
> boy   DAT   mother   memory   came
> 'The boy remembered his mother'

> lərke   se   kitab   nə   pərhi   gəī
> boy   INSTR book   not   read   went
> 'The boy could not read a book'

주어가 통제자와 표적이 되는 예는 다음에 보인다:

```
ram    ghər    jana    cahta    hɛ
Ram    home    to go    wants
'Ram wants to go home'
```

나머지 세 유형의 문법관계가 보문 구성에서 (그런데 두 개의 다른
보문 유형이 제시되어 있다) 삭제에 대한 통제자로 기능하는 예들은
다음과 같다:

```
ləṛke    ne     ghər    jana    caha
Boy      ERG    home    to go    wanted
'The boy wanted to go home'
```

```
sīta    ko     vəhā    jane    kī     bat      yad      hɛ
Sita    DAT    there   going   poss.  matter   memory   is
'Sita remembered going there'
```

```
ram    se      vəha    jane    kī     bat      bətaī    nə     gəī
Ram    INSTR   there   going   poss.  matter   related  NEG    went
'Ram could not tell about going there'
```

『도구격어』는 그렇지 않지만 『능격어』와 『여격어』는 표적이 된다:

```
ram    ne     pətr     likhne    kī     bat      bətaī
Ram    ERG    letter   writing   poss.  matter   related
'Ram told of writing the letter'
```

```
ram    ne     bhūkh    ləgne       kī     bat      bətaī
Ram    ERG    hunger   appearing   poss.  matter   related
```

'Ram told of being hungry'

생략된 NP(두 예문에서 'Ram')는 각각 (과거 시제일 경우) 『능격어』와 ('be hungry'의 경험주일 경우) 『여격어』일 것이다.

　　이와 비슷한 자질과 관련하여 더 논의된 것이 있었다. 이른바 '접속 축약(conjunction reduction)'이 바로 그것인데, 여기서는 시간 표시(temporal) 절에 외현적으로 분사형(participial form)이 사용된다. 『주어』는 통제자나 표적이 될 수 있다:

pɐɽ　ke　nīce　bɛth　kər　ləɽka　kitab　pəɽh-rəha　hɛ
tree　below　sitting　　boy　book　read-ing　　is
'The boy sitting under the tree is reading a book'

[『주어』와] 마찬가지로 『능격어』도 통제자와 표적이 다 될 수 있다. 그러나 『여격어』와 『도구격어』는 통제자만 된다. 영어는 재귀화에서 『목적어』와 『간접 목적어』가 통제자가 될 수 없지만, 영어와는 달리 이들 네 관계가 모두 재귀화의 통제자가 될 수 있다는 증거가 있다(4.1.3을 보라). 더군다나 펀자브어(Punjabi)와 카슈미르어(Kashmiri)에는 이와 비슷한 자질을 가지는 『주어』도 있다고 기술되었다.

　　Andrews(1985:101, 108)은 통사론에 의하여 여격-표시된 NP가 『주어』라고 논의하였다. 그리고 Kachru et al.도 그들이 다룬 모든 유형의 격 표시된 NP가 사실상 『주어』라고 [Andrews와 비슷한] 주장을 하였다. 이 논의들은 전부 [우리의 논의에] 도움이 되지도 않고 어떤 확신을 주지도 못한다. 『여격어』와 힌디어의 『도구격어』만 해도 『주어』로 볼 수 없는 근거를 네 개나 댈 수 있다:

　　(i) 두 개의 다른 계통은, 먼저 형태론적으로, 그리고 통사론적으로 구별하는 것이 더 합리적이다. 『주어』 등의 문법관계

는 형태론에 의하며 정립되며, 중추는 통사론에 의하여 정립된다; 이 둘을 섞어 놓아서 얻을 것은 별로 없다.

(ii) 『주어』 등의 문법관계는 절 내의 항으로 보는 것이 최선이다. 중추는 절을 넘어서는 개념이다.

(iii) 잠재적인 『주어』와 형태론적으로 표시된 『주어』가 한 문장 안에 있을 경우에는 혼란이 불가피하다. 아이슬란드어를 보라(Andrews(1985:107) — 2.5 참조):

mér   líka   Þeir
I+DAT   like+PL   they (MASC+PL+NOM)
'I like them

Andrews(1985:101)은 실제로, 서술어가 'remember'인 문장은 (여격) 「경험주」가 『주어』이므로 ('remember'되는 사람인) 나머지 항은 『목적어』라고 제안하였다 (안됐지만 힌디어의 형태론은 『주어』와 『목적어』를 구별하지 않는다). 물론 그도 이 주장에 '긍정적인 증거가 조금 밖에 없음'을 토로하였다.

(iv) 힌디어의 『여격어』와 『도구격어』는 『주어』의 자질을 전부 가지지 않는다 ('접속 축약'의 표적도 되지 못하며 『도구격어』는 보문 구성에서 삭제의 표적이 될 수도 없다). 이러한 사실에 미루어 볼 때 이들은 다만 부분적인(partially) '『주어』'가 아닌가 싶다: '중추'는 일원적인(uintary) 개념이 아니므로 — 한 언어 내에도 보통 여러 유형의 중추가 있다 — 이들을 단순히 중추로 취급하기만 하면 아무런 문제도 생기지 않는다.

일부 학자들, 이를테면 Anderson(1976)은 능격 형태론을 가진 언어라 할지라도 대격 통사론이 있으면 [『절대격어』가 아니라] 『능격어』가 『주어』가 된다고 주장하였다. 이 주장은 분명히 설득력이 있다. 『능격어』는 『주어』와 마찬가지로 타동사 구성에서 『행동주』이기 때문이다. 부연하건대, 최적의 반론은 [능격과 대격의] 두 계통을 분리시키고 중추는 반드시 『주어』가 아니어도 된다고 하는 것이다. 더군다나 Dyirbal어처럼 능격 통사론을 가지는 언어에 이 논의를 적용시키면 심각한 어려움에 부딪히게 된다. 이런 언어의 형태론은 다같이 (능격) 계열을 따른다. 그런데도 불구하고 중추의 선택을 예외로 처리하여야 하는 어려움이 있다. 그렇지 않으면, 능격 형태론과 대격 통사론을 가지는 (앞에서 논의한) 이들 언어의 『주어』는, 일반적으로 『행동주』인데도, (『행동주』-『능격어』가 아니라) 『피동주』-『절대격어』가 『주어』라고 해야 한다(이들 언어에 대한 검토는 Croft(1991:24ff.) 참조). 한 언어가 둘 (또는 그 이상의) 계통을 가질 수 있다고 주장하는 것이, 이들 계통을 하나로 통합시키려는 시도보다 아무래도 더 낫다.

4.4 명령문

이제 명령문을 살펴보기로 하자. 명령문은 중추 규칙과 비슷한 규칙을 따르는 것으로 보인다. 아래 예에서 보듯이 (대격 언어에서) 『주어』가 삭제된다:

Hold the handle!
Come in!

그런데 Dixon(1979:112-14)는 제안하기를, 명령문이 A나 (문법역) S인 2인칭 대명사를 가지는 것은 명령문 자체의 보편적인 속성이라고 하였다. 명령문에서는 화자가 청자에게 행동주가 될 것을 요청하기 때문이다. 따라서 한 언어에서 A와 S를 삭제하는 것이 그 언어가 대격 또는 능격이라는 데 대한 하등의 증거가 될 수 없다고 하였다.

　　그렇지만 그의 주장이 전적으로 옳지는 않은 것으로 판명되었다. 물론, [명령문의] 2인칭 대명사는 (삭제가 되든 그렇지 않든 간에) 행동주인 것이 보편적이다. 그러나 그것은 본질적으로 문법적인 제약이 아니라, 의미론적인, 또는 화용론적인 제약이다. 영어에서 [이와 관련하여] 유일한 문법적인 규칙은 『주어』가 삭제된다는 것이다. 그리고 P의 삭제에는 문법적인 제약이 없다. 수동화된, 그래서 삭제된 『주어』 (즉, 『피동주』)가 있는 수동 구문도 명령문이 될 수 있다는 사실이 그것을 확인시켜 준다:

　　　Be persuaded by your friends
　　　Be guided by your conscience

설득당하기, 또는 경호되기를 결정할 것을 청자에게 요구한다는 점에서 이런 수동 구문은 아주 드물고 행동성 개념도 다분히 있다. 그렇지만 이것이, '삭제된 NP는 (항상 A나 S가 아니라) 항상 『주어』다'라는 단순한 사실에 영향을 미치지는 않는다.

　　Dixon은 命令態(jussive)를 논의하면서도 비슷한 주장을 하였다:

　　　I ordered him to go
　　　I told him to bring the water

그러나, 다시 말하지만, [여기서도] 수동화된 『주어』는 삭제될 수 있다.

　　　I asked you to be persuaded by your friends
　　　I told you to be guided by your conscience

Dyirbal어 능격 통사론 또한 이것과 관련이 있다. 명령태에서도 보어에 대한 역이 그대로 적용된다:『절대격어』만 삭제될 수 있다. 이러한 사실이 의미하는 것은, 타동사 보어에서 『능격어』-『행동주』를 『절대격어』로 승진시키기 위하여 일반적으로 반수동을 요구한다는 것이다. 예를 보기로 하자(Dixon(1979:129) — 4.1.2. 참조):

> ŋana   yabu   giga-n   ɲuma-gu   buṛal-ŋay-gu
> we   mother+ABS   tell-PAST   father-DAT   see-ANTIP-PURP
> 'We told Mother to watch father'

여기서 삭제된 항이 관념적으로 「행동주」가 되는 것이 어쩌면 일반적일 수 있는데, 그럼에도 불구하고 삭제 규칙은 능격 계통의 1차 관계, 즉 『절대격어』P=S(A=S가 아님)에 영향을 미친다.

　　Dyirbal어의 명령법은 상황이 약간 복잡하다(Dixon(1972:111)). [이 언어의] 대명사 'you'는 생략될 수도 있고 남아 있을 수도 있는데, 그것은 S나 A가 될 수 있다:

> (ŋinda)   bani
> (you)   come
> '(You) come'

> balan   ḍugumbil   ɲinayma
> CL   woman   marry
> 'Marry the woman'

여기까지는 Dyirbal어가 능격 유형을 따르지 않는다고 할 수 있다. 그러나 Dixon은 또한 지적하기를, 타동사 구성에서 A를 1차적인 지위로 승진시키기 위하여 반수동이 사용될 수도 있다고 하였다 (그런데 반드시 그래야 하는 것도 아니며, Dixon(1980:457)도 그런 예를 찾기 힘들다고 하였다):

> ŋinda   bagul   yaṟa-gu   bagal-ŋa
> you   CL+DAT   man-DAT   hit-ANTIP
> 'You hit the man'

명령태에서 Dyirbal어의 삭제가 능격 계열을 따른다는 것은 명백하다. 그리고 명령법에도 능격성을 보여주는 어떤 것이 있다. 그러므로 명령법(또는 명령태)의 2인칭이 A나 S가 되어야 한다는 주장은 절대적인 것도, 보편적인 것도 아니다. 그리고 대격과 능격을 구별해야 한다는 주장도 어느 정도는 여전히 적용되거나(명령법의 경우), 전적으로 적용된다(명령태의 경우). 영어의 경우, 명령법과 명령태에서 (수동화의) 『피동주』보다 타동사문의 『행동주』가 삭제되는 것이 더 자연스러운, 그리고 의미론에 근거한 경향인 것처럼, 자동사를 가진 (S를 삭제한) 명령법과 명령태는 '행위격 계통' 동사와 거의 같다는 것 또한 자연스럽다. 아래 예들은 다소 어색하다:

> Grow tall!
> He told him to grow tall

[그러나] 이들 예문이 전적으로 불가능하지는 않으므로 비문법적이지는 않다 (3.5.4에서 논의한 바와 같다). 더군다나 다음 예문도 어색한 데가 없다:

> Sleep well!

4.5 행위격 계통의 중추

언어들이 능력 통사론과 대격 통사론을 가질 수 있는 것처럼, 이론상으로 한 언어가 행위격 계통 통사론을 가질 수 있다. 포모어(동부)에서는 그것이 사실인 듯한데, 이 언어는 행위격 계통의 형태론 체계를 가진다(3.5.3). 포모어(동부)의 대등 구성에서는 동지시되는 NP의 삭제와 변환 지시가 다 가능하다. 그러나, 대격 계통과 능격 계통에서 [대등 구성의] 동지시된 두 NP가 각각 『주어』와 『절대격어』가 되어야 하듯이, 삭제에 대한 조건이나 변환 지시 체계에서의 '동일(SAME)' 표지(아래를 보라)에 대한 조건은, 같은 문법관계에 있으면서 동지시된 두 NP에 따른다. 행위격 계통의 문법관계는 『행위격어』 S_A=A, 『피행위격어』 S_P=P이다. 그리고 포모어(동부)의 삭제와 '동일' 표지는 동지시되는 두 NP가 모두 『행위격어』나 『피행위격어』일 것을 일반적으로 요구한다 ([행위격 계통인 포모어(동부)에서는] 이 두 관계[『행위격어』, 『피행위격어』]가 모두 관련된다는 점을 주목하라. 대격 계통이나 능격 계통에서는 하나의 관계(『주어』(대격 계통), 『절대격어』(능격 계통))만 관련되었다).

McLendon(1978:7-8)은 다섯 개의 예문을 검토하였다. 첫 번째 [예문] 쌍은 제법 간단하다:

há	kálahu-y	sïmá	mérqakïhi
I+AGT	went home-SAME	went	to bed

'I went home and then went to bed'

há	kálahu-qan,	mïp	mérqakïhi
I+AGT	went home-DIFF	he	went to bed

'I went home and then he went to bed'

첫 번째 예문의 선·후행절에 각각 동지시되는 S가 있다; 'go to home'과 'go to bed'가 모두 행위격 동사이므로 이 S는 『행위격어』다. 그러므로 삭제가 가능하고 'SAME'으로 표시된 변환 지시도 있다 (관련 범주가 『주어』가 아니므로 주석은 'SS, DS'(4.1.1을 보라)로 달지 않고 'SAME, DIFF'로 달았다). 두 번째 예문에서는 [선행절의] 『행위격어』 S들이 [후행절의 S와] 동지시되지 않는다. 그래서 [후행절의 S가] 삭제가 되지 않았고 'DIFF' 표지가 사용되었다.

그런데 한 S가 『행위격어』이고 나머지 S가 『피행위격어』이면, 이 둘이 동지시 되어도 'DIFF' 표지가 사용되고 삭제되지 않는다. 다음 예문에서 'take a bath'와 'come'은 행위격 [동사]이지만 'get sick'은 피행위격 [동사]이다:

> háˑ   xaˑqákki-qan,   wi   qʼaˑlálṭáˑla
> I+AGT   took a bath-DIFF   I+PAT   got sick
> 'I took a bath and got sick'

> wi   qʼaˑlálma-qan,   háˑ   kʰúyhi qóyuhùˑ
> I+PAT   got sick-DIFF   I+AGT   didn't come
> 'I got sick, that's why I didn't come'

다음 예문은 훨씬 더 복잡하고 설명하기도 어렵다:

> míˑpal   kʰí   kóx-qan   muˑṭʼíṭʼki-y   muˑdála
> he+PAT   he+AGT   shot-DIFF   curl up-SAME   die
> 'He₁ shot him₂ and [he₂]curled and [he₂] died'

이 예문은 삭제가 이루어졌는데 삭제 규칙은 행위격 계열을 따르고 있음이 틀림없다: 'shot'의 P와 동지시되어서 'curled up'과 'died'의 Sₚ는 삭제되었다. 그런데 변환 지시 규칙은 대격 유형을 따르는 것 같다. 'shot'의 P와 'curled up'의 Sₚ가 동지시되었음에도 불구하고 (후자의 삭제가 당연히 예상된다), 변환 지시는 'DIFF'가 사용되고 있다

4.6 수동과 반수동의 통사적 역할 ▣ 179

('SAME'을 사용하지 않았다); 그렇다면 이 'DIFF' 표지는 'shot'의 A와 'curled up'의 S$_P$가 '다르다'(비-동지시 관계에 있음)는 것을 나타내고 있음이 틀림없다. 그렇다면 『주어』A=S의 동질성과 이질성에 따라서 통사론은 대격이다: 행위격 통사론은 『피행위격』 P와 S$_P$가 '동일하다 (SAME)'고 표시하였을 것이다. 이를 근거로, 삭제는 전적으로 행위격 계통을 따르는 반면 변환 지시는 부분적으로 대격 계통을 따른다고 할 수 있다.

4.6 수동과 반수동의 통사적 역할

언급하였듯이 수동과 반수동은 통사적 중추에서 중요한 역할을 한다. 4.1.1, 4.1.2, 4.1.3에서 누차 강조하였지만, 새로운 중추를 만들기 위하여 수동은 2차 항이나 우언적인 항을 『주어』의 지위로 승진시킨 다. 영어의 대등 구성에서 『피동주』(원래의 『목적어』)는 주어로 승진 되어야만 생략될 수 있다. 아래의 두 예문을 비교해 보라:

The man came in and saw the woman
The man came in and was seen by the woman

『목적어』를 『주어』로 승진시키기 위해서는 [문장이] 반드시 수동화 되 어야 하는데, 그러면 그것[『주어』가 된 『목적어』]은 중추가 되어서 삭 제될 수 있다. 『목적어』 상태로는 삭제될 수 없기 때문이다:

The man came in and the woman saw [the man]

이것과 정확히 평행한, 그러나 상반되는 방식으로, 능격 계통인 Dyirbal어에서는 『행동주』가 『절대격어』라는 1차적인 지위로 승진할

수 있다(Dixon(1979:62-3)):

> ŋuma　　　　banaga-ɲu　yabu-ŋgu　buṛa-n
> father+ABS　return-PAST　mother-ERG　saw-PAST
> 'Father returned and mother saw (him) (was seen by mother)'
>
> ŋuma　　　　banaga-ɲu　buṛal-ŋa-ɲu　　yabu-gu
> father+ABS　return-PAST　see-ANTIP-PAST　mother-DAT
> 'Father returned and saw mother'

첫 번째 예문에서 삭제된 것은 『피동주』다. 왜냐하면 1차 관계가 P=(A가 아닌) S이기 때문이다. 두 번째 예문에서는 반수동이 사용되었는데, 그것은 『행동주』(원래는 능격이었음)를 『절대격어』인 1차 관계로 승진시킨다. 그리고 『절대격어』는 삭제된다. 반면에 『피동주』는 우언적인 지위(여기서는 『여격어』)로 강등된다.

　그런데 어떤 언어에는 수동이나 반수동 같은 기제가 없다. 따라서 1차 관계가 아닌 항을 승진시키지 못하고 새로운 중추도 만들지 못한다. 중추와 관련된 규칙은 엄연히 존재하는데, 그 규칙이 『주어』, 『절대격어』같은 문법관계와 관련된다기보다는 『행동주』 따위의 문법역과 관련된다 (Foley and Van Valin(1984:115ff., 1985:305)는 '의미론적' 중추만 인정하고 '화용론적' 중추는 인정하지 않았다).

　수동화가 있어도 그것을 새로운 중추를 만드는데 사용하지 않는 언어도 있다. 반투 제어, 예를 들면 Chichewa어(Trithart(1979)를 인용한 Foley and Van Valin(1985:329-31)의 논의를 보라) 등에서 그런 현상이 보고되었다. Trithart는 주장하기를, [Chichewa어는] 새로운 중추를 만들기 위하여 수동을 사용하는 것이 아니라 『주어』 선택에 대한 위계 규칙(hierarchical rule)을 지키기 위하여 수동을 사용한다고 하였다. 그 위계는 다음과 같다:

1인칭 > 2인칭 > 인성 고유 명사 > 인성 명사 > 유정물
> 무정물

이와 비슷한 수동의 예(한국어)를 2.2에서 살펴본 적이 있다. 이것은
다음 사실과 관계가 있다: Chichewa어의 동사에는 필수 『주어』, 필수
『목적어』 접미사가 붙는데, 이들 접미사는 자신이 일치하는 서로 다른
여러 명사 부류에 따라 달라진다는 사실에 의하여 동지시성(coreferen-
tiality)이 분명히 표시된다. (Foley and Van Valin(1985:331)이 인용한)
Watkins(1937)의 예를 보자:

Chámkɔlɛ́   chá-nú   cháchí-kúrú   chí-thaːβ-a
hostage+CL6   CL6-your CL6-valuable AGT+CL6-run away
          á-chí-gwir-á   ni muˑnthu
-INDIC   AGT+CL1-PAT+CL6-catch-INDIC   is person+CL1
'Your valuable hostage is running away and the man is
catching him'

이러한 일치 체계가 있으므로 동지시성을 나타내기 위한 수동이나 중
추 규칙은 불필요한 것 같다.

수 동

수동에 대해서는 1.4에서 개괄적으로 논의하였는데, 이 장과 다음 장을 통하여 여러 종류의 수동, 수동과 유사한 구성 등을 자세히 살펴볼 것이다.

5.1 수동의 확인

단순하고 확실한 수동은 다음의 유형과 같은 것이다(1.4.1을 보라):

The policemen caught the thief.
The thief was caught by the policemen.

능동문의 『주어』는 수동문에서 생략되는 것이 일반적이다:

The boy was hit.

이런 문장을 '행동주 없는(agentless) 수동'이라고 한다. 영어의 능동문

에서 단순히 『주어』를 생략하고 말하는 것은 불가능한데, 이러한 사실
은 주목할 필요가 있다:

*Caught the thief.

『행동주』가 언급되지 않으면 수동이 사용되어야 한다는 것이다.

　　수동이 유형론적으로 타당한 범주라면, 유형론의 모든 범주들이
그러하듯이, 다음과 같이 확인되어야 한다: (i) 그 의미와 기능이 범언
어적으로 공유되고 있음이 확인되어야 한다. (ii) 그것의 형식적 표지
가 개별 언어에서 확인되어야 한다(구체적인 논의는 Palmer(1986:2-7)
참조). 수동의 핵심적인 기능은 『피동주』(또는 비『행동주』(non-『Agen
t』))의 승진과 『행동주』의 강등, 혹은 삭제라 할 수 있다. 이런 기술은
특정 통사 이론을 어떻게, 얼마나 수용하는가 하는 문제와는 무관하
다. 다만 능동문에서 『행동주』, 『피동주』 등이 가졌던 기능이 수동문
에서 어떻게 바뀌는지를 단순히 설명할 수 있다는 것을 함의할 뿐이
다. 수동에 대해서 기본적으로 인식해야 할 것은 다음과 같다: 능동문
에서는 『행동주』가 『주어』이고 『피동주』가 『목적어』이다. 그리고 능동
문이 기본 구성이다(3.1 참조). 반면에 수동문에서는 『피동주』(또는 비
『행동주』)가 『주어』이고, 『행동주』는 우언적인 지위로 떨어지거나[강
등되거나] 삭제된다. 이러한 인식은 『피동주』의 『주어』로의 승진, 『행
동주』의 강등, 또는 삭제를 주장할 수 있게 한다.

　　누차 언급하였듯이 수동은 일정한 형식 표지를 반드시 가진다. 그
리고 그것은 일반적으로 동사에 표시되는 것 같다. Haspelmath(1990:
26-7)은 수동의 동사 형태론(verbal morphology)이 없는 [동사에 형태
론적으로 수동 표시를 하지 않는] 수동 구성은 없다고 주장하였다. 그
러나 '동사 형태론'을 접어(clitic)를 포함하는 개념으로까지 확장시키
면, 그의 주장은 수동에 대한 부분적인 정의일 뿐 전면적인 경험적 관
찰은 될 수 없을 것이다. 전통적으로 '능동', '수동', '태'(능동과 수동을

아우르는 문법 범주)라는 용어는, 고대의 여러 언어들, 특히 라틴어나 그리스어의 특정한 범열(paradigm)을 지칭하기 위하여 쓰였다. 말하자면 이들 용어는 형태론적으로 사용되어 왔다는 것이다. 그리고 이른바 Keenan(1985:250ff.)가 말하는 '엄격한 형태론적(strict morphological) 수동'을 만드는 데, 수동이 동사 형태론으로 표시되는 언어가 많다는 것이다. 그런데 한편으로는 수동이 조동사(Keenan의 용어로는 '우언적 (periphrastic) 수동')에 의하여 표시되기도 한다; Keenan(1985:257-61) 은 그런 조동사를 네 부류로 제안하였다: (i) 존재 동사(verb of being)나 樣爲 動詞(verb of becoming), (ii) 수령 동사(verb of reception), (iii) 동작 동사(verb of motion) (iv) 경험 동사(verb of experience) 등 ['verb of motin'을 '동작 동사'로 번역하였는데, 2.1.2에서 'verb of action'을 '동작 동사'라고 번역한 적이 있으므로 'verb of motion'은 다른 용어로 번역하는 것이 마땅할 것이다. 그런데 적격한 용어를 찾기가 쉽지 않고 혼란이 생길 만큼 중요한 용어도 아니므로 둘 다 '동작 동사'라는 용어로 번역한다. 물론 이들이 같은 개념이라는 뜻은 아니다]. Keenan은 각각의 예를 다음과 같이 제시하였다:

독일어   Hans   wurde   von seinem   Vater   bestraft
            Hans   became   'by' his   father   punished
            'Hans was punished by his father'

웨일즈어   Caffodd   Wyn   ei   rybuddio   gan   Ifor
            got   Wyn   his   warn+INF   by   Ifor
            'Wyn was warned by Ifor'

힌디어   murgi   mari   gayee
            chicken   killed   went
            'The chicken was killed'

베트남어   Quang bi   (Bao) ghet
           Quang suffer (Bao) detest
           'Quang is detested (by Bao)'

수동의 역사적 기원에 대한 논의는 Haspelmath(1990)을 보라.

　'태', '수동' 등의 용어는 형태론적 수동에만 국한시켜 사용해야 하고 영어나 기타 여러 언어들의 '우언적 수동'을 지칭하는 데 사용해서는 안 된다는 제안이 전적으로 부당한 것은 아니다. 하지만 그것은 순수히 용어론적 취지에서 그러한 것일 뿐, 그와 같은 입장이 형태론적 수동만이 연구의 주제가 되어야 한다고 제안하는 것은 아니다. 이러한 입장은 다만 그 용어 자체가 형태론적 범주에 국한되어야 한다고 제안하는 것이다. 그리고 (형태론적 수동과 마찬가지로) 영어나 다른 언어들의 우언적 수동을 포괄할 더 넓은 어떤 용어가 반드시 있어야 한다고 제안하는 것이다. '서법(mood)', '양태(modality)' 등의 용어에서도 비슷한 문제가 제기된 적이 있었다 (Lyons(1977:848), Palmer(1986: 21-4)를 보라). '서법'이라는 용어는 동사 형태론에 의하여 표현되는 범주에만 국한시켜 사용하고, '양태'라는 용어는 더 넓은 의미, 이를테면 영어의 양상 동사에 의하여 표현되는 범주까지를 포함하는 의미로 사용한 것이다. 그런데 [우언적 수동까지 포괄할 수 있는 넓은 의미의 용어를 새로 만들자는] 그런 제안은 실용성이 없다. 마땅한 용어가 없기도 하거니와, 수동이라는 용어가 라틴어, 그리스어 등에서 그랬던 것처럼 영어와 기타 여러 언어들에서도 범주를 지칭하는 데 규칙적으로 사용되고 있기 때문이기도 하다.

5.2 『목적어』의 승진

　전 절에서 우리는 수동이 영어에서 『목적어』를 『주어』로 승진시키는 원형적인 예를 보았다. 여기서는 약간 색다르면서 논란거리가 된 예들을 검토해 보고자 한다.

영어의 어떤 동사들은 수동형을 갖지 않는 것처럼 보이는데, 이를 테면 'HAVE'(소유의 의미일 때), 'RESEMBLE' 등이 그러하다:

> John has a lot of property.
> *A lot of property is had by John.

'CONTAIN'이 정적인(stative) 의미로 쓰일 때에도 수동형을 갖지 않는 것 같다. 그러나 동적인(dynamic) 의미로 쓰이면 그렇지 않다:

> This jar contains sugar
> *Sugar is contained by this jar
> The rebel forces contained the army
> The army was contained by the rebel forces

마찬가지로 'WEIGH' 등의 동사는 '목적어[대상물]'가 무게가 측정된 물건(items weighed)일 때는 수동화될 수 있지만, 그것이 측정된 양(measurement)[무게]일 때는 수동화될 수 없다:

> The shopkeeper weighed the potatoes
> The potatoes were weighed by the shopkeeper
> The potatoes weighed five kilos
> *Five kilos were weighed by the potatoes

이런 현상을 놓고 보면 동사가 동적인 의미로 쓰일 경우 ─ 동사에 어떤 행위가 개입한 경우에만, 수동화가 가능하다고 기술할 수 있을 것이다. 그러나 그런 기술은 전적으로 옳다고 할 수는 없다; 'OWN'과

'HAVE'는 의미 차이가 거의 없는데도 [둘 다 정적인 의미를 가진다] 'OWN'만 수동화된다:

> The church owns a lot of property
> A lot of property is owned by the church

이 문제를 해결할 수 있는 방법이 하나 있다. 동사[OWN] 뒤의 NP가 『목적어』가 아니라고 해버리는 것이다. 이를테면 수동화의 결여 여부와는 별도로, 이 정항들은 관념적으로 「피동주」가 아니라 ('부가어(adjunct)'라고도 불리는) 「처소역」 또는 「소유량」(measurement) 따위의 관념적 의미를 가지는 항이라고 주장하는 것이다. 그러나 이러한 견해가 전적으로 타당하다고 할 수는 없다. 5.3에서도 논의하겠지만 수동에 의한 승진은 『목적어』-관련성(Object-hood)에 대한 검증이 아니기 때문이다. 동작 동사와 함께 『목적어』의 자리를 차지하는, 또 다른 유형의 (문법적) 정항을 상정하는 것이 더 타당할 것이다. 그런데 이 정항은 (a) 수동에 의하여 영향을 받지 않고 (b) 관념역 「피동주」가 아니다.

그러나 『목적어』로서 그런 NP들을 정립하기 위하여 승진이 이용 가능하다면, 『목적어』로 기능할 수 있는 NP의 관념역은 언어들 간에 상당한 차이를 보인다. 이를테면 아라비아어(Arabic)의 시간 표현 NP와 처소 표현 NP들은 형태론적으로 『목적어』로 표시되며 수동화를 통하여 『주어』로 승진할 수 있다(Davison(1980:51-2)):

> Ṣāma   zaydun   ramaḍāna
> fasted   Zayd+NOM   Ramadan+ACC
> 'Zayd fasted (during) Ramadan'
>
> Ṣīma   ramaḍanu

fasted+PASS   Ramadan+NOM

'Ramadan was fasted'

Jalasa   zaydun   ?amāmā   al-amīri

sat   Zayd+NOM   front+ACC   the-prince+GEN

'Zayd sat (in) front of the prince'

Julisa   ?amāmu   al-?amīri

sat-PASS   front+NOM   the-prince+GEN

'*The front of the prince was sat'

산스크리트어도 비슷한 현상을 보인다(Davison(1980:52)):

Ratho   grāmam   gacchati

cart+NOM   village+ACC   go+3SG+PRES

'The cart is going (to) the village'

Rathena   grāmo   gamyate

cart+INSTR   village+NOM   go+PASS+3SG+PRES

'*The village is being gone to by the cart'

능동문에서는 시간 표현 NP와 처소 표현의 NP들이 『목적어』라는 것을 인정한다면 수동 논의에서 이런 현상이 아주 이상한 것은 아니다.

    Kinyarwanda어(반투)에서는 모든 종류의 관념역이 『목적어』 같은 것으로 확인된다. 대당 영어 번역문과는 달리, 이 언어에는 동사 'have', 'weigh' 등의 수동형이 있다; 'have'의 예를 다음에 제시한다 (Kimenyi(1980:127-8)):

Ishaâti   i-ti-e   ibifuungo bibiri
shirt   it-have-ASP   buttons   two
'The shirt has two buttons'

Ibifuungo   bibiri   bi-fit-w-e   n'îshaâti
buttons   two   they-have-PASS-ASP   by shirt
'*Two buttons are had by the shirt'

이와 비슷한 것인데 더 특이한 것도 있다. 아래의 예문들도 수동의 예
인 것 같다(Kimenyi(1988:361-2)):

Umugóre   a-rwaa-ye   umútwe
woman   she-be sick-ASP   headache
'The woman has a headache'

Umútwe   u-rwaa-w-e   n'ûmugóre
headache   it-be sick-PASS-ASP   by woman
'It is the woman that has a headache'

Umugóre   y-á-báa-ye   perezida
woman   she-PAST-be-ASP   president
'The woman became president'

Perezida   y-a-baa-w-e   n'ûmugóre
president   he-PAST-be-PASS-ASP   by woman
'It is the woman who became president'

Umugabo   a-ra-geend-a   ijoro

man   he-PRES-travel-ASP   night

'The man is travelling in the night'

Ijoro   ri-ra-geend-w-a   n'ûmugabo

night   it-PRES-travel-PASS-ASP   by man

'It is the man who is travelling in the night'

(Kimenyi의 영어 번역문은 전부 'It is the woman/man who...'로 시작
하고 있는데 Kimenyi는 그렇게 번역한 것에 대하여 아무런 설명도 덧
붙이지 않았다; 분명히 함의하고 있는 것은 『행동주』가 수동화에 의하
여 초점 성분이 되고 있다는 것이다) 그는 '모든 의미역들', 이를테면
「피동주」, 「수여주」, 「수혜주」, 「방법」, 「도구역」, 「도달점역」, 「처소역」,
「시간역」(temporal), 「속성」 등이 간접 목적어로 기능할 수 있다고 기
술하였다.

     어떤 동사는 (방금 논의하였던 유형을 포함하여) 『목적어』 같아
보이는 것을 두 개나 가질 수도 있는데, 둘 중 어떤 것도 승진할 수
있다:

Umugóre   a-r-éerek-a   ábáana   amashusho

woman   she-PRES-show-ASP   children   pictures

'The woman is showing pictures to the children'

Abáana   ba-r-éerek-w-a   amashusho   n'ûmugóre

children   they-PRES-show-PASS-ASP   pictures   by woman

'The children are being shown pictures by the woman'

Amashusho   a-r-éerek-w-a   ábáana   n'ûmugóre

pictures   they-PRES-show-PASS-ASP   children   by woman

'The picture are being shown to the children by the woman'

Umugóre   a-kubis-e   úmwáana urúshyi
woman   she-hit-ASP child   palm
'The woman has just slapped the child'

Umwáana a-kubis-w-e   urúshyi n'ûmugóre
child   he-hit-PASS-ASP palm   by woman
'The child has just been slapped by the woman'

Urúshyi ru-kubis-w-e   úmwáana n'ûmugóre
palm   It-hit-PASS-ASP child   by woman
'A slap has just been given to the child by the woman'

Umugaanga a-ru-vuur-a   umugóre ínkôróra
doctor   he-PRES-cure-ASP woman   cough
'The doctor is treating the woman's cough'

Umugóre a-ra-vuur-w-a   ínkôróra n'ûmugaanga
woman   she-PRES-cure-PASS-ASP cough   by doctor
'*The woman is being treated the cough by the doctor'

Inkôróra i-ra-vuur-w-a   umugóre n'ûmugaanga
cough   it-PRES-cure-PASS-ASP woman by doctor
'The cough is being treated woman by the doctor'

두 개의 『목적어』를 가진 구성으로 위의 예를 다루는 것은, 일반 타동사 구성인 『주어』+『목적어』 구성과 마찬가지로 『주어』+『목적어』+『목적어』 구성에 대한 인식도 요구한다. 이들이 『목적어』가 아니라 여

러 종류의 비핵심 관계라고 할 수도 있다. [그러나] 다음과 같은 이유
로 그런 주장은 수용할 수 없다: (i) 이들은 어떤 방법으로든 '엄격하
게' 목적어와 형식적으로 구별되지 않는다: [Kinyarwanda어의 경우]
어순은 어떤 기준도 제시하지 못한다. 신정보가 맨 뒤에 오는 경우만
제외하면 이 언어의 어순은 자유롭기 때문이다. 어순은 동사에 부착되
는 대명사 접요사에 의하여 전부 표현된다(Kimenyi(1988:355-6); (ii)
Kinyarwanda어에는 형식적으로 표시되는 비핵심 관계(『여격어』, 『도
구역』, 『처소역』)가 있다. 이들 역시 『주어』로 승진할 수 있다 (그러나
6.6.2를 보라). 이들이 두 개의 『목적어』라 하더라도, [이들이 『목적어』
가 아니라는 주장과 마찬가지로] 이 둘을 『제1 목적어』, 『제2 목적어』
로 구별할 수 있는 기준도 증거가 없다 (2.4 참조, 그러나 6.6.2도 보
라).

두 개의 『목적어』를 가지는 구성은 Tigrinya어(셈 어족, 에티오피
아, 필자 조사)에서도 볼 수 있는데, 여기서도 두 『목적어』 가운데 어
떤 것도 승진할 수 있다. 그러나 동사 'give'와 함께 쓰였을 경우에만
그러하다:

        Məsgənna nə-Bärhe   mäṣḥaf hibu-wo
        Mesgenna ANIM-Berhe book   gave+3SG+MASC-3SG+MASC
        'Mesgenna gave Berhe a book'

        mäṣḥäf nə-Bärhe   bə-Məsgənna tä-wähibu
        book   ANIM-Berhe by-Mesgenna PASS-gave+3SG+MASC
        'A book was given to Berhe by Mesgenna'

        Bärhe mäṣḥäf bə-Məsgənna tä-wahibu
        Berhe book   by-Mesgenna PASS-gave+3SG+MASC
        'Berhe was given a book by Mesgenna'

첫 번째 예문의 『목적어』 두 개 중에서 접두사 'nə-'가 붙은 앞의 것
은 사실 『간접 목적어』/『여격어』이므로 세 번째 예문은 『간접 목적어』
/『여격어』가 승진한 것이라고 할 수도 있다(5.3). 그러나 그렇지 않다.
동사 접미사 '-wo'가 그것이 (3인칭 남성인) 『직접 목적어』라는 것을
표시하고 있다. 그리고 이에 대당되는 『간접 목적어』 표시는 '-llu'인
데, 아래의 예에서 볼 수 있다:

> Məsgənna   nə-Bärhe   mäṣḥäf   'ädigu-llu
> Mesgenna   ANIM-Berhe   book   sold+3SG+MASC-to+3SG+MASC
> 'Mesgenna sold Berhe a book'

이럴 경우에는 『직접 목적어』['book']만 승진한다:

> mäṣḥäf nə-Bärhe   bə-Məsgənna   tä-'ädigu-llu
> book ANIM-Berhe   by-Mesgenna   PASS-sold+3SG+MASC-to+3SG+MASC
> 'A book was sold to Berhe by Mesgenna'

따라서 [『간접 목적어』 'Brehe'가 승진한] 다음 예문은 이 언어에서 쓰
일 수 없다:

> *Bärhe   mäṣḥäf   bə-Məsgənna   tä'adigu
> Berhe   book   by-Mesgenna   PASS-sold+3SG+MASC
> 'Berhe was sold a book by Mesgenna'

명사 접두사 'nə-'는 『직접 목적어』와 『간접 목적어』에 모두 쓰일 수
있는데 이것은 유정물 표지로 처리하는 것이 최선일 것 같다.
　　Tigrinya어에는 『목적어』를 두 개 가지는 구성이 더 있다. 그런데
여기서는 두 『목적어』 중에서 하나만 승진할 수 있다. 이것은 두 번째

『목적어』가 신체(body)의 일부를 지시하고 첫 번째 『목적어』가 유정물로 표시되는 구성이다. 유정물로 표시된 『목적어』만 승진한다:

> Məsgənna nə-Məhrät gäṣ-a ḥarimu-wa
> Mesgenna ANIM-Mehret face-3SG+FEM+POSS hit+3SG+MASC-3SG+FEM
> 'Mesgenna hit Mehret in the face'

> Məhrät bə-Məsgənna gäṣ-a tä-ḥarima
> Merhet by-Mesgenna face-3SG+FEM+POSS PASS-hit+3SG+FEM
> 'Merhet was hit in the face by Mesgenna'

(한국어에도 이와 비슷한 구성이 있다 ─ 5.6을 보라)

영어의 수동은 이들과 다르다. 아래 예들을 보라(Palmer(1987: 215ff.)):

> The daughter looked after the old man
> The old man was looked after by the daughter

능동문에서 'the old man'을 [목적어가 아닌] 전치사구의 일부로 볼 수 있을지도 모른다. 그러나 'look after'는 목적어로 'the old man'을 가지는 하나의 동사임이 확실하다. 그런 제안이 'look after'와 같은 표현에서는 그리 놀랄 만한 것이 못 된다. 이 단어는 숙어적인(idiomatic) 것이므로 이것을 의미론적으로 (또는 문법적으로) 분리된 두 단어(이를테면 '구적(phrasal) 동사')로 보아서는 안 된다. 이러한 수동은 'do away with, get rid of, put up with' 등의 숙어에서도 가능하다. 그러나 숙어적 용법으로 쓰이지 않는 '동사+전치사' 결합 [구성]이 수동화가 가능한 경우도 있다:

    This hat has been sat on
    The bed has been slept in

어떤 언어가 수동의 기제를 가진다 하더라도 모든 『목적어』/『피동주』
가 『주어』로 승진할 수 있는 것은 아니라는 사실을 끝으로 지적해둔
다. 우리는 2.2에서 한국어를 통하여 그것을 알아보았다. 한국어에서
수동화된 『주어』는 '일반적으로 「유정물」과 「자각주」'라야 한다. 이런
속성을 가지지 않는 『목적어』는 승진할 수 없다.

5.3 비핵심 항들의 승진

　『주어』로 승진하는 항은 일반적으로 『피동주』-『목적어』이다. 그
렇지만 어떤 언어에는 『목적어』보다는 오히려 비핵심 항들이 승진하
는 경우가 있다.
　때로는 『수혜주』-『여격어』가 승진하기도 한다 (이것은 이중 『목
적어』 구성의 『수혜주』가 승진되는 항이었다고 5.2에서 지적한 것과
관련이 있다). 일본어를 예로 제시한다(Song(1987:75)):

    John wa   Mary ni   hon o   atae-ta
    John TOP   Mary DAT   book ACC   give-PAST
    'John gave a book to Mary'

    Mary wa   John ni   hon o   atae-rare-ta
    Mary TOP   John DAT   book ACC   give-PASS-PAST
    'Mary was given a book by John'

일본어의 이 현상이 (위의 대당 영어 번역이 보여주는 것처럼) 영어에

도 있는지에 대해서는 6.6에서 논의할 것이다.

더 놀라운 것도 있다. 말라가시어에는 수동태도 있고 '우언'태 ('circumstantial' voice)도 있는데, 우언태는 『수혜주』-『여격어』와 『도구격어』를 다 승진시킨다. 1.4.1의 예들을 다시 제시한다(Keenan(1972: 172-3)):

Nividy   ny vary ho an'ny ankizy ny vehivavy
Bought+ACT the rice for the children the woman
'The woman bought the rice for the children'

Novidin' ny vehivavy ho an'ny ankizy ny vary
bought+PASS the woman for the children the rice
'The rice was bought by the woman for the children'

Novidianan' ny vehivavy ny vary ny ankizy
bought+CIRC the woman the rice the children
'The children were bought the rice by the woman'

Novidianan' ny vehivavy ny vary ny vola
bought+CIRC the woman the rice the money
'The money was used by the woman to buy the rice'

동사 형식이 『주어』가 『행동주』인지, 『피동주』인지, 아니면 비핵심 항인지를 보여주고 있는데, 『주어』는 문말 위치에 있다. 중추가 될 수 있다는 점에서, 승진한 『주어』('the rice', 'the children', 'the money') 역시 『주어』로서의 통사적 특성을 가진다고 할 수 있는데, 그것[『주어』로 승진한 것]들은 관계절의 머리어(head)가 될 수 있다는 점에서 그렇다. 말라가시어에서는 『주어』만 관계화가 될 수 있었음을 상기하

라 (4.1.3 참조 — 아래 예문은 4.1.3에서 보았던 것이다):

```
Ny vary  izay novidin'        ny vehivary  ho an'ny ankizy
the rice  REL bought+PASS  the woman  for the children
'The rice that was bought by the woman for the children'
```

```
Ny ankizy    izay nividianan'    ny vehivary  ny vary
the children  REL bought+CIRC   the woman   the rice
'The children for whom the rice was bought by the woman'
```

Keenan은 예를 제시하지 않았지만, 승진한 『도구격어』('the money')도 같은 방식으로 중추가 될 수 있음을 알 것이다.

　　『목적어』와 『도구격어』를 다 승진시킬 수 있는 언어는 더 있다. [위의 언어들과는] 아주 다른 언어인데 Kwakwala어(혹은 Kwakw'ala 어)(Wakashan, 콜롬비아(영국), Levin(1980:241), Anderson(1985:166)) 가 바로 그것이다. 예들은 다음과 같다 (주석은 Anderson의 것을 썼 다. NP의 접미사는 후행 NP와의 관계를 나타내고 있음을 주목하라):

```
nəp'id-i-da           gənanəm-xa  guk^w-sa      t'isəm
throw-SUBJ-ART  child-OBJ       house-INSTR  rock
'The child hit the house with a rock by throwing'
('The child threw a rock at the  house')
```

```
nəp'id-su?-i-da          guk^w-sa      gənanəm-sa  t'isəm
throw-su?-SUBJ-ART  house-INSTR  child-INSTR   rock
'The house was hit by a rock thrown by the child'
```

```
nəp'id-ayu-i-da           t'isəm xa  guk^w-sa      gənanəm
```

throw-ayu-SUBJ-ART   rock-OBJ   house-INSTR   child
The rock was what the child threw at the house'
('The rock was used for throwing at the house by the child')

말라가시어와 마찬가지로, 이 언어에도 두 가지 다른 유형의 수동이
있다. 하나는 『목적어』를 승진시키는 것이고, 다른 하나는 비핵심어들
을 승진시키는 것인데 각각 '-su?-', '-ayu'로 표시된다. 사실 Levin은
위 예문을 수동으로 해석하는 데 반대하였다. 그는 이것을 '초점'으로
해석하는 것이 더 낫다고 하였다. 물론 말라가시어의 체계와 Kwakw'-
ala어의 체계 간에는 다소 비슷한 점이 있기는 하지만, 이 구성은 전
형적인 수동의 자질을 가지고 있다. '주제격' 언어에 대해서는 6.4에서
논의할 것이다.

5.4 무인칭 수동과 '영향받음' 수동

자동사의 수동형도 여러 언어에서 볼 수 있다: 라틴어, 독일어, 네
덜란드어의 예를 다음에 제시한다:

Pugnatur   uno   tempore
fight+3SG+PRES+PASS   one+SG+ABL   time+SG+ABL
omnibus   locis   (Caes B.G. 7, 84)
all+PL+ABL   place+PL+ABL
'There is fighting at one time in all places'

Es   wurde   im Nebenzimmer   geredet
it   became   in the next room   talked
'There was talking in the next room'

Er wordt   door de jongens   gefloten   (Kirsner(1976:382))
it   becomes   by the boys   whistled
'There is whistling by the boys'

이들은 종종 '무인칭' 수동이라고 불렸던 현상이다.

그런데 이와 같은 유형의 수동은, 이른바 '행위격' 동사(3.5.4)나 Perlmutter(1978)이 말하는 '비능격'에 국한되는 것이 거의 확실하다. 비능격의 S는 「행동주」인데, 이 S가 반드시 「피동주」가 되어야 하는 '비대격'과 대조되는 개념이다. Perlmutter and Postal(1984:144)는 웨일즈어(Welsh)의 동사 'dance'를 예로 제시하면서 이 언어의 동사 'grow'는 수동화를 허용하지 않는다고 기술하였다:

Dannswyd   gan   y   plant
was danced   by   the   children
'There was dancing by the children'

*Tyfwyd   gan   y   plant   yn sydyn
was grown   by   the   children   suddenly
*'There was sudden growing by the children'

Perlmutter(1978:168-9)는 또한 네덜란드어의 가능한 예와 불가능한 예를 대조하여 제시하였다(3.5.4 참조):

In de zomer   wordt er hier   vaak   gezwommen/*verdronken
in the summer becomes it here often   swum/*drowned

수동화되는 것이 일반적으로 행위격의 자동사라는 사실을 가장 단순하게 설명한 것은 Shibatani의 제안에서 볼 수 있다(6.7 참조). Shibatani는 제안하기를, 수동화의 1차적인 기능은 (삭제를 포함하여) 행동주의 '초점 흐리기(defocusing)'라고 하였다. 일반적으로 강등, 또는 삭제되는 것은 타동사의 『행동주』-『주어』다; 자동사일 경우는 S가 비슷한 방법으로 강등, 또는 삭제되지만, 그것이 「행동주」일 때만 그렇다. 대안으로는, 행위격 동사들은 [외현적으로는] 표현되지 않은 '동족'(cognate) 『목적어』('fight a fight', 'dance a dance' 등)를 가지는데, 영어의 경우 'have a fight/a whistle/a dance/a swim'은 가능하지만, '*have a grow/a drown'은 가능하지 않다고 주장할 수도 있다; 최소한 관념적으로는, 이들 동족 목적어를 수동형의 표현되지 않은 『주어』로 여길 수 있다('A fight was fought' 등); 무인칭('it') 『주어』가 있는 구성에서 그런 주장은 얼마간의 문법적인 근거를 가지기도 한다. 그런 구성에서는 표현되지 않은 'it'(동족 목적어)이 승진한다고 할 수 있는 것이다.

무인칭 수동은 『목적어』로 표시되지 않고 비핵심 항으로 표시된 2차 항을 가지는 동사들에서도 볼 수 있다 (5.3에서도 논의하였듯이 비핵심 항은 승진되지 않는다). 아래 예에서 보듯이 라틴어의 INVIDO ('envy')는 여격이 후행하고, 대격이 후행하지 않는다. 그런데도 이 동사는 (여격 NP가 변화를 겪지 않은 상태로) 수동화될 수 있다:

invident   homines   maxime
envy+3PL+PRES+INDIC+ACT   men   most
paribus   aut   inferioribus   (Cic. *de Or.* 2, 52, 209)
equal+PL+DAT or   inferior+PL+DAT
'Men most envy their equals or inferiors'

illi,   quibus   invidetur   (Pl. *Truc.* 4, 32, 30)
this+PL+NOM   who+PL+DAT   envy+3SG+PRES+INDIC+PASS
'Those who are envied'

독일어에도 같은 현상이 있다:

> Seine   Freunde   halfen   ihm
> his   friends   helped   him+DAT
> 'His friends helped him'

> ihm   wurde   von   seinen   Freunden   geholfen
> him+DAT   became   by   his   friends   helped
> 'He was helped by his friends'

그렇지만 라틴어에는 많은 무인칭 동작 동사, 예를 들면 OPORTET ('must'), LICET('is permitted') 등이 있다. 이들은 모두 여격이 인성 NP나 유정물 NP가 될 것을 요구한다(mihi opertet/licet 'I must/am permitted') (2.5를 보라); 독일어에도 역시 무인칭 동사가 있는데 이 동사에는 여격이 후행한다 (그러나 다른 동사들에는 대격이 후행한다). [두 언어의] 무인칭 수동은 같은 유형을 가진다.

　이 [동사]들도 '동족'『목적어』('envy', 'help')를 가진다고 다시 주장할 수 있다. 말하자면 이 동사들이 우언적인 관계에 있는『간접 목적어』/『여격어』 NP와 '동족'『목적어』를 다 가지는 것으로 보는 것이다. 물론 위 예문을 'envy was felt', 'help was given'으로 번역하는 것이 가능하다는 점에서 이 주장이 전적으로 터무니없지는 않지만, 그런 주장은 덜 그럴듯해 보인다.

　아이슬란드어에도 비슷한 현상이 있는데, 어떤 동사에는 여격이 후행하고 어떤 동사에는 속격이 후행한다(Andrews(1982:466-7)):

> Þeir   björguðu   stúlkunni
> they   rescued   girl+DAT
> 'They rescued the girl'

stúlkunni   var   bjargað
girl+DAT   was   rescued
'The girl was rescued'

við   vitjðum   Òlafs
we   visited   Olaf+GEN
'We visited Olaf'

Ólafs   var   vitjað
Olaf+GEN   was   visited
'Olaf was visited'

통사적으로 볼 때, 여격 NP나 속격 NP는 수동 구성에서 중추로 기능
할 수 있다. 따라서 이들을 '여격 주어'의 또 다른 예로 처리할 수 있
다 (Andrews(1985:122), 그러나 4.3의 논의도 보라):

mér   var   hjálpað
I+DAT   was   helped
'I was helped'

min   var   vitjað
I+GEN   was   visited
'I was visited'

Ég   vonast   til   að   vera   hjálpað/vitjað
I   hope   toward   to   be   helped/visited
'I hope to be helped'

(그러나 Andrews(1982:467)도 마지막 예문은 '많은 화자들이 그 적격
성을 의심하고 있다'고 지적하였다.)

『피동주』가 『주어』 자리로 가지 않고『목적어』 자리에 그대로 남
아 있는, 타동사의 무인칭 수동을 가지는 언어도 있다. 이러한 사실은
문제를 더욱 복잡하게 만든다. 아이리시어(Irish)(Keenan(1985:275))가
그러하다:

> Bhuail   si   e
> hit   she   him
> 'She hit him'

> Buaileadh   (lei) e
> hit+IMPERS PASS   (with her) him
> 'She was hit by him'

러시아어(북부)에도 비슷한 예가 있다(Timberlake(1976:550)):

> U mena bylo   telenka   zarezano
> at me   be+SG+NEUT   calf+ACC+MASC   slaughtered+SG+NEUT
> 'The calf was slaughtered by me'

일본어의 상황은 이들과 다르다 (그러나 『주어』와 '수동'이 다 관여하
는 문제가 있다. 한편으로는 '수동' 접미사가 다양하면서도 가능한 관
련 기능을 가지기 때문이며(6.4 참조), 다른 한편으로는 두 접사 가운
데 어느 것이 『주어』를 표시하는 것이고 어느 것이 일반적으로 말하
는 '주제 표지'인지가 명확하지 않기 때문이다). 이 언어에는 아주 중
요한 구성이 있는데, 이른바 '역수동(adversity passive)'이라고 하는
것이 특히 중요하다. 역수동 구성에서는 수동 표시된 동사의 외현적인

『주어』가, 역으로 사건에 의하여 영향을 받은 사람을 가리킨다. 역수동은 자동사와 타동사에서 다 가능하다(Kuno(1973:23-4)):

> Tuma ga   sin-da
> wife NOM   die-PAST
> 'The wife died'
>
> John ga   tuma ni   sin-are-ta
> John NOM   wife by   die-PASS-PAST
> '*John was died by his wife'
>
> Mary ga   piano o   hi-ita
> Mary NOM   piano ACC   play-PAST
> 'Mary played the piano'
>
> John ga   Mary ni   piano o   hik-are-ta
> John NOM   Mary by   piano ACC   play-PASS-PAST
> '*John was adversely played the piano by Mary'

두 번째 예문과 네 번째 예문이 'His wife died', 'Mary played piano'의 역수동형인데 John이 역으로 영향을 받은 사람이다. 이 두 경우 모두, 심지어 능동형에서 『목적어』를 가지던 타동사 구성에서조차도, 수동의 『주어』는 [대당 능동형에서] 승진해 온 문법관계가 아니다. 오히려 역수동은 [능동형의 『목적어』를 승진시키지 않고] 새로운 항을 추가로 만들어 낸다 ― 마치 사동(causative)과 같은 현상이다; 이런 현상에 대한 대안은 9.6에서 제시할 것이다. 예를 더 보기로 하자 (Song(1987:76)이 참조되는데 이 책의 주석은 Song의 것과 약간 다르다 ― 전사한 것을 조금 수정하였다):

watasi ga　　doroboo ni　　zitensya o　　　nusum-are-ta
I　　NOM　　burglar DAT　　bicycle ACC　　steal-PASS-PAST
'I was subjected to a burglar stealing a bicycle from me'

John wa　　ame ni　　　hur-are-ta
John TOP　　rain DAT　　fall-PASS-PAST
'John was rained on'

수동은 약간 다르다((Song(1987:75)):

Mary wa　　John no　　kao o　　　tatai-ta
Mary TOP　　John GEN　　face ACC　　hit-PAST
'Mary hit John's face'

John wa　　Mary ni　　　kao o　　　tatak-are-ta
John TOP　　Mary DAT　　face ACC　　hit-PASS-PAST
'John was hit in the face by Mary'

여기서 『주어』로 승진한 것은 「소유주」('John's')인 것 같다. 그런데 「소유주」는 문장 내의 항이 아니다 — 즉, 문장 내의 역이나 관계가 아니다. 그렇다면 이 현상을 설명하기 위해서는 이들을 역수동으로 보는 것이 최선일 것 같다. [아무튼] 새로운 항이 만들어졌기 때문이다. Song은 이와 비슷한 구성이 한국어에도 있다고 지적하였다. 그러나 능동형에서 소유주가 속격이거나, 또는 외현적으로는 제2 목적어일 수 있다는 점이 일본어의 것과 다르다(5.2 참조):

John-ɨn　　ai-ɨi/lɨl　　　son-ɨl　　　jab-ŏssta
John-TOP　　child-GEN/ACC　　hand-ACC　　catch-PAST

'John grasped the child's hand/the child by the hand'

ai-nɨn   John-ege   son-ɨl   jab-hi-ŏssta
child-TOP John-DAT   hand-ACC   catch-PASS-PAST
'The child was subjected to John's grasping his hand'
('The child's hand was held by John'?)

여기서는 단순히 『제2 목적어』를 승진시켜서 수동형이 도출된 것으로 보인다. 그런데 『제1 목적어』('hand')는 그런 식으로 승진할 수 없다. 그러므로 앞의 예문에서 그랬던 것처럼, 이것은 역수동으로 처리하는 것이 더 단순한 설명이 될 것이다.

5.5 수동과 주제화

어순이 『주어』, 『목적어』 간의 형식적인 구별을 해 주는 유일한 척도가 되는 경우도 있다 (영어의 경우 어순이 『주어』, 『목적어』의 형식적인 구별에 매우 중요한 자질이 된다. 그리고 그 구별을 언제나 가능하게 해주는 것으로는 어순이 유일하다). 그러나 그렇다 하더라도, 어순을 바꾸는 것만으로도 수동을 표시할 수 있을 것이라고 하는 주장은 배제하는 것이 옳다. 어순을 배제하는 데는 이유가 있다. 많은 언어에서 어순은, 수동화와는 별도로 [항을] 주제화시킬 목적으로 쓰이고 있기 때문이다. 영어에서조차도, 주제화된 『목적어』는 맨 앞에 올 수 있다:

These books, I am giving away

『목적어』가 아닌 항들도 문두로의 이동이 가능한데, 심지어 NP가 아

닌 것들도 가능하다:

> Intelligent, he is not
> Yesterday, I was at home

라틴어와 현대 그리스어를 포함하는 많은 언어들에서 항들의 문장 내 위치는 비교적 자유롭다. 현대 그리스어에서 이러한 사실은 명백히 예증된다(Philippaki-Warburton(1985:113)):

> o janis filise ti maria
> ti maria filise o janis
> filise o janis ti maria
> filise ti maria o janis
> o janis ti maria filise
> ti maria o janis filise
> 'John kissed Mary'

위에서 보듯이 『주어』, 『목적어』, (동사)는 모든 가능한 순서에 다 올 수 있다. 그런데도 위 예문들은 중의성을 가지지 않는다. [어순이 바뀌어도] 『주어』, 『목적어』에 형태론적인 표지는 남기 때문이다. 그 표지는 동사와의 일치에 의한 것이지 어순에 의한 것이 아니다. [위에서 살펴 본] 영어나 그리스어의 [어순이 바뀐] 예들은 수동을 보여주는 것이 아니라 주제화를 보여주는 것이다. 주제화와 수동은 두 가지 점에서 구별이 된다: 첫째, [주제화되어도] 『목적어』가 『주어』의 문법적 표지(해당 항의 형태론과 동사와의 관계에서 나타난다)를 취하지 않는다. 둘째, 동사의 형태가 변하지 않는다. 그리스어와 영어에서 그것[주제화된 성분]은 중추가 되지 못한다는 점도 덧붙여 언급해 둔다. 그러나 이것은 주변적인(marginal) 것일 뿐 모든 언어에서 그렇지는 않다.

이를테면 4.1.1에서도 보았듯이, Lango어의 대등 구성에서 삭제를 통제하는 것은 주제화된 NP였다. 그렇지만 이 언어의 주제화는 동사에 어떤 표시도 하지 않는다. 그리고 재귀사를 통제하는 것은 다름아닌 『주어』다(4.1.4). 4.3에서 논의하였듯이 어떤 경우에도 중추가 『주어』를 확인하는 증거가 되어서는 안 된다. 따라서 중추가 수동화의 증거가 되어서는 안 된다는 것은 말할 필요도 없다. 불일치가 있는 구성의 다른 예는 Acehnese어에서 볼 수 있는데 6.2에서 논의할 것이다.

　　다소 문제가 되는 것은 Kinyarwanda어(반투, Kimenyi(1988:357-8))다. 이 언어에도 수동이 있는데, 반면에 『주어』와 『목적어』가 서로 자리를 바꾸는 기제도 있다(5.2, 5.3 참조). 그러나 『목적어』가 『주어』 자리로 가면, 그 『목적어』가 바로 동사와 일치하는 항이라는 점을 추가로 지적해 둔다:

> abagóre　ba-a-ri　　　bâ-teet-se　　　　ibíshyíimbo
> women　they-PAST-be　they-cooked-ASP　beans
> 'The women were cooking beans'

> ibíshyíimbo　by-aa-ri　　bî-teet-se　　　abagóre
> beans　　　　they-PAST-be　they-cook-se　women
> 'The beans were being cooked by the women'

동사와의 일치는 Kimenyi가 'they'로 주석을 단 접두사들에서 볼 수 있다; 첫 번째 예문에서는 이 접사들이 'woman'을 포함하는 부류에 적합하고 두 번째 예문에서는 'beans'를 포함하는 부류에 적합하다. Kimenyi는 두 번째 예문을 'The beans, the woman cooked'[주제화]로 해석하지 않고 수동으로 해석하였다. 그러나 이 예문은, 수동으로 해석하는 것보다는 주제화의 기제로 해석하는 것이 낫다. [이것을 수동으로 해석하면] Kinyarwanda어에는 [성격이] 상당히 다른 수동이 있다고 해야하는 부담을 가지기 때문이다. 그리고 더 중요한 것은, [주제화로 해석되는] 이 예문에는 예상대로 동사에 수동 표지가 없기 때문이다. 2.6에서도 언급하였듯이 또 다른 반투어인 Chichewa어의 경우 「처소역」조차도 문장의 맨 앞에 올 수 있고 동사와 일치를 한다. 유형론적으로 볼 때, 주제화된 항이 [동사와] 일치를 하는 것은 일반적인 현상이 아니다. 그렇지만 Kinyarwanda어의 이 예문들은 주제화로 보는 것이 수동으로 보는 것보다 나을 것 같다. 대안을 제시할 수도 있다. 수동과 주제화의 절대적인 구별은 어쩌면 불가능할 것이라고 하는 것이다; Kinyarwanda어의 이들 구성은, 수동 표지를 가짐에도 불구하고 수동을 더 확고히 해 줄, 동사의 수동 표지는 결여하고 있다고 하는 것이다.

　　Palauan어(오스트로네시아(서부), Foley and Van Valin(1985:316-17))는 다른 문제를 제기한다. 이 언어는 수동으로 여겨지는 것이 『행동주』와 『피동주』의 자리 바꾸기에 관여하고, 수동화된 『행동주』와 일치하는 동사에는 일련의 특정한 접두사를 붙인다 (『피동주』와의 일치가 능동형과 수동형에 다 있다. 그런데, 외현적으로는, 『행동주』와의 일치가 능동형에 없다):

　　　a 　?ad 　a mos-terir 　a 　ngalek
　　　ART 　man 　see-3PL+HUM 　ART 　child
　　　'The man saw the children'

　　　a 　ngalek 　a le-bos-terir 　　　　a 　?ad
　　　ART 　child 　PASS+3SG-see-3PL+HUM 　ART 　man
　　　'The children were seen by the man'

외현적으로는 비핵심 항조차도 승진할 수 있다:

a   ngelek-ek a sme?er   er   a   tereter
ART child-my   sick+INTR with ART   cold
'My child is sick with a cold'

a   tereter a l-se?er   er   ngiy a   ngelek-ek
ART cold   PASS+3SG-sick with 3SG ART child-my
'With a cold is being sick by my child'

(맨 마지막 예문은 'A cold is being sick with by my child'로 해석하
는 것이 낫겠다) 그런데 이 예들도 수동보다는 주제화에 더 가깝다:
『피동주』-『목적어』가 영향을 받지 않고 있으며 그것이 『주어』로 승진
하였다는 증거가 없다. 그리고 강등과 함께 일치는 일반적으로 소멸,
이루어지지 않으므로, 특정한 접두사가 『행동주』의 강등을 보여줄 수
있는지가 확실하지 않다 ─ 이 접두사의 기능은 단순히 『행동주』-『주
어』의 지위를 명시해주는 것이라고 할 수 있는데 그것[강등된 『행동
주』]이 일반적인 『주어』 자리에서 이동하였기 때문이다.
　　그런데 『피동주』를 관계화시키려면, 이 '수동'이 필요하다:

a   le-bos-terir   a   ?ad el   ngalek
ART PASS+3SG-see-3PL+HUM ART man REL child
'the children which were seen by the man'

다음과 같이 말할 수는 없다:

*a ?ad a mos-terir   el   ngalek
ART man   see-3PL+HUM REL child
'the children which the man saw'

『주어』의 관계화만 허용하는 언어에서, [『피동주』를 관계화시키기 위하여] 『피동주』-『목적어』를 『주어』로 승진시킨다는 사실은 이들을 [계속 논의해 온 것들과는 달리] 수동화의 예로 여기게 한다. 그러나 이것은 성급한 결론이다. 관계화된 항은 통사적 중추가 될 수 있는데, 4.3에서 논의하였듯이 중추가 반드시 『주어』일 필요는 없기 때문이다.

딩카어(Dinka)(나일 어족(서부), T.Andersen(1991))에는 좀 색다른 문제가 있다. 이 언어에는 두 개의 구성이 있는데 둘 다 수동의 자질을 가지고 있다. 다음의 예문들을 보라 (끽끽하는 소리(creaky voice)와 氣息音(breathy voice)[오스트로아시아 어족 등에서는 모음을 '끽끽 소리나는' 음색으로 발음할 수도 있고 氣音이 많이 섞인 음색으로 발음할 수도 있다]의 下標는 생략하였음):

màriàal à-cé   màbòor yûup   (p.278)
Marial   DECL-PREP Mabor   beat
'Marial has beaten Mabor'

màbòor à-cîi   yûup è   máriàal
Mabor   DECL-PERF+PASS   beat PREP Marial+GEN

màbòor à-cíi   máriàal   yûup
Mabor   DECL-PERF+NTS   Marial+GEN   beat

Andersen은 두 번째 예문은 수동으로 처리하였고, '비주제성 주어 (non-topical subject)'를 나타내는 'NTS'로 주석달린 세 번째 예문은 주제화로 처리하였다.

그러나 'NTS' 구성은 수동의 전형적인 세 자질을 수동과 공유한다: (i) 동사의 형태가 능동의 것과는 다르며 (조동사 성분에 표시된 音調(tone) 표지를 주목하라), (ii) 문장의 맨 앞으로 이동해 있고 수에서 동사와 일치하고 있으므로, 『피동주』는 승진한 것으로 보이며, (iii) 속격, 또는 전치사+속격 의하여 표시되어 있고 더 이상 동사와 일치를 하지 않으므로, 『행동주』는 강등된 것으로 여겨진다. 위의 예에서는 동사와 『피동주』의 일치가 보이지 않지만 아래의 예에서는 그것을 볼 수 있다:

γ ɔk   áa-kuɛɛl m   môc
cows   DECL+PL-steal+NTS   man+GEN
'The man is stealing the cows'

그러나 여기에는 세 가지 차이가 있다: (i) 수동이 되면 『행동주』만 삭제된다. (ii) 비핵심 관계 뿐만 아니라 'today' 같은 부사류들도 주제화될 수 있다 (그러나 여전히 동사와의 일치를 보인다). (iii) 주제화에는 『행동주』뒤에서 『피동주』와 동지시되는 대명사가 있을 수 있다. (ii)와 (iii)의 예를 다음에 보인다:

áakáal   à-thɛɛt   tìik
today   DECL-cook+NTS   woman
'The woman is cooking today'

γ ɔk   áa-kueén   dhɔɔk   (kê)
cows   DECL+PL-count+NTS   boy   (3pl)
'The boy is counting the cows'

('Woman'과 'boy'는 구별되는 속격 형태를 가지지 않는다)

주제 [성분]만 관계화되고 『주어』는 관계화되지 않는다. 『피동주』를 관계화시키려면, 수동이 아니라 'NTS' 구성이 필요하다는 점에서 그렇다고 할 수 있다:

mánh   cíi   jò   câam

child+AGT   PERF+NTS   dog+GEN   eat+NON-FINITE

'The child that the dog has bitten'

(Palauan어에서처럼) 관계화에 대한 여건을 충족시키기 위하여 수동으로 『피동주』를 『행동주』로 승진시키는 것과 이것은 아주 비슷한 것 같다.

　　이 절에서 다룬 문제의 구성들이 과연 수동에 의한 것일까? 이 질문은 딱 부러지게 '예/아니오'로 답할 수 있는 성질의 것이 아니다. 어떤 점에서는 수동과 같지만 오히려 다른 것으로 취급하여야 하는 것이 '주제격' 계통인데, 8.1에서 중점적으로 다루겠다.

5.6 수동의 기능

　　여러 언어들이 수동을 사용하는 데는 서로 다른 몇 가지 이유가 있다.

　　(i) 수동은 비『주어』(non-Subject)를 『주어』 자리로 승진시켜서 그것이 통사적 중추가 되도록 한다. 수동의 이런 용법은 아주 자세히 논의한 바 있다(4.6).

　　(ii) (i)과 밀접하게 관련된 것인데, 특히 대등 구성에서 중추의 용법과 함께, 비『주어』의 승진은 주제화를 위한 것이다. 아래 예들을 서로 비교해 보라:

> The child ran into the road and was hit by a car
> The child ran into the road. He was hit by a car

첫 번째 예문은 대등 구성인데 『주어』만 삭제될 수 있다는 문법적 규칙이 있다. 두 번째 예문에는 수동이 사용되었는데 이것이 'child'가 주제로 기능할 수 있도록 한다. 그러나 여기에는 『주어』만 대명사화 (pronominalize)될 수 있다는 규칙이 없다는 점에서 첫 번째 것과 다르다 — 두 번째 예문은 다음과 같이 말할 수도 있다:

The child ran into the road. A car hit him

그런데, 『주어』는 대개 주제이고 그래서 『주어』로의 승진은 새로운 주제를 제공하는 것이라고 할 수 있다면, 그리고 대등 구성에서 『주어』가 삭제되는 것은 주제로서 삭제된 것이라고 할 수 있다면, 두 자질은 더 밀접하게 관련될 수 있다 (그런데 영어에는 대등 구성의 통사론에 관여하지 않는 또 다른 주제화의 기제가 있다. 그 가운데 하나는 전절에서 논의하였다).

　　(iii) 수동은 가끔 『행동주』가 생략된 채로 사용된다. 『행동주』가 알려지지 않는 것인데, 다음 예문에서 보듯이 그것이 불특정적인 것이거나 중요하지 않을 경우에 그럴 수 있다:

He was killed in the war
They were persuaded to come

Quirk et al.(1985:166)에서도 언급한 바 있듯이, '그것[『행동주』를 생략시키는 수동의 용법]은 과학적 글쓰기나 사실 보도와 같은 목적을 가진 무인칭 문체에 더 자주 등장한다'고 하였는데, 수동의 그런 용법은 바로 이 이유 때문이다. 그리고 수동의 1차적인 기능은 『행동주』의 초점 흐리기라고 한 Shibatani의 주장과도 그 용법은 상통한다 (6.7에서 다시 논의할 것이다).

　　(iv) 어떤 언어에는 동작 동사의 『주어』로 기능할 수 있는 실체의 유형에 제약이 있기 때문에, 수동은 유정성/행동성(animacy/agency)의

관점에서 사용된다. Trithart(1979 — 4.6 참조)는 주장하기를, 반투 제
어는 인성/유정물/무정물의 등급에서 상위의 NP를 『주어』로 승진시킬
때 수동을 선호한다고 하였다. 이와는 반대로, 2.2에서 논의한 한국어
는 유정물 『주어』에 대한 강한 선호가 수동을 저지한다. 아래 예문은
Song에서 제시한 것이다:

John-in   ki sakwa-lil   mŏg-ŏssta
John-TOP   the apple-ACC   eat-PAST
'John ate the apple'

*ki sakwa-nin   John-ege   mŏg-hi-ŏssta
the apple-TOP   John-DAT   eat-PASS-PAST
'The apple was eaten by John'

『주어』에 대한 극단적인 제약과 이런 제약을 지키기 위해서 수동과
유사한 기제를 사용하는 것은 8.2에서 논의할 도치 언어에서 볼 수 있
을 것 같다.

　　Klaiman(1988)은 한국어에서 본 것은 유정성의 문제가 아니라 통
제의 문제라고 주장하였다. Song과 달리, 그녀는 한국어의 예문을 다
음과 같이 해석하였다(p.61):

kI yAca-ka   cA salamIi tIN-Il   kIlk-Assta
that woman-NOM   that man's   back+OBJ   scratch-PAST
'The woman scratched the man's back'

cA salam-Ii tIN-i   kI   yAca-eke   kIlk-hi-Assta
the man's   back-NOM that woman-by   scratch-PASS-PAST
'That man's back was scratched by the woman'

첫 번째 예문은 여자가 남자의 등을, 그 남자의 의지에 따라서 긁었다는 해석과 그 남자의 의지와 무관하게 긁었다는 해석이 다 가능하다. 반면에 두 번째 예문은 '남자가 여자에게 등을 긁도록 시켰다'[남자의 의지가 반드시 개입함]는 의미로만 해석된다. 이러한 점에서 그 남자는 행위를 통제하고 있는 셈이다. 그런데 행동성, 통제, 유정성은 인식적으로 매우 밀접하게 관련된 개념들이며 이들 모두나 일부가 가끔 [수동에] 관여할 수 있다.

5.7 여러 가지 수동형

영어와 여러 언어들이 하나 이상의 수동을 가진다고 할 수 있다. 이들 가운데서 하나만이 '진짜(true)' 수동이다:

They were married on the Saturday
They were married for many years

두 번째 예문은 상태(stative) 수동인데, '그들이 결혼한 상태로 있었다'는 의미를 표현하고 있다. Nedjalkov and Jaxontov(1988:47)이 주장하였듯이 'was shut'도 유사한 차이를 보인다:

When I came at five, the door was shut, but I do not
know when it was shut.

러시아어('byl zakryt')와 영어는 상태 수동과 '진짜' 수동에 같은 형태를 사용한다. 그러나 독일어는 상태 수동에는 SEIN 'to be'을 사용하고 '진짜' 수동에는 WERDEN 'to become'을 사용한다. 영어 예문에 대한

독일어 번역문에서 그것을 확인할 수 있다:

> Als ich um fünf kam, war die Tür geschlossen, aber ich
> weiss nicht, wann sie geschlossen wurde.

Beedham(1982:45)는 '수동문은 사건의 발생과 그 사건으로부터 야기된 상태를 모두 묘사한다(portray)'고 하였는데, P.K. Andersen(1991: 92-5)은 이를 인용하여 영어의 수동은 '수동'이 아니라 '목적성 결과태(objective resultative)'라고 하였다. 이 주장이 성립하기 어려운 것은, '결과 상태(resulting state)'의 관점에서는 영어의 능동형과 수동형이 차이가 없다는 것이다. X가 Y를 살해하였든 Y가 살해되었든, Y가 죽었다는 점에서 두 사건은 동일하다. Andersen은 주장하기를, 결과 상태는 단순히 행위가 있는 사건의 논리적 귀결이지만 그것이 수동, 즉 수동 분사에 의하여 형식적으로 표현된다고 하였다. 그러나 그런 주장은 형식에서 의미까지를 추정한 것으로서 매우 잘못된 추정일 가능성이 있다. 수동 형식은 상태 개념의 지시를 (역사적인 이유로) 포함하는 반면, 능동 형식은 그럴 수 없다는 것은 사실일 수 있다. 그러나 이런 관점에서, 그것이 (a) 능동과 수동이 그 의미에서 다르다거나 (b) 영어의 수동이 다른 언어의 수동과 다르다는 것을 의미하지는 않는다. Beedham(1982:91)을 인용한 Andersen(1991:102)는 그런 추정이 얼마나 잘못된 것인지를 보여준다. Beedham(1982:91)은 'The house was painted by John'이 의미상 'John painted the house'보다 'John has painted the house'에 더 가까운데 그것은 이들 두 문장[첫 번째 것과 세 번째 것]이 '가장 중요한 의미론적 자질, 즉 동작과 상태에 대한 자질을 공유하고 있기' 때문이라고 하였다. 이것이 잘못이라는 것은 간단히 알 수 있다: 이들 두 문장이 분사의 형식 자질을 공유하기는 한다. 그러나 의미론적으로 'was painted'는 'painted'에 대응되는데 'has painted'의 수동[형]은 'has been painted'이다. 현대 영어에서 수

동형과 완료형은 둘 다 문법적인 숙어(idiom)다. 그리고 이들의 의미
는 별도의 의미론적 근거없이 이들의 구성 부문(component part)에서
직접 도출될 수 없을 것 같다.

독일어의 상황은 더 확실한 것 같다. 상태는 'the door 'was'
shut'이라고 말하는 것처럼 보이는 데 반하여, 수동은 'the door
'became' shut'이라고 말한다. 이것이 단순히 의미하는 바는 이 구성이
영어의 구성보다 더 명백하고 덜 숙어적이라는 것이다. 그러나 형식
자질이 의미를 지시하는 데 쓰인다고 한다면, 어떻게 해서 영어에는
두 개의 다른 의미에 하나의 형식이 쓰이는지를 이해하기 어렵다. 영
어와 독일어의 예들이 보여주는 것은, 한 언어가 둘 이상의 수동(이
경우에는 '진짜' 수동과 상태 수동)을 가질 수 있다는 것이다. 나아가
그런 수동이, 영어에서는 같은 구성으로, 그리고 독일어에서는 다른
구성으로 표현될 수 있다는 것이다.

종종 수동의 의미 가운데 하나로 여겨진 것이 있는데 '가능법
(potential)'이 바로 그것이다. Shibatani(1985:828)의 힌디어는 자동사의
무인칭 수동을 보여준다:

```
larke   se     cal-aa      nahĩĩ   ga-yaa
boy     INSTR  walk-PCPL   not     PASS-PAST
'The boy could not walk'
```

Haspelmath(1990:33)은 다음의 예를 더 제시하였다:

```
(Kanuri) hâm-ŋin 'I lift up'    háp-tè-skin 'I am liftable'
(Mwera) com-a   'read'          com-ek-a   'be readable'
```

Shibatani도 터키어(Turkish)의 예를 더 제시하였다:

Çvap   yaz-mak için kâğit-la   kalem kullan-il-ir
answer   write-INF for paper-and pen   use-PASS-PRES
'Paper and pencil may be used to write the answer'

그러나 이것은 아마도, 다른 유형의 수동이 아니라 수동의 함축적인
용법인 것으로 여겨진다; 영어에서도 'Paper and pencil are used to
write answer(답안 작성을 위해서 종이와 연필을 사용할 수 있습니다
[가능법적 의미])'는 허가로 이해할 수 있다. 또한 Shibatani는 '가능법'
수동의 예로 스페인어와 러시아어의 일부 재귀사 구성과 일본어의 예
를 들었다. 그러나 이것들을 여기서는 논의하지 않겠다. 일본어의 예
는 별도로 살펴볼 필요가 있고(6.4), 재귀사 구성은 수동과도 밀접하게
관련되어 있으므로 여기서 논의해야 하겠지만, 별도로 상세히 논의하
겠다(6.1).
　　수동의 다른 가능한 유형으로는 '自發(spontaneous)' 수동이 있다.
Keenan(1985:252-3)은 말라가시어(마다가스카르)의 수동 유형 세 가지
를 제시하였다:

a-tsanga-ko   ny lai
PASS-put up-by me   the tent
'The tent is put up by me'

voa-tsangana   ny   lai
PASS-put up   the tent
'The tent is put up'

tafa-tsangana   ny   lai
PASS-put up   the tent
'The tent is put up'

첫 번째 예문은 '능동형을 바꿔 쓰기한(paraphrastic with the active)', 즉 고유한 의미의 수동이다. 반면에 두 번째 예문은 '확실히 완료상'이다. 그러므로 아마도 상태 수동 정도가 될 듯하다. 그런데 세 번째 예문은 '텐트를 치는 것이 거의 자발적이다;『행동주』의 의식적인 행위는 중시되지 않고(down-played) 있다'는 의미를 가진다. Shibatani도 스페인어, 러시아어, 케추아어(Quechua)의 재귀사로써 자발성을 주장한 바 있다(6.1 참조).

   이론 내적으로는 모든 종류의 상적 의미와 다른 유형의 의미가 형식적-의미적으로 수동과 관련되어 있다. 이러한 일련의 수동은 Keenan(1985:268, 출판되지 않은 필사본에서 인용)이 Kampampangan 어(말레이폴리네시아 어족(Malayo-Polynesian), 필리핀)의 예로써 제시하였다. 이 언어에는 세 개의 접사가 있는데 각각 기동(inceptive), 진행(progressive), 과거 완료(PAST perfective) 수동을 표현한다 (이런 차이는 능동형에서는 보이지 않는다); 이것은 수동에 대한 분석과 직접적으로 관련되지는 않는다. 다소 우언적인 것이기는 하지만 더 중요한 것이 있다. 수동을 표현하기 위하여 여러 가지 다른 동사들을 사용하는 언어가 있는데, 이것이 미묘한 의미 차이를 수반한다는 사실이다. Keenan(1985:260-1)이 제시한 베트남어(Vietnamese)를 보자:

Quang   bi   (Bao)   ghet
Quang   suffer (Bao)   detest
'Quang is detested (by Bao)'

Quang   duoc   Bao   thuong
Quang   'enjoy' Bao   love
'Quang is loved by Bao'

수동 형태소의 주요 용법에 대한 목록과 그 형태소가 분포하는 언어는

Haspelmath(1990:36)에 제시되어 있다. 그는 '수동', '상호사(reciprocal)', '재귀사', '반사동', '수동', '잠재(potential) 수동', 'fientive' 등도 논의하고 있다.

수동 : 관련 구성들과 문제들

전 장에서는 가장 전형적인 수동형들을 살펴보았다; 여기서는 수동 관련 구성들을 살펴보기로 하자.

6.1 수동인 재귀형과 不定形

재귀사 구성, 즉 『목적어』가 재귀 대명사로서 『주어』와 동일한 것으로 지시되는 구성은 여러 언어에서 볼 수 있다. 영어의 'wash oneself', 이에 해당하는 불어의 'se laver', 러시아어의 'myt′s′a' 등이 그 예다.

여러 언어에서 이와 같은 구성은 수동으로도 사용된다. 예를 들어 러시아어의 수동형은, 완료상일 경우 동사에 계사(copula)(동사 'to be')를 붙여 만들어지는데, 명령문에서는 동사에 재귀 형식을 사용하여 만들어진다(Siewerska(1985:247)):

kalitka   byla otkryta   Olegom
gate+NOM   was open+PERF+PAST PART Oleg+INSTR
'The gate was opened by Oleg'

> kalitka   otkrylas'   Olegom
> gate+NOM   opened+IMPERF+REFL   Oleg+INSTR
> 'The gate was being opened by Oleg'

두 예문에서 『목적어』는 모두 『주어』로 승진하였다. 따라서 그 『목적어』가 형태론과 동사와의 일치에 의하여 [『주어』로] 표시된다. 반면에 원래의 『주어』는 『도구격어』로 강등되었다.

재귀사[또는 재귀 형식, 아래의 논의를 계속 보라]가 수동을 표시하는 기능은 로맨스(Romance) 제어에서도 볼 수 있다 (물론 이들 언어에도 계사에 의하여 만들어지는 수동이 있다). 스페인어와 이탈리아어를 보자:

> se   curó   a   los   brujos
> REFL   cured+SG   to   the+PL   sorcerers+PL
> 'The sorcerers were cured'

> si   comprano   due   penne
> REFL   buy+3PL   two   pens
> 'Two pens are bought'

그런데 러시아어의 것들과는 달리, 이들은 일반적으로 『행동주』와 같이 출현하지 않는다. 이탈리아어의 예를 보자(Lepschy and Lepschy (1977:213)). 아래 예문은 적격하다 (그러나 썩 좋지는 않다):

> Questo   giornale   is   legge   ogni   mattina
> This   newspaper   REFL   read+3SG+PRES   each   morning
> da   moltissima   gente
> by   very many   people

'This paper is read every morning by lots of people'

여기에도 역시 재귀사가 있는데, [앞의 것과는] 약간 다르게 '중성적 (neuter)' 기능으로 사용되면서, 『주어』인 『피동주』와 함께 타동사로부 터 자동사를 산출해 내고 있다 ('중성'이라는 용어는 전통적으로 동음 이의적 자·타동사 'break', 'open' 등의 자동사 부분을 이른다). 이 용법 은 행동주가 없는 수동[전 장에서 논의한 무인칭 수동]과도 다른데, 단순히 『행동주』가 없다는 점만이 아니라 행동성이 아예 함의되지 않 는다는 점에서 그렇다고 할 수 있다. 그리고 이것은 Shibatani(1985: 827)이 말한 '자발적 출현(spontaneous occurance)'을 이른다(6.4 참조). Shibatani는 스페인어, 불어, 러시아어, 케추아어를 예로 제시하였다:

se   abrió   la   puerta
REFL   opened+3SG   the   door
'the door opened'

La   porte   s'est   ouverte
the   door   REFL+is   opened
'the door opened'

Lekcija   načalas'
lecture   began+REFL
'The lecture began'

Pingu-kuna-ka   paska-ri-rka
door-PL-TOP   open-REFL-PAST+3
'the doors opened'

(이러한 구성들을 때로는 중간 수동, 반사동(anticausative)이라고도 한
다(Zubizarreta(1985:259))

그런데 같은 구성이 때로는 부정사(indefinite) 구성으로 여겨지기
도 한다. 재귀 대명사가 『목적어』가 아니라 『주어』로 행동하며 '누군
가(someone)'의 의미를 가진다. 폴란드어(Polish)를 보자 (Siewerska
(1988:262)):

> owe przesądy   dzisiaj inaczej   się interpretuje
> these prejudices+ACC today differently REFL interpret
> 'these prejudices are   interpreted differently today'

여기서 'these prejudice'는 (대격을 가지고 있으며 동사와의 일치를 보
이지 않는다는 점에서) 『목적어』로 처리해야 하는데, 반면에 『주어』는
단수 무인칭 'one'이다. 더 원문에 가깝게 직역하면 'One interprets
these prejudices difficultly today' 정도가 된다. 이것은 앞에서 본 러
시아어의 예와 대조가 되는데 체코어(Czech)와도 대조가 된다(Siewer-
ska(1988:246)):

> zivne   latky   se   pobleuji   filtrem
> nutritive   substances+NOM   REFL absorb+3PL   filter+INSTR
> 'Nutritive substances are absorbed by filter'

여기서는 'nutritive substance'가 『주어』인데, 3인칭 복수인 동사와 일
치를 보인다.

스페인어에는 두 유형의 구성이 나란히 제시되었다(Shibatani(19
85:826)):

> se   curó   a   los   brujos

REFL cured+3SG to the+PL sorcerers+PL

'The sorcerers were cured'

se   curaron   los   brujos
REFL cured+3PL   the+PL sorcerers+PL

'The sorcerers were cured'

이들을 직역하면 각각 'One cures the sorcerers', 'The sorcerers cured themselves' 정도가 될 것이다.

비슷한 구성을 이탈리아어에서도 볼 수 있다(Lepschy and Lepschy (1977:214-16)):

si   compra   due   penne
REFL buy+3SG   two   pens

'One buys two pens'

si   comprano   due   penne
REFL buy+3PL   two   pens

'One buys two pens'

Lepschy and Lepschy는 이 구성의 '수동' 용법과 '부정' 용법을 구별하고 있다. 그래서 (『주어』로 재귀사와 『피동주』를 가지는) 두 구성 모두 부정 용법을 가질 수 있지만 『주어』로 재귀사를 가지는 구성은 덜 일반적이라고 하였다. 의심할 여지없이, 두 구성이 항상 구별되는 것은 아니다: 동사가 단수이면 두 구성 중에서 어느 것인지를 알 수 없게 된다:

si   compra   una   penna

```
REFL    buy+3SG    a      pen
'One buys a pens'
```

'si'와 'una penna' 중 어느 것이 『주어』인지를 알 수 있게 해주는 문법적인 장치는 없다. 이탈리아어와 그 밖의 로맨스 제어에 대한 상세한 논의는 Cinque(1988)을 참조하라.

또 다른 유형의 혼재형(blending)을 케추아어(Shibatani(1985:845))에서 볼 수 있다:

```
runtu-kuna       caya-ku-sa-n
egg-PL+NOM       cook-REFL-CONT-3SG
'Eggs are being cooked/Eggs are cooking'
```

여기서는 『피동주』가 주격을 할당받고 있으며 동사가 재귀사로 표시되어 있다. 그래서 일견 『피동주』가 (재귀사) 수동의 『주어』인 것처럼 보인다. 그러나 동사가 3인칭 단수인 관계로 반드시 무인칭이어야 하는 『주어』와 일치를 하지 않는다. 이것은 5.4에서 논의한 아이리시어와 러시아어(북부)의 무인칭 수동과 비슷하다. 그런데 이들 언어에서는 『피동주』가 무인칭 동사의 『목적어』인 것이 형태론적으로 표시된다.

5.7에서 살펴보았듯이 재귀사도 수동처럼 가능법의 의미로 쓰일 수 있다(Shibatani(1985:828)). 러시아어를 보자:

```
Detjam    ne    spitsja
children  not   sleep
'The children could not sleep'
```

이들 외에도 재귀사와 유사한(reflexive-like) 구성은 더 있는데, 6.3에서 다시 논의할 것이다.

6.2 수동과 비슷한 구성들

많은 언어에서 『주어』로 부정형 'they'나 'he'/'one' 등을 사용하여 『행동주』없는 수동과 비슷한 의미를 표현한다. 그 의미를 엄격히 따지지 않으면, 영어의 'they say……'와 'It is said that……'은 의미가 같다. Foley and Van Valin(1985:334)이 제시한 Lakhota어(북아메리카)도 비슷한 데가 있다:

> Mathó   ki   ø-kté-pi
> bear   the   3SG-kill-3PL
> 'They killed the bear'/'The bear was killed'

그런데 어떤 언어에는 이것과 아주 비슷한 구성이 있는데, 그 구성은 비핵심적인 것으로 표시된 『행동주』가 덧붙는다는 점에서 수동으로 처리되었다: Kimbundu어(반투, Givón(1979:211))와 Truki어(Trukic) (미크로네시아, Jacobs(1976:121))를 보자 (둘 다 Shibatani(1985:845)에서 인용한 것이다):

> Nzua   a-mu-mono   kwa   mame
> John   they-him-saw   by   me
> 'John was seen by me'

> Waan   re-liila-ø   ree-i
> John   they-him-killed by-me
> 'John was killed by me'

이들은 아이누어(Ainu)(일본, Shibatani(1985:823-4))와 아주 조금만 다르다. 아이누어에는 'we'의 여러 형태들(자동사일 때는 '-an', 타동사일 때는 '-a')이 부정사로 (또는 부정사와 같은 것으로) 사용된다. 아래 예들을 서로 비교해 보라:

> Itak-an
> speak-1PL
> 'We speak'

> Tampe   a-e-kore
> this   1PL-2SG-give
> 'We give you this'

> Tepeka   paye-an   yak   Sat   ta   paye-an
> here   go-INDEF   if   Saru   to   go-INDEF
> 'If one goes there, one goes to Saru'

같은 형태들이 Shibatani의 이른바 '자발' 구성에 사용된다:

> Pirka   hawe   a-nu
> beautiful   voice   SPON-hear
> 'A beautiful voice is heard'

이들은 Shibatani가 단순히 '수동'이라고 기술한 예에서도 보인다:

> kamui   umma   raike
> bear   horse   kill
> 'A bear killed a horse'

umma   kamui   orowa   a-raike
horse   bear   from   PASS-kill
'A horse was killed by a bear'

Shibatani는 이들이 정말로 수동인지를 검토하였다. 『행동주』가 강등된 것처럼 보인다. 그러나 『피동주』가 『주어』가 되었다는 증거는 오로지 그것의 문장 내의 위치에서만 찾을 수 있다. 그렇지만, 아래의 고대 아이누어에서 보듯이, 『피동주』는 동사에서 『목적어』(『주어』가 아님)로 표시되고 있다:

kamui   kat   chasi   upshorirke   a-i-o-reshu
god   build   castle   inside   PASS-1SG+OBJ-in-raise
'I was raised in a god-built castle'

이렇게 볼 때, 고대 아이누어가 Kimbundu어나 Truki어와 매우 비슷하다는 것은 확실한 것 같다: 『행동주』를 비핵심적인 것으로 표시한다는 점에서 수동인 것으로 여겨지는, 부정사 『주어』를 가진 구성이 있다.

     더 문제가 되는 것은, 단순히 수동으로 기술되지만 『행동주』가 『목적어』와 관계를 가진 채 남아 있는 구성이다. Shibatani(1985:834)가 모하비어(Mojave)(아리조나/캘리포니아, Munro(1976:241))를 인용, 예를 제시하였다:

ny-tapiʔipay-ch-m
me-save-PASS-TNS
'I was saved'

그는 또한 Givón(1979:192)를 인용, 유티어(Ute)(미국(남서부))를 예로

제시하였다. Givón의 예를 보라. 이들은 한 쌍으로 되어 있다.:

    ta'wóci   tųpųyci   tiráabi-kya
    man+SUBJ   rock+OBJ   throw-PASS-PAST
    'The man threw the rock'

    tųpųyci   tiráabi-ta-xa
    rock+OBJ   throw-PASS-PAST
    'The rock was thrown'

그러나 적어도 유티어의 이 예들만큼은 부정사 『주어』를 가지는 구성
으로 처리하는 것이 더 합리적인 것 같다. Givón(1988:419-20)은 유티
어의 수동으로 『행동주』가 생략되고 동사가 표시된 구성을 제시하였
다:

    ta'wá-cį   sivą́ątu-ci   pax̂a-x̂a
    man-SUBJ   goat-OBJ   kill-ANT   [ANTerior]
    'The man killed the goat'

    sivą́ątu-ci   pax̂a-ta-x̂a
    goat-OBJ   kill-PASS-ANT
    'The goat was killed'/'Someone killed the goat'

그런데 위의 두 구성에서 『행동주』는 동사의 복수 접미사에 의하여
복수로 표시될 수 있다:

    táata'wa-ci-u   sivą́ątu-ci   pax̂a-x̂a-qa
    men-SUBJ-PL   goat-OBJ   kill-PL-ANT

'The men killed the goat'

sivą́ą̨tu-ci   pa̱x̂a-ta-x̂a
goat-OBJ   kill-PL-PASS-ANT
'The goat was killed (by some unspecified persons)'
/'Some persons killed the goat'

이러한 사실은, 이들 예문이 수동이 아니라 부정사, 또는 명시되지 않은 단수나 복수의 『행동주』('someone', 'they'/'some person')가 있는 능동형이며, '수동' 표지처럼 보이는 것이 사실은 '부정' 표지라는 것을 확실히 보여준다. Givón은 다양한 구성이 '수동화'될 수 있다고 기술하였다:

kaní-naag̱a̱   tu̱ká-ta-x̂a
house-in   eat-PASS-ANT
'Someone ate in the house'

tu̱u̱-tu̱ká-ta-x̂a
well-eat-PASS-ANT
'Someone ate well'

이들 역시 수동으로 해석하기보다는 부정사 『주어』를 가지는 구성으로 해석하는 것이 더 편하다.

수동으로 처리되어 온 구성은 Acehnese어(수마트라(북부), Lawler (1977:225), Durie(1988:104-5). 전사와 주석은 Durie의 것을 따랐다)에서도 볼 수 있다:

gopnyan ka   geu-côm lôn

she   INCH   3+kiss   I   [INCHOative]
'She kissed me'

lôn   ka   geu-côm   lé-gopnyan
I   INCH   3+kiss   lé-she
'I was kissed by her'

'le-'를 'by' 같은 전치사로 볼 수 있으면 이 구성을 수동과 유사한 구성 가운데 하나로 처리할 수 있을 것이다. 그러나 그렇게 본다면 이 구성은 단지 어순을 바꾸어서 수동을 표시하고 있다고 해야 한다. 그런데 어순 바꾸기는 주제화로 볼 수 있다. Durie는 논의하기를, 접두사 'le-'는 『행동주』가 동사에 후행할 때 쓰이는 '능격 표지'일 뿐이라고 하였다.

중국어(Chinese)의 잠정(putative) 수동은 또 다른 문제를 제기한다. 이 언어의 잠정 수동은, 『주어』와 『목적어』의 자리를 바꾸고 『주어』에 (전치사로 표시된) 우언적인 지위를 부여, 강등시킴으로써 표시된다. 예는 다음과 같다(Hashimoto(1988:330)):

ta   bei   taita   kanjian
he   BEI   wife   see
'He is seen by his wife'

'bei'를 영어의 'by'와 같은 것으로 처리해 버리면 동사와 관련된 수동 표지는 없게 된다. 그러나 Hashimoto는 공시적/통시적 근거를 들어 'bei'가 전치사가 아니라 수동 표지라고 하였다. 그렇다면 이 구성에는 수동 표시가 있다고 할 수 밖에 없다. 그러나 여기서 『주어』를 강등시키는 표지는 어순 뿐이다. 어떻게 보더라도 이 구성은 특이하다. 그러나 이 구성은 주제화보다는 수동에 더 가깝다.

　　고대 그리스어에는 약간 다른 것이 있다. 형태와 상관없이 자동사와 동작 동사인 소수의 동사들이, 의미론적으로나 (어떤 점에서는) 문법적으로나 수동으로 기능하는 것처럼 보인다(P.K. Andersen(1991:37, 79) 참조). 이들 동사가 쓰이면 「피동주」가 『주어』다. 그러나 「행동주」는 수동에서 『행동주』를 표시하는 데 쓰였던 전치사에 의하여 표시된다 (수동에서 『행동주』는 전치사 HYPO＋속격에 의하여 표시되었다). APOTHNE:ISKO: 'die'는 가끔 APOKTEINO: 'kill'의 수동형을 대신하여 쓰인다 (이 용법은 고대 그리스어의 수동으로는 일반적인 것이 아니다):

apéthane . . .　　　　hypó　　Sámbullou
die＋3SG＋AOR(ACT)　　by　　　Sambullou＋GEN＋SING
andrós　　　　　Geló:iou　　　　　　　(Herod. 7.154)
man＋GEN＋SING　　Geloan＋GEN＋SING
'He was killed by Sambullos, a Geloan man'

이와 비슷한 방식으로 기능하는 동사들로는 PIPTO: 'fall'과 PHEUGO: 'flee'('be exiled')가 있다:

hyp'　Atreíde:i　　　　　　　　　Agamémnoni
by　　son of Atreus＋GEN＋SING　Agamemnon＋GEN＋SING
pípte　　　　　　　　kárena　　　　　　(Hom. *Il.* 11.158)
fell＋3SG＋IMPERF(ACT)　heads
'Heads fell(were made to fall) by Agamemnon, the son of Atreus'

ek　Náxou　éphugon　　　　　ándres　tó:n　　pachéo:n
from　Naxos　flee＋3PL＋AOR(ACT)　men　of the　rich
hypó　tóu　　　　dé:mou　　　　　　　　(Herod. 5.30)

by   the+GEN+SING   people+GEN+SING
'Men from among the rich were exiled from Naxos by
the people'

6.3 중간태

5.1에서 논의하였듯이 형태론적 수동은 여러 언어에서 볼 수 있
다. 그와 같은 수동은 능동과 수동이라는 2항 태(two-term voice) 체
계에 속하지만, 어떤 언어에는 '중간'태('middle' voice)라는 것도 있다
고 논의되어 왔다; [중간태로] 가장 유명한 언어는 고대 그리스어와
산스크리트어다. 중간태는 [수동태와 마찬가지로] 형태론적으로 능동
태와 대조를 이루지만, 수동태와 달리 문법역의 강등과 승진에 관여하
지 않는다. 따라서 중간태는 이 책의 핵심 과제라고 할 수 없으며 상
세히 다루지는 않을 것이다. 그렇지만 중간태를 어느 정도는 살펴볼
필요가 있다. 6.1의 재귀사가 능동(과 수동)에 관여한 것과 같은 방식
으로, 중간태가 능동(과 수동)에 관여하기 때문이다 (상세한 논의는
Klaiman(1991)의 1장과 2장을 보라. 앞으로 논의할 [중간태 관련] 예
들 가운데 상당수는 여기서 가져왔다. Klaiman은 '역-재사상'이 이루
어지지 않는 이런 유형의 태를 '기본적인(basic)' 태라고 하였는데, 수
동과 같은 [역-재사상이 이루어지는] 도출성(derived) 태와 비교·대조
하여 그것이 더 기본적이라고 한 것이다. 그러나 이 용어는 조금 잘못
된 것이다. [수동태와 중간태] 둘 중에 어느 것이 더 기본적인지 알
수 없기 때문이다).
  "'행동(action)"과 "상태(state)"가 동사의 주어나 주어의 관심사에
영향을 미치는' 함축의 관점에서, Lyons(1968:373)은 중간태의 기능을
기술한 바 있다. 한편 Klaiman(1991:92)는 '……주어에 중대한 결과를
초래하는 상황'의 관점에서 그것을 기술하였다. 중간태의 성격이 이렇

듯 애매하게 규정되는 것은 충분히 예견할 수 있었다. 중간태에는 굉장히 다양한 의미가 포함될 수 있기 때문에 그 의미 규정이 모호해질 수 밖에 없었던 것이다.

[이렇듯 중간태의 성격은 규정하기 어렵지만 중간태에 대하여] 확실히 말할 수 있는 것도 있다. 『주어』로 표현된 실체가 『주어』 자신에게 어떤 일을 하는 행위나(재귀적), (가끔 타동적으로) 자신을 위하여 어떤 일을 하는 행위를 지시하기 위하여, 중간태가 사용된다는 것이 바로 그것이다. 산스크리트어를 보자:

> Devadattaḥ   kaṭaṃ   karoti
> Devadattah+NOM   mat+ACC   makes+ACT
> 'Devadattah makes a mat'

> Devadattaḥ   kaṭaṃ   kurute
> Devadattah+NOM   mat+ACC   makes+MID
> 'Devadattah makes a mat for himself'

그런데 이와 같은 (즉 자신에게 또는 자신을 위하여 어떤 일을 하는 행위를 표현하는) 중간태의 여러 용법이 그리스어에서는 서로 구별된다:

> loúomai   'I wash myself'
> louómetha   'We wash one another'
> porízimai khré:mata   'I get myself money'
> paratíthemai deípnon   'I have a meal served to me'

첫 번째 예는 재귀사, 두 번째 것은 상호사, 세 번째 것은 '간접(indirect)' 재귀사, 네 번째 것은 사동 간접 재귀사의 용법으로 볼 수 있다. 더욱이 중간태는 수동으로도 쓰일 수 있다. 그리스어에는 형태론적으로 구별되는 수동 시제는 둘 밖에 없는데, 그 밖의 수동 시제에서는 중간태가 수동으로 사용된다.

　　위의 두 언어에서 『주어』의 신체 일부가 행동에 영향을 받을 경우에도 중간태가 쓰인다:

(산스크리트어)　āhati　　　　śiraṃ

　　　　　　　　　he hits+MID　head+ACC

　　　　　　　　　'He hits his own head'

(그리스어)　eplé:ksato　té:n　　　kephalé:n　(Herod. 3.14.7)

　　　　　　　struck+3SG　the+ACC　head+ACC

　　　　　　　'He struck himself on the head'

그리스어 예문은 '슬픔으로 자신의 머리를 때린다'는 뜻이다. 동사 TYPTO: 'beat'와 KOPTO: 'strike'는 비슷한 용법으로 쓰이는데, 중간태일 경우 이들은 '자신의 가슴을 치며 한탄하다(strike one's breast and, therefore, mourn)'라는 뜻을 가진다는 점에서 그렇다고 할 수 있다; 그런 뜻으로 쓰이면 'TYPTO:'는 한탄한 사람을 지시하는 『목적어』를 실제로 가질 수 있다:

týptontai . . .　　　　　pántes　　　　　kai

beat+3PL+PRES+MID　all+MASC+NOM+PL　and

pásai . . . ;　　　　　tón　　　　　　de

all+FEM+NOM+PL　who+MASC+ACC+SG　but

týptontai,　　　　　oú　moi　hósion　esti　légein

beat+3PL+PRES+MID　not to me permitted　is　to tell

　　　　　　　　　　　　　　　　　(Herod. 2.61.1)

'All the men and women mourn, but it is not permitted
for me to say who they mourn'

[그리스어의 것과는] 약간 다르게, 산스크리트어의 중간태는 중성으로
쓰인다(6.2 참조):

so   namati   daṇḍam
he+NOM   bends+ACC   stick–ACC
'He bends the stick'

namate   daṇḍaḥ
bends+MID   stick+NOM
'The stick bends'

그런데 중간태의 어떤 용법은 이들과 제법 많이 다르다. Klaiman(1991
:91)은 기술하기를, 그리스어와 산스크리트어의 어떤 동사는 목적어가
주어의 '세력권(sphere)'에 가까워지거나 멀어지는 경우에 중간태로 쓰
인다고 하였다:

그리스어 kalepóːs lambánesthaí   tinos   (Herod. 2.141.4)
         roughly   take+MID+INF   some-one+GEN
         'To lay rough hands on someone'

산스크리트어 vikrīṇīte
             sells+3SG+MID
             'He sells (disposes of by sale) something'

이에 더하여 중간태가 어휘적인 기능을 하는 경우도 있다. 어떤 동사

(이른바 '異態(deponent)' 동사나 중간태로만 쓰이는(middle-only) 동
사)들은 능동형이 없이 중간태로만 쓰이기 때문이다:

그리스어	HÉPOMAI	'follow'
	OÍOMAI	'think'
	BOÚLOMAI	'wish'
	HALLOMAI	'jump'
산스크리트어	LABH-	'receive
	ĀS-	'eat'
	KSAM-	'endure'

Klaiman(1991:100)은 제안하기를, '유정물인 논리적 주어에 대한 통제
를 전제하는, 물리적이고 정신적인 태도와 기질'을 이들 동사가 표현
하는데, 이것이야말로 이들의 용법이 다른 중간태와 일치하도록 해준
다고 하였다. 그러나 Klaiman도, 의미적으로 조금만 다른, 능동태로만
쓰이는(active-only) 동사와 중간태로만 쓰이는 동사의 쌍이 있음을
인정하였다 (그 의미 차이는 아래의 예에서 볼 수 있는데, 바로 앞의
그리스어 예들과 비교해 보라):

그리스어	ETHÉLO:	'wish
	PE:DÁO:	'leap'

라틴어는 형태론적 중간태가 없는데도 불구하고, 수동에만 쓰이면서
능동의 의미를 가지는 '이태' 동사가 있다는 사실을 지적해 둔다:

POTIOR	'obtain'

SEQUOR 'follow'

더 놀라운 것도 있다. 그리스어의 어떤 동사는 현재 시제에서는 형태론적으로 능동태지만 미래 시제에서는 중간태인 것 같다는 점이다:

horó:	'I see'
ópsomai	'I shall see'
dákno:	'I bite'
dé:ksomai	'I shall bite'

어떤 종류의 신체적 동작을 표현하는 대부분의 동사, 또는 모든 동사에서, 이것은 사실인 것 같다. Klaiman은 이러한 사실이 중간태와 '양태의 시간 형식적 의미론(temporomodal semantics of modality)' 간의 근친성을 보여준다고 하였다. 어떻게 이것이 중간태의 다른 기능과 근친 관계를 맺고 있는지는 정확히 알기 어렵다.

   Klaiman은 Fula어(아프리카(서부))도 꽤 자세히 검토하였는데, 그리스어나 산스크리트어와 직접적인 관계는 없지만, 그리스어와 산스크리트어에 필적할 만한 것이 이 언어에 있으므로 중요하게 다루어야 한다. 이 언어는 능동태-중간태-수동태 유형이 3가지 방식으로 대조를 보인다(Arnott(1956:130)):

'o   ɓorn-il   mo   ŋgapalkewol
he   dress-PAST+ACT   him   gown
'He dressed him in a gown'

'o   ɓorn-ake   ŋgapalkewol
he   dress-PAST+MID   gown

'He put on a gown'

'o   ɓorn-aama   ŋgapalkewol
he   dress-PAST+PASS   gown
'He was dressed (by someone) in a gown'

아래의 예들도 그리스어의 것과 비슷하다(Arnott(1970:137, 342-3)):

'o   res-ii   ɗum
he   deposit-PAST+ACT   it
'He deposited it on the ground'

'o   res-ake   ɗum
he   deposit-PAST+MID   it
'He put it in deposit (for his own future use)'

moor-a
dress hair-ACT
'dress someone's hair'

moor-o
dress hair-MID
'get one's own hair'

그런데 단순 재귀사는, 재귀 접미사를 더 요구한다; 위의 맨 마지막 예문과 아래의 것을 비교해 보라:

moor-it-o

dress hair-REFL-MID
'dress one's own hair'

Fula어에는 세 가지 태의 조합에 쓰이는 동사들이 있다. 그 조합은 다음과 같다: 능동태, 중간태, 수동태, 능동태/중간태, 능동태/수동태, 중간태/수동태, 능동태/중간태/수동태. 가장 주목해야 할 것은 중간태에만, 또는 중간태/수동태에 쓰이는 동사들이다. 이들은 다섯 가지 유형으로 나누어 볼 수 있다(Klaiman(1991:58)):

정신적 행위(mental actions): 'think', 'calculate', 'be sad'
정신적 태도의 발화(speech with mental attitude):
'threaten', 'welcome'
신체의 자세(bodily postures): 'sit', 'stoop', 'kneel'
신체적 행위(bodily actions): 'swim', 'sniff', 'balance on head'
끝점(telic)(도달점-추정(goal-presupposing)): 'arrive', 'approach',
'attack'

Klaiman은 이들을 '이태' 동사, 즉 능동의 의미를 가지는 중간태로 기술하면서, '……주어의 유정성과 통제를 전제하며 물리적 상태나 태도, 또는 정신적 기질에 연관되는' 행위를 이들이 표현한다고 하였다. 안타깝게도, [위의] 첫 번째 부류가 동사 'know', 'understand'를 포함하고 네 번째 부류가 'sneeze', 'smile', 'hear', 'see'를 포함한다는 사실은 통제의 개념을 다소 혼란스럽게 한다. 그렇지만 이 언어의 동사들이 그리스어 및 산스크리트어의 동사들과 비슷하다는 사실만은 틀림이 없다.

(비록 Klaiman은, 어떤 양상 자질, 상 자질 등과 함께 통제를 주요 성분으로 보고 있지만) Fula어와 그리스어, 산스크리트어의 비교를 통하여, 주어의 영향받음이라는 개념으로써 중간태의 유형론적 범주를

원형적인 자질로 정립하는 것이 합리적이라고 제안할 수 있다. 그렇지만 더 많은 언어로부터 증거를 가져와야 할 것이다. Klaiman은 이 책에 있는 타밀어(Tamil)도 논의하였다. 그러나 그 논의가 통제 개념에 대한 그녀의 주요 관심사와는 관계가 있을지 모르지만, 타밀어가 중간태와 밀접한 관계에 있는 것 같지는 않다. 타밀어의 예들은 오히려 타동성의 정도(degree of transitivity)나 사동과 관련이 있다; 9.3.4에서 더 논의할 것이다.

중간태와 수동은 의미론적으로 관계가 있는 경우가 있는데, 그 관계를 가지는 방식은 아르메니아어(Armenian)(서부)(Haig(1982:162-5))에서 볼 수 있다; 하나의 접사 '-v'가 (i) 수동, (ii) 재귀사와 상호사, (iii) 'open'과 같은 중성 자동사('反使動'(anticausative))에 모두 쓰인다:

> Namag-ə kər-v-ets-av   Mari-e-n
> letter-the   write-ν-AOR-3SG Mari-ABL-the
> 'The letter was written by Mari'

> Vartan-ə   hak-v-ets-av
> Vartan-the   wear-ν-AOR-3SG
> 'Vartan dressed'

> Tur-ə   kots-v-ets-av
> door-the   open-ν-AOR-3SG
> 'The door opened'

이들 세 용법에 하나의 단일한 형태[접사]가 사용되는 것은 어쩌면 타동성 낮추기로 설명할 수 있을 것 같다. 수동, 재귀사와 상호사, 중성 자동사에서 타동성은 낮아진다; (i) 수동은 『행동주』의 강등(또는, 삭제)을 동반하는 것으로서 자동성을 띠며, (ii) 재귀사와 상호사는 『행

동주』-『주어』와 동지시되는 『피동주』-『목적어』이면서 문면에 나타나
지 않고, (iii) 중성 자동사는 『행동주』의 필수적인 결여와 『주어』인
『피동주』의 존재를 요구한다는 점에서 대당 타동사와 구별된다.

　　이른바 아이슬란드어의 중간태(Einarsson(1945:147-8))에도 비슷
한 것이 있다. 첫째, 중간태['-st']는 재귀사와 상호사로 사용된다:

　　　klæðast 　　　　　'dress oneself'
　　　Þeir berjast 　　　'they fight each other'

그러나 재귀 대명사['sig']나 상호 대명사가 쓰인 능동형도 가능하다:

　　　klæðast sig 　　　　'dress oneself'

둘째, 중간태는 중성 자동사를 만든다:

　　　hefja e-ð 　'begin something' 　　　hefjast 　'begin'
　　　hræða e-n 'terrify someone' 　　　hræðast 　'be afraid'

셋째, 중간태는 수동으로 쓰인다:

　　　sjást 　　　　　'be seen'
　　　finnast 　　　　'be found'

이 언어에는 중간태에만 쓰이는 이태 동사도 있다는 점을 덧붙여 둔
다:

　　　ég eldist 　　　　'I grow old'
　　　ég ferðast 　　　　'I travel'

그러나 아이슬란드어의 중간태는 재귀사가 [통시적으로] 변한 것이다
(Einarsson은 'klœða sik > klæðask > klæðast'의 과정을 제안하
였다). 물론 완전한 재귀사 'sig' 역시 쓰이고 있다. Klaiman은 지적하
기를, 이렇게 통시적으로 변화한 재귀사는 다른 언어에서 보이는 중간
태적 재귀사의 속성에 대한 증거가 될 수 없다고 하였다. 그러나 6.1
의 재귀사, 아리슬란드어의 '중간태', 아르메니아어(서부)의 태 형식,
그리스어, 산스크리트어, Fula어 간에 보이는 중간태의 유사성은 특이
한 것이다. 그렇다면 유형론인 관점에서는 이 모든 것들이 (서로 연결
된 자질로서) 영향받은 『주어』의 개념을 가진, 절대적으로 동일한 문
법 범주라고 얼마든지 주장할 수 있을 것이다. 위에서도 언급하였듯이
중성적 기능과 수동을 가지는 이런 형식들 간의 관련성은 타동성 낮
추기로 설명할 수 있다. 그러나 그리스어와 산스크리트어에서 보았듯
이 모든 중간태가 자동성을 가지지는 않는다는 점을 상기하라. 마찬가
지로 스웨덴어(Swedish)에는 타동사이면서 재귀 형식인 것도 있다
(Klaiman(1991:87)):

   jag   avunda-s   honom
   I   envy-REFL   him
   'I envy him'

6.4 수동 표지의 여러 기능들

   어떤 언어에서는 수동이, 6.2에서 살펴본 것 이 외의 여러 가지
기능을 더 가진다. 그런 기능으로 가장 널리 알려진 것은 일본어다.
이 언어의 접미사 '-(r)are-'는, Shibatani가 '수동, 가능법, 대우법
(honorific), 자발성'으로 주석을 단 네 가지 기능을 가진다:

Taroo wa   sikar-are-ta
Taroo TOP   scold-PASS-PAST
'Taroo was scolded'

Boku wa   nemur-are-nakat-ta
I   TOP   sleep-POTEN-NEG-PAST
'I could not sleep'

Sensei ga   waraw-are-ta
teacher NOM   laugh-HON-PAST
'The teacher laughed (hon.)'

Mukasi ga   sinob-are-ru
old time NOM   think about-SPON-PRES
'An old time comes (spontaneously) to mind'

Shibatani는 이들의 공통적 특성으로 '행동주의 초점 흐리기(defocusing)'
를 제안하였는데, 행동주의 초점 흐리기는 그가 수동의 1차적인 기능
으로 여겼던 것이다. 그렇지만 행동주의 초점 흐리기라는 개념이, 지
극히 이질적인 이들 예문을 얼마나 잘 설명할 수 있을지 의심하지 않
을 수 없다. 그것보다는 이 개념이 『행동주』의 강등이나 생략이 있는
수동 구성을 지시하는 데 쓰인다고 하는 편이 이 개념의 성격을 훨씬
더 분명히 해준다. 그리고 '가능법' 구성과 '대우법' 구성은 타동사 구
성으로도 쓰일 수 있음을 주의해서 보아야 한다. 아래의 예에서 그것
을 확인할 수 있다(Shibatani, 사적인 자리에서):

Sensei ga   hon o   kaw-are-ta
teacher NOM   book ACC   buy-HON-PAST

'The teacher bought a book'

Sono kodomo wa   gohan o   tabe-rare-nakat-ta
that child   TOP   meal ACC   eat-POTEN-NEG-PAST
'That child could not eat a meal'

통시적인 설명이 아니라면, 여기에는 어떤 실질적인 설명도 가능하지 않다고 하는 편이 낫겠다. 한 형태가 너무나 다른 의미를 가지기 때문이다. 통시적인 변화는 한 형태의 여러 의미와 용법들 사이에 존재하는 연계를 모호하게 하거나, 심지어는 단절시키기도 한다; 그 결과 그것은 단순한 다의어(polysemy)가 되어 버린다. Shibatini는 기술하기를, 자발적 용법이 [이 접미사의] 원래 용법이었는데 이 용법이 '접미사가 「행동주」-초점 흐리기 효과를 이용하는 것'에 힘입어 한껏 발전하였다는 것이 일반적으로 받아들여지고 있는 주장이라고 하였다. 그러나 증거는 제시하지 않고 있다.

　일본어의 '수동' 형태소가 이렇듯 다양한 세 가지 용법, 즉 가능법, 대우법, 자발성 등을 가진다는 것은 참으로 뜻밖의 일이다. 그러나 ('「행동주」-초점 흐리기'로 이들 용법을 한꺼번에 설명하려고 애쓴 Shibatani에게는 좀 안됐지만) 위에서 본 이 세 가지 용법들은 거의, 또는 전혀 수동과 관계가 없는 것 같다. 이 논의는 5.7의 논의와 상황이 다르다는 점을 주의하기 바란다 [5.7에서는 '가능법' 수동, '자발' 수동을 논의하였다]. 5.7에서는 논의하기를, (다른 함축적 의미(connotation)를 가지기도 하지만) 그 의미에 있어서 이 모든 용법들은 어느 정도 수동으로 여겨질 수 있다고 하였다. 수동이 '가능법'으로 쓰일 수도 있다고 논의하였는데, 일본어의 예와는 달리 5.7의 것들은 어떤 경우에도 (가능이라는 의미로라도) 수동으로 해석되어야 함을 특별히 강조해 둔다.

6.5 능격 계통의 수동

수동을 규정하기를, 1차 항이 아닌 것을 1차적인 지위로 승진시키고 1차 항은 강등시켜 버리는 것이라고 한다면, 어떤 능격 계통에는 수동이 있다고 할 수 있다. 그렇지만 이 '수동'은 이른바 '반수동'일 것이다 (사실은 이것을 '수동'이라고 부르는 것이 더 합리적일 수 있다 — Jacobsen(1985) 참조). 그러나 이것은 다른 관점에서 볼 수도 있다. 수동은 『피동주』의 승진과 『행동주』의 강등을 요구하므로, 그것은 『행동주』와 『피동주』로써 정의되어야 마땅하다고 할 수 있다; 이렇게 보면 능격 계통에는 수동이 있을 리가 없다. 능격 계통의 1차 항은 『행동주』가 아니라 『피동주』이므로 [『피동주』인] 1차 항이 더 이상 승진할 수 없기 때문이다.

Shibatani(1985:830)은 오로지 『행동주』의 초점 흐리기에 의하여 수동이 정의되어야 한다고 제안하였는데 (6.7에서 다시 논의할 것이다), 그렇게 본다면 능격 언어에도 수동이 있다고 할 수 있다. 에스키모어를 보자(Woodbury(1977:323-4)):

anut-ip   arnaq-ø   taka-vaa
man-ERG   woman-ABS   see-INDIC+3SG+3SG
'The man saw the woman'

arnaq-ø   (anuti-mit) taku-tau-puq
woman-ABS   (man-ABL)   SEE-PASS-INDIC+3SG
'The woman was seen (by the man)'

여기서 『행동주』 'man'은 탈격으로 표시된 비핵심적 지위로 강등되거나 삭제되었다. Shibatani의 조건에 맞아떨어진 셈이다.

그러나 주의해야 할 것이 있다. 그런 수동이 사용되는 경우에는,

문제의 언어가 가끔 별도의 대격 자질도 가진다는 사실이다. 3.2에서
지적하였듯이, 부루샤스키어는 능격 명사 형태론을 가지지만 대격 동
사 일치를 보인다. 즉, P가 아니라 A와 S가 동사와 일치를 하는데 이
런 점에서 이들은 『주어』로 행동한다. 수동으로 간주할 수 있는 구성
은 세 개가 있다. 예는 다음과 같다(Morin and Tiffou(1988)):

```
ne        hir-é       cel         cá-m
the+MASC  man-ERG  water+ABS   impound+PRET PTCP
bá-i                                   (p.502)
be-3MASC+SING+SUBJ
'The man impounded the water'
```

```
cel         du-cá-m                 duá
water+ABS   PASS-impound-PRET PTCP   be+3SG+SUBJ
'The water was impounded'
```

```
ne        hir-é       phaló         bókum
the+MASC  man-ERG  seed+PL+ABS   sow+PRET PTCP
bá-i                                   (p.500)
be-3SG+MASC+SUBJ
'The man has planted the seeds'
```

```
phaló          bókum          b-icá
seed+PL+ABS   sow+PRET PTCP   be-3PL+SUBJ
'The seeds have been planted'
```

```
čúmu-sel-áŋ-e       jáa gaṭu-nc       xéša-m
fish-hook₁-PL-ERG   my cloth₂-PL+ABS   tear+PRET+PL-PTCP
```

b-icá

be-3PL₁+SUBJ

'The fish-hooks tore the clothes'

čúmu-sel-áŋ-e   jáa gaṭu-nc   xéša-m

fish-hook₁-PL-ERG   my cloth₂-PL+ABS   tear+PRET+PL-PTCP

b-ién   (p.511)

be-3PL₂+SUBJ

'The clothes were torn by the fish-hooks'

이들 세 구성의 차이점은 다음과 같다: (i) 첫 번째 구성에만 동사에 수동 표지가 있다. (ii) 첫 번째 구성과 두 번째 구성은 『행동주』를 허용하지 않는다 ─ A가 삭제된다. (iii) 이른바 '감성법(pathetive)'으로 불리는 세 번째 구성은 무정물 『행동주』만 가지고 인성 「피동주」를 가질 수 없다. 확실한 수동 자질 하나가 세 구성 모두에 있다 ─ 능동 구성에서 『행동주』가 아니라, 『피동주』가 동사와 일치를 하고 있다. 그렇다면 (그 자체로 대격인) 동사와의 일치라는 점에서 이들 '수동' 은, 능격 계통이 아니라 대격 계통으로 운용되고 있다 하겠다; 그러나 [대격 계통으로 운용되는] 수동화가 되었음에도 불구하고, 명사에 대한 능격-유형의 표지는 변하지 않는다 [명사 형태론은 능격 계통으로 유지되고 있다]. [다시 말하면 수동화에 의하여] 도출된 『피동주』-『주어』'가 능격으로 표시되지 않고 여전히 절대격으로 표시되고 있으며, (마지막 예에서 보듯이) 『행동주』가 여전히 능격이다[라는 것이다]. '동사에 외현적인 표지가 없는 두 번째 예조차도 수동으로 처리할 수 있는가' 하는 의심은 당연한 것이다. 그러나 이들 예에서도 「피동주」 가 '『주어』'로 승진하였고, (동사와의 일치라는 관점에서) 『행동주』는 삭제, 또는 강등되었음이 확실하다.

훨씬 더 의심스러운 경우도 있다; 단순히 『행동주』를 삭제시키는 통가어(Tongan)를 두고 이 언어에 수동이 있다고 하는 것이다. Churchward (1953:67, 68)을 근거로 Keenan(1985:248)이 그렇게 제안하였다:

```
na'e tāmate'i  'e   Tevita  'a   Kōlaiate
killed         ERG  David   ABS  Goliath
'David killed Goliath'
```

```
na'e tāmate'i  'a   Kōlaiate
killed         ABS  Goliath
'Goliath was killed'
```

여기에는 두 가지 문제가 있다: 이전의 예문들과 마찬가지로 동사에 아무런 표지가 없다. 그리고 『피동주』가 승진하였다고 주장할 동사와 의 일치(또는 더 이상의 자질)가 없다 [따라서 통가어의 예들은 수동 이라 할 수 없을 것이다]. 이에 대한 반론으로 [수동은 『행동주』의 '초점 흐리기'이므로] 이들 예문은 『행동주』의 '초점이 흐려졌다'라고 할 수는 있을 것이다.

　다른 가능성도 있다. 이 언어가 능격 형태론을 가지면서 중추로는 대격 통사론을 가진다고 하는 것이다. 4.2에서 제일 먼저 논의한 Tzotzil 어에서 그것을 확인할 수 있었다(Foley and Van Valin(1985:313)):

```
A    li   Petal e  bat-em-ø          ta xobel
TOP  ART  Peter    go-PERF-3SG+ABS   to town
s-max-ox-ø                  li  Anton e
3SG+ERG-hit-PAST-3SG+ABS   ART  Anton
'Peter went to town and hit Anton'
```

```
A    li   Petal e  bat-em-ø          ta xobel
```

```
TOP  ART  Peter      go-PERF-3SG+ABS  to town
max-bilø              yuʔun  li    Anton
hit-PASS+3SG+ABS  by       ART  Anton
'Peter went to town and was hit by Anton'
```

4.2에서 지적하였듯이 동사와의 일치는 능격이다: 3인칭 A는 접두사 '-s'로 표시된다. 반면에 S와 P는 표시되지 않는다 (또는 'ø'로 표시된다). 그러나 대등 구성의 삭제 규칙은 A와 S(즉, 대격 언어의 『주어』)에 관여한다. 수동의 기능 가운데 하나(4.6 참조)가 삭제에 대한 중추를 제공하는 것이므로, 중추의 체계가 대격이면 태의 체계도 대격이라는 것은 그리 새삼스러운 것이 아니다. 두 번째 예문에서도 볼 수 있듯이 통사론은 P를 삭제시키기 위하여 그것을 '『주어』'로 승진시킨다. 그리고 정확히 말하면, 이것이 바로 수동이 하는 일이다 (반수동이 하는 일이 아니다). 그러므로 능격 계통에서 수동의 예를 볼 수 있다는 것은 진정 사실이 아니다. (통사적 체계를 고려하여) 상대적인 관점에서 보면, Tzotzil어는 능격 계통이 아니라 대격 계통이다.

덧붙여 언급해 두어야 할 것이 하나 있다. Tzotzil어에서 보았듯이, 대격(S=A)의 중추 체계가 수동을 요구할 수 있으면, 능격(S=P)의 중추 체계는 반수동을 요구한다고 기대할 수 있다는 사실이다. Dixon(1979:127)이 실제로 그렇게 기술하였는데, 능격(S=P)의 중추가 있는 언어는 모두 반수동을 가진다고 하였다.

6.6 목적어로의 승진

어떤 언어에는, 『주어』로의 승진이 아니라 『목적어』로의 승진에 관여하는 하나의 기제, 또는 일련의 기제가 있다. 수동(그리고 실제로 사동 — 9장 참조)과 마찬가지로, 이 기제는 해당 구성에 있는 항들의 문법관계를 바꾼다. 그리고 그것은 수동과 같은 태 체계로 간주할 수 있다. 엄밀히 말하면, 이 기제는 章을 달리하여 다루어야 할 정도로 의미가 있는 것이지만, 여기서는 그냥 절만 달리하여 다루기로 한다. [이 책의 목적상] 그것은 수동과의 관계 하에서만 의의가 있기 때문이다.

6.6.1 응용 수동

『목적어』로의 승진은 차모로어(Chamorro)(오스트로네시아(Aus-tronesian), Baker(1988:248, 237))에서 볼 수 있다:

hu   tugi' i   kätta pära i   chelu'-hu
1SG+SUBJ write the letter to   the sibling-my
'I wrote the letter to my brother'

hu   tugi'-i   i   chelu'-hu   ni   kätta
1SG+SUBJ write-APPL the sibling-my   OBL   letter
'I wrote my brother the letter'

ha   punu' si Miguel i   bäbui päpra guahu
3SG+SUBJ kill   PN Miguel the pig   for   me [Proper Noun]
'Miguel killed the pig for me'

ha   punu'-i   yu' si Miguel nu   i   bäbui
3SG+SUBJ killed-for me   PN Miguel OBL the pig
'Miguel killed the pig for me'

인도네시아어에도 비슷한 것이 있다(Chung(1976:41)):

Mereka mem-bawa   daging itu kepada dia
they   TRANS-bring meat   the to   him
'The brought the meat to him'

Mereka mem-bawa-kan   dia   gaging itu
they   TRANS-bring-BEN him   meat   the
'The brought him the meat'

Ali   mem-beli   telefisi   untuk ibu-nja
Ali   TRANS-buy television   for   mother-his
'Ali bought a television for his mother'

Ali   mem-beli-kan   ibu-nja   telefisi
Ali   TRANS-buy-BEN mother-his   television
'Ali bought his mother a television'

'for'로 주석이 달린 전치사의 소실 및 『수혜주』로 주석이 달린 동사 표지의 등장은 『목적어』로의 승진을 보여준다.

이들 두 언어의 승진된 항들은, 원래 문장에서는 (전치사에 의해 표시되는) 우언적인 역을 가지고 있었으나, 승진됨으로써 완전한 (문법) 관계의 지위를 부여받았다. 차모로어 예문에서는 하나의 전치사가 관념역 「수령주」와 「수혜주」를 다 표시하고 있다. 반면에 인도네시아어 예문에는 전치사가 두 개 있다; 두 번째 것은 「수혜주」임이 분명하다. 그런데 첫 번째 것은, 동작이 개입하기 때문에, 단순히 「수령주」라고 할 수 없을 것 같다. 같은 논리로 단순히 「처소역」이라고 할 수도 없다. "「도달점」(goal)' 정도가 좋겠다. 그렇지만 [(개념) 역이야 어떻든 간에], 두 경우 모두에서 그것의 문법관계는 『여격어』라고 하는 것이 합리적이다.

이 기제와 이 기제에 의하여 도출된 구성은 일반적으로 '응용 수
동(applicative)'이라고 한다. 어떤 언어에는 승진된 항의 역과 무관하
게 동사의 표지가 하나만 있다. Kichaga어(반투, Bresnan and Moshi
(1990:148-9))를 보자:

          n-ǎ-ɨ́-lyì-í-à   m̀-kà   k-élyà
          FOC-1SUBJ-PRES-eat-APPL-FV   1-wife   7-food   [Final vowel]
                                                        (숫자는 명사류를 표시함)
          'He is eating food for/on (for the benefit/to the detriment
          of) his wife'

          n-ǎ-ɨ́-lyì-í-à   mà-wókǒ   k-êlyâ
          FOC-1SUBJ-PRES-eat-APPL-FV   6-hand   7-food
          'He is eating food with his hands'

          n-ǎ-ɨ́-lyì-í-à   m̀-r̀ì-nyì   k-élyà
          FOC-1SUBJ-PRES-eat-APPL-FV   3-homestead-LOC   7-food
          'He is eating food at the homestead'

          n-ǎ-ɨ́-lyì-í-à   njàà   k-élyà
          FOC-1SUBJ-PRES-eat-APPL-FV   9+hunger   7-food
          'He is eating food because of hunger'

자동사에서도 응용 수동이 가능하다:

          n-ǎ-ɨ́-zríc-í-à   mbùyà
          FOC-1SUBJ-PRES-eat-APPL-FV   9+friend
          'She is running for a friend'

그 밖의 언어에서는 성립된 문법관계에 따라 표지가 달라진다. 물론 최대한 세 개 ―『여격어』, 『도구격어』, 『처격어』이기는 하지만. Baker (1988:236)은 여러 언어를 통틀어, 승진된 항의 역들을 (언어들 간의 일반성과 통사적 규칙성을 순서로 하여) 여격-「도달점」(dative-cum-goal), 「선행」-「악행」(benefactive-cum-malefactive), 「도구역」, 「처소역」으로 목록화하였다. 그러나 차모로어와 인도네시아어의 예들이 보여주듯이, 여격-「도달점」, 「선행」-「악행」은 일반적으로 『여격어』라는 하나의 문법관계로 확인이 된다.

6.6.2 응용 수동과 수동화

『목적어』로의 승진이 특이한 것은, 그렇게 승진하고 나서 그것이 다시 수동화에 의하여 일반적으로 『주어』로 승진할 수 있다는 데 있다. Kinyarwanda어(Kimenyi(1988:355-86)) 자료는 그런 현상을 명맥히 보여 주는데, 이것은 면밀히 검토해 볼 가치가 있다. Kinyarwanda어에는 세 가지 중요한 구성이 있다.

첫 번째 구성(그리고 『목적어』로의 승진에 대한 가장 단순한 예)은 『도구역』이 목적어로 승진한 것이다. 동사 접미사 '-iish-'가 그것을 확인시켜 준다(pp.367-8):

> Umugóre a-ra-andik-a íbarúwa n'íikarámu
> woman she-PRES-write-ASP letter with pen
> 'The woman is writing a letter with a pen'

> Umugóre a-ra-andik-iish-a íbarúwa íkarámu
> woman she-PRES-write-INSTR-ASP letter pen
> 'The woman is writing a letter with a pen'

이 구성[두 번째 예문]은 [『도구격어』가 목적어로 승진함으로써] 『목적어』가 두 개가 되었다; 5.2에서도 살펴보았지만, 『목적어』가 두 개일 경우에는 둘 중 어느 것도 『주어』로 승진할 수 있었다 [위의 두 번째 예문을 수동화하면 『피동주』('letter')와 『도구역』('pen') 가운데 어느 것도 『주어』로 승진할 수 있다]:

Íkarámu   i-ra-andik-iish-w-a   íbarúwa   n'ûmugóre
pen   it-PRES-write-INSTR-PASS-ASP   letter   by woman
'The pen is being used to write a letter by the woman'

Ibarúwa   i-ra-andik-iish-w-a   íkarámu   n'ûmugóre
letter   it-PRES-write-INSTR-PASS-ASP   pen   by woman
'The letter is being written with a pen by the woman'

[반면에] (접미사 '-iish-'가 없는) 첫 번째 예문(능동문)을 수동화하면 『피동주』['letter']만 승진한다. 『도구격어』는 승진하지 못하고 전치사로 표시된 우언적인 항으로 남게 된다.

　　두 번째 구성을 살펴보기로 하자. 『처격어』도 『목적어』로 승진할 수 있는데, [승진 후에는] 처격 표지가 동사에 접미사로 붙는다 (pp.368-9):

Umwáalimu   a-ra-andik-a   imibáre   ku   kíbáaho
teacher   he-PRES-write-ASP   maths   on   blackboard
'The teacher is writing maths on the blackboard'

Umwáalimu   a-ra-andik-á-ho   ikíbáaho   imibáre
teacher   he-PRES-write-ASP-on   blackboard   maths
'The teacher is writing maths on the blackboard'

이 구성도 수동화할 수 있다:

Ikíbáaho ki-ra-andik-w-á-ho imibáre n'úúmwáalímu
blackboard it-PRES-write-PASS-ASP-on maths by teacher
'The blackboard is being used for writing maths on by
the teacher'
(Lit. *The blackboard is being written maths on by the
teacher')

그런데 『처격어』와 『도구격어』는 두 가지 점에서 다르다. 첫째, 『처격어』가 『목적어』로 승진하면 그것만 수동에 의하여 『주어』로 승진할 수 있다 (원래의 『목적어』는 『주어』로 승진할 수 없다. [『도구격어』가 『목적어』로 승진하면, 그것과 원래 『목적어』 가운데 어느 것도 승진할 수 있었다]). 따라서 다음 예문은 성립할 수 없다:

*Imibáre i-ra-andik-w-á-ho ikíbáaho n'úúmwáalímu
maths it-PRES-write-PASS-ASP blackboard by teacher
'Maths is being written on the blackboard by the teacher'

(그렇다면 여기서 『제1 목적어』와 『제2 목적어』를 구별하는 것이 유용할 것이다 — 『처격어』는 『제1 목적어』로 승진하고 원래의 『목적어』(즉 『제1 목적어』)는 『제2 목적어』로 강등되었다고 하는 것이다: 『제1 목적어』만 수동을 통하여 승진할 수 있다) 둘째, 『처격어』는 수동에 의하여 곧바로 『주어』로 승진할 수 있다. 다시 말하면 『목적어』로의 승진을 거치지 않고도 『주어』로 곧바로 승진하는 것이다 — 전치사가 여전히 『처격어』와 함께 있고 동사에 [별도로] 처격 표지가 붙지 않는다 (수동화의 표지가 없기는 하지만, 이와 비슷한 『처격어』의 승진은 2.6에서 기술한 바 있다):

Ku kíbáaho   ha-ra-andik-w-a   imibáre n'úúmwáalímu
on blackboard it-PRES-write-PASS-ASP maths by teacher
'*The blackboard is being written maths on by the teacher'

[Kinyarwanda어의] 세 번째 구성은 『자선주』와 관계가 있다는 점에서 중요하다. 『자선주』를 표시하는 전치사는 없다: 『자선주』는 항상 『목적어』로 기능한다. 그러나 동사는 '-ir' 표지를 요구한다. 동사에 표시된 '-ir'은 문맥상 『자선주』로 해석하는 것이 나을 것 같은데, Kimenyi는 '응용 수동'으로 주석을 달았다(pp.373-4):

Umukoôbwa a-ra-andika-ir-a   umuhuûgu íbarúwa ku mééza
girl   she-PRES-write-APPL-ASP boy   letter   on table
'The girl is writing a letter for the boy on the table'

확인해 보지는 못했지만, 추측컨대 [위 예문의] 『목적어』도 수동에 의하여 『주어』로 승진할 수 있을 듯하다.

(응용 수동을 포함하여) 이러한 『목적어』로의 승진 표지는 한 문장에 두 개도 있을 수 있다. 그러나 아주 특별한 경우가 아니면 세 개가 있을 수는 없다. 이런 표지가 두 개만 있어도 수동에 의하여 『주어』로 승진하는 데 제약이 있다. 이를테면 응용 수동과 처격을 [『목적어』로] 승진시키는 기제가 모두 사용되었다면, 원래의 『여격어』와 원래의 『처격어』는 『주어』로 승진할 수 있다. 그러나 원래의 『피동주』-『직접 목적어』는 『주어』로 승진하지 못한다:

Umukoôbwa a-ra-andika-ir-á-ho ámééza umuhuûgu íbarúwa
girl   she-PRES-write-APPL-ASP-on table boy   letter
'The girl is writing a letter for the boy on the table'

Umuhuûgu a-ra-andik-ir-w-á-ho amééza íbarúwa n'úmukoôbwa
girl   she-PRES-write-APPL-PASS-ASP-on table letter by girl
'The boy is being written a letter on the table by the girl'

Amééza a-ra-andik-ir-w-á-ho   umuhuûgu íbarúwa n'úmukoôbwa
table   it-PRES-write-APPL-PASS-ASP-on boy letter by girl
'*The table is being written a letter on for the boy by the girl'

[원래의 『피동주』-『직접 목적어』가 승진한] 아래 예문을 보라. 이 예
문은 부적격하다:

*Ibarúwa i-ra-andik-ir-w-á-ho ámééza umuhuûgu n'úmukoôbwa
letter it-PRES-write-APPL-PASS-ASP-on table letter by girl
'A letter is being written on the table by the girl'

두 개의 우언적인 관계가 『목적어』로 승진하면, 원래의 『제1 목적어』
는 『제2 목적어』로 강등된다(따라서 그것은 더 이상 『주어』로 승진할
수 없다)고 제안하는 것도 가능하다 (위의 예를 보라). 『목적어』로의
승진 기제 두 개가 동시에 적용되는 예도 있는데, 여기에도 방금 살펴
본 것과 비슷한 제약이 있다; 이를테면 『처격어』와 『도구격어』를 승진
시키는 것이 한 예가 되는데, (원래의 『도구격어』나 원래의 『목적어』
는 승진할 수 없고) 원래의 『처격어』만 수동에 의하여 『주어』로 승진
할 수 있다.
  반투 제어에서 『목적어』로의 승진은 일반적인 현상이다. 그런데
Bresnan and Moshi(1990)은 이들 언어가 두 유형으로 나뉜다고 하였
다. 그들이 제안한 '대칭(symmetrical)'과 '비대칭(asymmetrical)'이 바
로 그것이다. 비대칭 유형에서는 응용 수동 구성에 의하여 승진한 『목
적어』만 『주어』로 승진할 수 있는데, 이런 의미에서 그것은 유일한

『목적어』다; 대칭 유형에는 그런 제약이 없이 어떤 『목적어』도 『주어』
로 승진할 수 있다. Kinyarwanda어의 예들이 그러하다. 그렇다면 비
대칭 언어에서는 오직 하나의 『목적어』만이 원형적인 『목적어』의 특
성을 가지지만, 대칭 언어에서는 그 밖의 여러 『목적어』들도 그런 특
성을 공유한다고 할 수 있을 것이다. 뿐만 아니라, 이와 비슷한 방식
으로 두 유형의 언어를 구별시켜 주는 문법적 자질이 더 있다.

6.6.1에서 논의한 Kichaga어는 대칭적인데 아래의 예에서 볼 수
있다(Bresnam and Moshi(1990:150)):

m-ká   n-ǎ-í-lyì-í-ò   k-èlyâ
1-wife FOC-1SUBJ-PRES-eat-APPL-PASS   7-food
'The wife is being benefitted/adversely affected by
someone eating the food'

k-èlyà k-í-lyì-í-ò   m-ká
food   7SUBJ-PRES-eat-APPL-PASS   1-wife
'The food is being eaten for/on the wife'

뿐만 아니라 어떤 『목적어』도 동사의 『목적어』 표지에 의하여 표현될
수 있다:

n-ǎ-í-m-lyì-í-à   k-èlyâ
FOC-1SUBJ-1OBJ-PRES-eat-APPL-FV 7-food
'He/she is eating food for/on him/her'

n-ǎ-í-ki-lyì-í-à   m-ká
FOC-1SUBJ-7OBJ-PRES-eat-APPL-FV 1-wife
'He/she is eating it for/on the wife'

『목적어』 표지는 심지어 수동 구성에서도 쓰일 수 있다:

    ḿ-ká   n-á̱-í-ki-lyì-í-ò
    1-wife   FOC-1SUBJ-PRES-7OBJ-eat-APPL-PASS
    'The wife is being benefitted/adversely affected by
    someone eating it'

    k-á̱-í-lyì-í-ò
    7SUBJ-PRES-1OBJ-eat-APPL-PASS
    'It is being eaten for/on him/her'

이와는 대조적으로, 비대칭 언어인 Chichewa어(Baker(1990:266-7))에서는 승진된 『목적어』만 위에서 본 모든 구성에 관여한다. 다른 『목적어』들은 수동화되지 못하거나 『목적어』 표지를 가질 수 없다. 아래의 비문 표시된 예들이 그것을 보여 준다:

    kalulu a-na-gul-ir-a   mbidzi nsapato
    hare   he-PAST-APPL-ASP zebras shoes
    'The hare bought shoes for the zebra'

    mbidzi zi-na-gul-ir-idw-a   nsapato (ndi kalulu)
    zebras they-PAST-APPL-PASS-ASP shoes   (by hare)
    '?The zebras were bought shoes (by the hare)'

    *naspato zi-na-gul-ir-idw-a   midizi (ndi kalulu)
    shoes   they-PAST-APPL-PASS-ASP zebras (by hare)
    'Shoes were bought for the zebras (by the hare)'

amayi   a-ku-mu-umb-ir-a   mtsuko   mwana
woman   she-PRES-OBJ-mould-APPL-ASP   waterpot   child
'The woman is moulding a waterpot for the child'

amayi   a-ku-mu-umb-ir-a   mtsuko
woman   she-PRES-OBJ-mould-APPL-ASP   waterpot
'The woman is moulding a waterpot for him'

*amayi   a-ku-u-umb-ir-a   mtsuko   mwana
woman   she-PRES-OBJ-mould-APPL-ASP   waterpot   child
'The woman is moulding a waterpot for the child'

*amayi   a-ku-u-umb-ir-a   mwana
woman   she-PRES-OBJ-mould-APPL-ASP   child
'The woman is moulding it for the child'

(『목적어』표지 'mu'와 'u'는 각각 'child', 'waterpot'과 일치하고 있다)
     다른 아프리카 제어에서도 이와 비슷한 자질을 찾아 볼 수 있다. Kinyarwanda어에서 그랬던 것처럼, Fula어(아프리카, Arnott(1970: 355, 349))에도 『수혜주』를 『제2 목적어』로 표시하는 응용 수동 접미사('DAT'로 주석이 붙었다)가 있는데, 그것은 이들 목적어가 『피동주』처럼 『주어』로 승진할 수 있도록 한다:

Ɓe   kirs-an-ii-min   ŋgaari
they   slaughter-DAT-PAST+ACT-us   bull
'They slaughterd a bull for us'

ŋgaari   kirs-an-aama-min

bull   slaughter+PAST+PASS-us

'A bull has been slaughtered for us'

min-kirs-an-aama   ŋgaari

we-slaughter-DAT-PAST+PASS   bull

'We had a bull slaughtered for us'

『도구격어』에는 또 다른 응용 수동이 적용되는데, 그 결과 다시 두 개 의 수동형이 만들어질 수 있다:

wudere   nden   loot-ir-aama   saabunde

cloth   DET   wash-INSTR-PAST+PASS   soap

'The cloth has been washed with soap'

saabunde   nde'e   loot-ir-aama

soap   DET   wash-INSTR-PAST+PASS

'The cloth has been washed with'

(그런데 마지막 예문에서 『피동주』('cloth')는 생략되어야 한다 — Klaiman(1991:279, 주10) 참조)

6.6.3 영 어

Kinyarwanda어를 분석하는 데 사용하였던 것과 비슷한 기제는, 2.4에서 논의한 (『피동주』와 『수혜주』를 가지는) 영어의 이중 『목적 어』 문제를 설명하는 데도 유용할 것이라는 주장이 있었다. 아래의 두 예문을 비교해 보라:

(a) Mary gave a book to John
(b) Mary gave John a book

이들은 수동화가 가능하다:

A book was given to John by Mary
John was given a book by Mary

이들 예문은, 별도의 두 능동문[위의 (a), (b)]에 해당하는 수동형((a)에서는 'A book'이, (b)에서는 'John'이 『주어』로 승진하였다)으로 보는 것이 합리적이다.

이런 현상을 다루기 위해서는, (a)에서는 『피동주』-『(직접) 목적어』가, (b)에서는 『수혜주』-『여격어』/『간접 목적어』가 승진하였다고 하면 된다. 두 말할 필요도 없이, 전통 문법은 이와 같은 방법으로 이 현상을 설명하고자 할 것이다. 그러나 이 책은 그런 입장을 수용할 수 없다. 왜냐하면 이런 방법은 (a)의 'to John'과 (b)의 'John'의 문법관계가 같다[가능하다면 『목적어』]고 해야 하기 때문이다; 그러나 이들은 [문법관계가 같은 것이 아니라] 그 역이 『수혜주』로 같을 뿐이며, [전치사의 유무(형태론), 어순 등의] 형식 표지는 이들의 문법관계가 같지 않다는 것을 보여 주고 있다.

두 번째 방안은 이들 두 구성이 서로 다른 것이라고 하는 것이다; (a)는 『(직접) 목적어』/『간접 목적어』 구성이고 (b)는 『제1 목적어』/『제2 목적어』 구성이다. 그리고 (a)에서는 『(직접) 목적어』가, (b)에서는 『제1 목적어』가 승진하였다. 이는 가장 단순한 해결책이지만 두 가지 문제가 있다. 첫 번째 문제는, 모든 이중 『목적어』 구성이 첫 번째(『제1』) 『목적어』를 승진시키지는 않는다는 것이다. 영어에서 전치사 'for'로 표시된 『수혜주』도 『목적어』로 쓰일 수 있지만, 『주어』로 승진하기는 어렵다:

Mary bought a book for John
Mary bought John a book

수동화하면 아래의 두 번째 예문이 훨씬 자연스럽다:

?John was bought a book by Mary
A book was bought for John by Mary

두 번째 문제는, 첫 번째 『목적어』가 어순과 형태론에 의하여 『목적어』로 확인이 되면서('Mary bought him a book') 동시에 수동에 의해서도 그렇게 확인이 되는 반면, 그것이 (원형적인) 『목적어』의 속성을 완전히 가지지 못한다는 데 있다. (a)의 『목적어』는 '의문사' 의문문('Wh' question)에서 질문의 대상이 될 수 있다. 반면에 (b)의 첫 번째 『목적어』를 같은 방법으로 질문을 하면 문장 전체가 아주 어색해진다:

What did Mary give to John?
?Who did Mary give a book?

이들 두 개의 목적어 가운데 어느 것이 [타동사의 목적어로 보통 쓰이는] 단일 『목적어』의 속성을 가지는지를 정하기 위하여 Hudson(1992: 257-64)는 11개의 기준을 검토하였다. 그리고 그 11개 중에서 수동화의 관점에서만 첫 번째 『목적어』가 그런 속성을 가진다고 결론지었다 (그러나 이 기준 중에서 네 개는 분명히 의미론적인 것으로서, 엄격히 말하면 상관이 있는 것[통사적으로 서로 관계를 가지는 것]이 아니다; 이를테면 첫 번째 『목적어』는 『수혜주』인 반면 단일 『목적어』는 『피동주』임이 확실하다.)

　[(a), (b)의 현상을 설명하기에] 가능한 세 번째 방안은 (b)가 (a)에서 도출되었다고 하는 것으로서, 반투 제어에서 제안되었던 분석과

동궤의 것이라는 장점이 있다 — (a)의 『간접 목적어』가, (b)에서는 『목적어』로 승진하였다고 하는 것이다. 그리고 이에 따라서 (a), (b)에서 『주어』로 승진하는 것은 『목적어』라고 결론짓는 것이다. 그런데 승진한 『목적어』만이 계속해서 『주어』로 승진할 수 있다는 점에서, 비대칭적인 반투 제어와 유사하다. 아래 예문을 비교·대조해 보라. 마지막 예문은 영어에서는 불가능한 (또는 매우 부적격한) 수동형이다:

> Mary gave John a book
> John was given a book by Mary
> *A book was given John by Mary

그러나 문제가 있다. 승진한 『목적어』가 원형적인[본래의 단일] 『목적어』의 속성을 전부 가지지는 않는다면 별로 문제가 될 것도 없다고 논의하였지만, 이 방안은 두 번째 방안에서 제시되었던 것과 똑같은 문제를 야기한다. 더구나 응용 수동이나 이런 승진을 외현적으로 보여주는 별도의 표지가 [영어에는] 없다. 그런데, 승진의 기제를 지시해 주는 표지를 동사에 하지는 않지만, 영어처럼 대체 형식[이를테면 어순]을 가지는 언어가 있다. Tiwa어(남부)(뉴멕시코, Rosen(1990:674))가 한 예가 될 것이다:

> bi-musa-wia-ban   'uide-'ay
> 1SG+B-cat-give-PAST   child to   [B=marker for 'cats']
> 'I gave the cats to the child'
> 'uide   tam-musa-wia-ban
> child   1SG+B+A-cat-give-PAST   [A=marker for 'child']
> 'I gave the cats to the child'

([세 번째 것과] 반대되는) 네 번째 방안은 Dryer(1986)이 제안하였다.

Dryer는 논의하기를, 'Mary gave John a book'이 원래의, 또는 기저의 문장이며, 'Mary gave a book to John'은 전치사로 표시된 우언적 지위로 'John'을 강등시킴으로써 원래의 문장에서 도출된 것 — 그래서 'Mary gave a book to John'이 된 것이라고 하였다. 이 방안을 지지하는 두 개의 사례가 있다. 첫째, 수동을 사용, 핵심 관계를 우언적인 관계로 강등시키면 전치사('by')가 그것을 확실하게 표시해 준다; 마찬가지로 여기(이중 『목적어』 구성)에도 전치사['to']로 표시되는 비슷한 강등이 있다고 할 수 있다. 둘째, 그런 논의는 영어와 이중 『목적어』를 가진 언어들(2.4에서 논의하였다)을 훨씬 더 비슷한 것으로 여기게 한다. 특히 『제1 목적어』가 『주어』로 승진한다는 점에서 그렇다 (『여격어』/『간접 목적어』가 『목적어』로 승진하였다고 한 세 번째 방안은, 이들 언어에는 덜 그럴듯하다. 이들 언어에는 'Mary gave a book to John'에 상응하는 구성이 없기 때문이다; 만약 이들 언어에 그런 승진 규칙이 있다면, 영어에서는 그 규칙이 수의적이지만 이들 언어에서는 필수적일 것이다). 이런 방안에 반대하는 논의가 있다. [도출된 문장의] 동사에 아무런 표지가 없다는 것이 반대의 근거다. 그리고 더 중요한 것은, [이 두 구성을 별개의 다른 것으로 보는] 두 번째 방안에 대한 반대가 더 강력해진다는 점이다. 만약 이중 『목적어』 형식이 기저라면 첫 번째 『목적어』가 원형적인 단일 『목적어』의 속성을 반드시 가져야 하기 때문이다.

끝으로, 영어의 이중-『목적어』 구성에서는 승진한 것이 (유정물 『수혜주』인) 첫 번째 『목적어』지만, 다른 언어의 이중-『목적어』 구성에서는 승진할 수 있는 것이 (무정물 『피동주』인) 두 번째 『목적어』라는 점을 지적하고자 한다. 독일어가 그렇다 (수동으로 첫 번째 『목적어』가 『여격어』로 강등된다):

Ich	lehre	ihn	den	Tanz
I+NOM	teach	him+ACC	the+ACC	dance+ACC

'I teach him the dance'

Der	Tanz	wird	ihm	gelehrt
the+NOM	dance+NOM	becomes	him+DAT	taught

'He is taught the dance'

아래 예문은 부적격하다:

*Er	wird	den	Tanz	gelehrt
He+NOM	becomes	the+ACC	dance+ACC	taught

'He was taught the dance'

Shibatani(1977:804)에 따르면 한국어에서도 같은 현상을 볼 수 있다고 한다.

6.7 이론적인 문제들

지금까지는 자료의 제시와 검토에 논의의 대부분을 할애하였으며 자료에 대한 이론적인 검토는 거의 하지 않았다. 1차적으로 관련 사실들이 명백하지 않으면 이론적인 문제들은 유용하게 검토될 수조차 없다는 점에서, 그런 처사는 아주 정당하다고 하겠다. 이제는 수동의 본질적인 속성과 정의를 검토할 단계인 것 같다.

Jespersen(1924:167-8)은 수동을 사용할 수 있는 조건을 다음과 같이 제안하였다:

    (i) 능동형의 주어를 모르거나 그것이 쉽게 기술될 수 없을 경우;

(ii) 능동형의 주어가 문맥에서 저절로 확인(self-evident)될
    경우;
(iii) 주어를 언급하지 않을 특별한 이유(재치, 감정상의 미묘
    한 문제)가 있을 경우;
(iv) 능동형의 주어가 지시되더라도('변환된 주어(converted
    subject'), 화자가 본성상 능동형보다는 수동형에 훨씬 더 흥
    미를 가질 경우;
(v) 두 문장을 연결시킬 때 수동형이 더 편리할 경우;

Shibatani(1985:830)은 이들을 셋으로 줄였다:

(i) 문맥적 이유로 행동주가 언급되지 않을 경우;
(ii) 주제인 비행동주를 주어 자리에 둘 경우;
(iii) 새로운 중추를 만들 경우;

그렇지만 단 두 개의 기제, 즉『행동주』의 강등과 (대개의 경우『피동
주』인) 비『행동주』의 승진이 수동에 관계한다고 하는 편이 더 설명력
이 있을 것 같다. 그러나 비『행동주』의 승진에는 두 개의 원인이 있다
— 주제화와 [어떤 항에 대한] 중추로의 사용이 바로 그것이다.
    그러나 수동을 정의하는 데 서로 무관한 두 개의 기준을 사용하
는 것은 문제가 있다. 그런 두 기준들은 필연적으로 관계를 가질 수
없거나 서로 무관하기 때문이다. 그리고 Shibatani 스스로도 수동의
제1 기능은 『행동주』의 초점 흐리기(그러므로 그것은 비『행동주』의
승진에 따른 필연적인 결과가 아니다)라고 하였기 때문이다. 그의 주
요 논의는 무인칭 절의 수동과 비『행동주』의 승진이 없는 수동이 있
다는 것이었다; 5.4와 6.2에서 각각 검토한 바 있지만, 그가 제시한 예
들을 다시 검토해 보기로 하자:

라틴어 Pugnatur   uno   tempore
        fight+3SG+PRES+PASS   one+SG+ABL time+SG+ABL
        omnibus   locis   (Case. *B.G.* 7, 84)
        all+PL+ABL   place+PL+ABL
        'There is fighting at one time in all places'

웨일즈어 Dannswyd   gan y   plant
          was danced   by   the children
          'There was dancing by the children'

모하비어   ny-tapiʔipay-ch-m
          me-save-PASS-TNS
          'I was saved'

유티어   tɯpúyci   tiáabi-ta-xa
        rock+OBJ   throw-PASS-PAST
        'The rock was thrown'

맨 처음의 두 예문은 자동사의 수동형이다. 그런데 이들은 Shibatani 의 주장에 대한 적절한 근거를 제공하지 못하고 있다. 그 이유를 두 가지로 제시할 수 있다. 첫째, 이 예들은 매우 드물다. 아마도 더 일반 적이고 더 규칙적인 타동사의 수동형에 유추되어 단순히 형성된 것이 아닌가 싶다. 둘째, Shibatani도 인정하였듯이, 웨일즈어는 오로지 '행 위격 계통' 자동사의 수동만 허용한다. 그리고 5.4에서 제안하였듯이, 그것들은 동족 목적어로 다룰 수 있을 것이다. 나머지 두 예문은, 수 동이 아니라 명시되지 않은 부정사 『주어』 구성인 것 같다(6.2 참조).

　　Shibatani의 가설이 가질 수 있는 장점이 하나 있다. 능격 계통에 서 수동이 외현적으로 쓰이는 것을 설명하기가 쉽다는 점이다. 왜냐하면 능격 계통에서 『피동주』는 이미 1차 지위(S=P)를 가지는 관계로 서 더 이상 승진할 수 없으나, 『행동주』는 2차 지위에서 비핵심적인 지위로 강등될 수 있기 때문이다. 그러나 6.5에서 논의하였듯이 능격 계통으로 여겨지는 언어에 수동이 있다고 할지라도, 그 언어는 단지 부분적으로만 능격 계통일 뿐, 관련 체계는 사실상 대격 계통인 경우 가 가끔 있다. 6.5에서 간단하게나마 논의한 문제가 하나 있었다; 통가 어에서 『행동주』가 단순히 삭제되는 것을 과연 수동으로 보아야 하는 가 하는 것이었다. 그래야 한다면, 『피동주』의 삭제는 반수동에 의하 여 표시되어야 하는데, 그것은 영어 'I read a book'과 'I read'에서처럼 대격 계통에도 나타난다는 사실을 이 언어가 따르는 것처럼 보인다. 사실 이런 제안은 전부터 있었다; 7.7에서 다시 논의할 것이다.

Foley and Van Valin(1984:149-68; 1985:306-35)는 '비행위자 (non-actor)가 중추로 사용되는 것을 허용하는' '前景(foregroun-ding)' 수동과 '절의 핵심으로부터 행위자를 제거하는 데 도움이 되는' '背景(backgrouding)' 수동을 구별함으로써 이 문제를 다루고자 하였 다. 그들은 다시 자동사의 수동과 『목적어』의 승진이 없는 수동의 예 들을 제시하였다(1984:325, 322):

네덜란드어 Er woorden daar huizen gebouwd
it become+3PL there houses built
'There were houses built there'

핀란드어 Han-et jätettiin kotiin
he-ACC was left at home
'He was left at home'

그들이 왜 이 예들을 Shibatani처럼 배경 수동으로 처리하려고 했는지 는 쉽게 알 수 있다. 안타깝게도 그들은, 모든 수동을 하나의 유형으

로 범주화하거나 서로 다른 유형으로 범주화하기 위하여 이러한 구별
을 시도하였다. 그러나 그런 방법은 전혀 그럴듯하지 않다. 영어와 그
밖의 여러 언어들의 수동이 전경 수동이면서 배경 수동인 것처럼 여
겨지기 때문이다. 그들은 독일어의 'SEIN' 수동은 배경 수동이고
'WERDEN' 수동은 전경 수동이라고 주장하였다. 아래 예문을 보라
(1985:323):

Mein Wagen ist (*von dem Mechaniker) repariert
'My car is fixed (*by the mechanic)'

Mein Wagen wird (von dem Mechaniker) repariert
'My car is being fixed (by the mechanic)'

위의 두 수동형은 두 가지 점에서 다르다; 5.7에서 논의하였듯이, 첫
번째 것은 상태 수동이고 두 번째 것이 진짜 수동이다. 그리고 '진짜'
수동만이 『행동주』와 함께 출현할 수 있다. 그런데 두 예문 모두 『피
동주』는 『주어』로 승진하였고 중추로 기능할 수 있는 반면, 『행동주』
는 강등되거나 삭제되었다. 하나는 배경 [수동]이고 하나는 전경 [수
동]이라고 하는 것은 합리적인 처사가 아니다.

　　Givón(1981:168)은 수동화의 세 번째 기능을 추가하였는데, 그것
은 바로 타동성 낮추기다: 수동은, 말하자면, 자동성이다. 이러한 성질
은 대부분의 수동에, 또는 모든 수동에 다 적용될 수 있을 것 같다.
『피동주』의 승진과 『행동주』의 삭제, 또는 비핵심적 자리로의 강등은
문장에 단 하나의 핵심 정항, 즉 『주어』(『목적어』가 아님)만 남긴다.
그러나 비핵심 관계가 『주어』로 승진하고 『목적어』가 영향을 받지 않
는 경우나, Kinyarwanda어(6.6.2)처럼 『목적어』가 두 개 있는데 그 중
에 하나만이 승진하는 경우에는, 최소한 타동성을 낮추는 것
(lowering)이 수반되기는 하지만, 이러한 논의가 썩 진실로 받아들여

지지는 않는다. 단순히 『주어』와 『목적어』의 지위만 바꾸는 수동을 가지는 언어가 있는지 여부 역시 불분명하다. 물론, 단순히 그 자리만을 바꾸는 언어도 있다. 그러나 그것은, 수동으로 보지 않고 주제화로 처리하는 것이 최선이다(5.5 참조). 더 문제가 되는 것은 8.2에서 논의할 '도치' 계통이다.

끝으로 여러 논자들이 수 차례에 걸쳐 제기해 온 질문을 다시 던지면서 논의를 마감하고자 한다: 과연 수동형이 능동형에서 직접 도출된다고 해야 하는가? 이 질문은 넓게는 문법 이론과 관련되어 있다. 특히, 능동형에서 수동형이 도출된다고 한 Chomsky의 최초 제안(1957)이나 능동형과 수동형이 어떤 하나의 기저에서 도출된다는 제안(1965)은 유형론 연구를 위해서는 타당한 가정이다. [그렇지만] 유형론에는 이 질문이 크게 중요하지 않다; 중요한 것은 『행동주』와 『피동주』(또는 비『행동주』)의 문법관계에 내재한 변화(단순히 말하면 차이)다. 이론적으로 문법을 어떻게 분석하든, 이 변화(혹은 차이)는 관찰된 사실이다. 승진과 강등, 이것이야말로 수동을 다루는 가장 간단한 방법인 것 같으며 관찰자를 특정한 문법 이론에 끌어들이지도 않는다.

반 수 동

『피동주』가 승진하고 『행동주』가 강등된다는 점에서, 능격 계통의 반수동(antipassive)은 마치 대격 계통의 수동에 대응되는 대응물(counterpart)인 것 같다. 그러나 이들은 엄청나게 다르다. 특히 반수동의 의미론적 기능을 고려한다면 그 차이를 더 실감할 수 있을 것이다.

7.1 반수동의 형식

1.4.1에서 Dyirbal어로써 반수동형이 만들어지는 예를 살펴 보았다. 비슷한 예가 Yidiny어(오스트레일리아, Dixon(1977a:109))에도 있다:

buɲa-ːɲ   wagu-ḍa   wawaːl
woman-ERG   man+ABS   see+PAST
'The woman saw the man'

buɲa   waguḍa-nda   wawaːḍiːnu

woman+ABS   man-DAT   see+ANTIP+PAST
'The woman saw the man'

두 언어에서 『행동주』-『능격어』는 모두 『절대격어』로 승진한 반면 『절대격어』는 모두 『여격어』로 강등되었다.

그런데 비인성 유정물 『피동주』-『절대격어』는 『처격어』나 『여격어』로 강등된다:

ŋayu   balmbiɲ   wawaːl
I+NOM   grasshopper+ABS   see+PAST
'I saw the grasshopper'

ŋayu   balmbiːɲda/balmbiːnda   wawaːɟiɲu
I+NOM   grasshopper+LOC/grasshopper+DAT   see+ANTIP+PAST
'I saw the grasshopper'

무정물 『피동주』-『절대격어』는 『처격어』로 강등되는 것이 더 일반적이다:

ŋayu   walbaː   wawaːɟiɲu
I+NOM   stone+LOC   see+ANTIP+PAST
'I saw the stone'

에스키모어(Woodbury(1977:322-3))에서는 [『절대격어』가] 『도구격어』로 강등된다:

miirqa-t   paar-ai
child+ABS-PL   take care of-IND+3SG+3PL

'She takes care of the children'

miirqu-nik   paar-si-vuq
child-PL+INSTR   take care of-ANTIP-IND+3SG
'She takes care of the children'

축치어(Kozinsky et al.(1988:652, 663, 667)에서는 그것이 『여격어』나 『도구격어』로 강등된다:

ətləg-e   keyŋ-ən   penrə-nen
father-ERG   bear-ABS   attack-3SG+3SG+AOR
'Father attacked the bear'

ətləg-en   penrə-tko-gʔe   kayŋ-etə
father-ABS   attack-ANTIP-3SG+AOR   bear-DAT
'Father ran at the bear'

ətləg-e   təkečʔ-ən   pela-nen
father-ERG   bait-ABS   leave-3SG+3SG+AOR
'Father left the bait'

ətləg-en   təkečʔ-a   ena-pela-gʔe
father-ABS   bait-INSTR   ANTIP-leave-3SG+AOR
'Father left the bait'

조금 더 특이한 것은, Dyirbal어에서 『절대격어』가 『여격어』로 강등되지 않고 『능격어』로 강등되는데, 반면에 『능격어』는 보통 『절대격어』로 승진한다는 점이다(Dixon(1969:37), cf.(1972:65)):

> njalŋga   yaɽa-ŋgu   djilwa-n
> child+NOM   man-ERG   kick-PRES/PAST
> 'The man kicked the child'

> yaɽa   njalŋga-ŋgu   djilwal-ɲa-nju
> man+NOM   child-ERG   kick-ANTIP-PRES/PAST
> 'The man kicked the child'

이것은 역과 관계의 연결이 단순히 뒤집어진 것으로 볼 수 있는데, 이와 같은 전도는 수동에서는 볼 수 없었던 것이다(6.7 참조). 그런데 Dyirbal어의 『능격어』와 (기본적으로 관념적인 「도구역」을 지시하는 기능을 가지는) 『도구격어』는 같은 형식을 가진다. 그리고 Dixon (1979:62)도 『능격어』/『도구격어』로의 강등은 『여격어』로의 강등보다 드물다고 기술하였다 (예는 1.4.1에 제시되어 있다).

　　(i) 동사에 표시를 하고, (ii) 『행동주』-『능격어』를 『절대격어』로 승진시키고, (iii) 『피동주』-『절대격어』를 비핵심 관계, 특히 『여격어』, 『처격어』, 『도구격어』로 강등(또는 삭제, 삭제는 7.2.2에서 논의할 것이다)시킴으로써 반수동은 형성된다.

7.2 반수동의 기능

　　반수동의 기능 가운데 하나는 1차 항이 아닌 것을, 중추로 기능할 수 있도록(7.2.1) 승진시키는 데 있다. 이 기능은 수동의 기능과 같다. 그런데 반수동의 또 다른 기능은 [수동의 기능 가운데 하나인] '타동성 낮추기'와 상당히 다르다(7.2.2).

7.2.1 중추 만들기

지금까지 살펴본 바에 따르면, 수동의 기능 가운데 하나는 『피동주』를 중추로 쓰기에 적합한 항으로 만드는 것이었다: 『피동주』는 능동문의 『목적어』이므로, 『주어』가 중추인 구성에서는 이 『목적어』가 『주어』로 승진해 있어야 한다. 그렇다면 능격 계통의 경우 이에 해당하는 기제는 『행동주』-『능격어』를 『절대격어』로 승진시켜 줄 수 있는 것이어야 한다. 『절대격어』가 혼자서 중추로 기능할 수 있다면(그러나 6.5를 보라) 『절대격어』가 1차 관계이기 때문이다.

물론, 『행동주』-『능격어』를 중추로 쓰기 위하여 승진시키는 것은, 통사적으로 능격 계통을 가지는 언어, 이를테면 『절대격어』(1차 관계 P=S)가 중추로 기능하는 언어에서만 가능하다. 그와 같은 언어는 이미 여러 번 예를 제시하였지만, 논의를 위하여 필요할 경우 다시 가져올 것이다.

능격 계통 언어로 가장 유명한 것은 Dyirbal어다. 대등 구성의 [새로운] 중추를 만드는 반수동의 용법은 4.1.1(1.4.1도 보라)에서 보인 바 있는데 통제자와 표적이 모두 『절대격어』였다:

> ŋuma; banaga-ɲu yabu-ŋgu buɽa-n
> father+ABS returned-PAST mother-ERG see-PAST
> 'Father returned and mother saw (him)'

> ŋuma yaba-ŋgu buɽa-n banaga-ɲu
> father+ABS mother-ERG see-PAST returned-PAST
> 'Mother saw father and (he) returned'

이 예들이 각각 'Father returned and saw mother', 'Mother saw father and returned'의 의미를 가질 수 없음은 지적한 바와 같다. 만

약 이 예들이 각각 그런 의미를 가지려면, 첫 번째 예문에서는 후행절의 『행동주』 'father'가 삭제된 표적이 되어야 하는 반면, 두 번째 예문에서는 선행절의 『행동주』 'mother'가 통제자가 되어야 하기 때문이다. 그런데 이런 의미는 반수동에 의하여 표현된다. [반수동이 되면] 『행동주』가 『절대격어』로 승진하게 되어 표적(첫 번째 예문)이나 통제자(두 번째 예문)가 될 수 있기 때문이다:

> ŋuma   banaga-ŋu   buṛal-ŋa-ɲu   yabu-gu
> father+ABS   returned-PAST see-ANTIP-PAST   mohter-DAT
> 'Father returned and saw mother'

> yabu   buṛal-ŋa-ɲu   ŋuma-gu   banaga-ɲu
> mother+ABS   see-ANTIP-PAST   father-DAT   returned-PAST
> 'Mother saw father and returned'

마찬가지로 Dyirbal어에서는 P와 S만 관계화된다. A가 관계화되려면 먼저 반수동을 통하여 『절대격어』로 승진해 있어야 한다:

> ŋuma   yabu-ŋgu   buṛa-ŋu   duŋgara-ɲu
> father+ABS mother-ERG   see-REL+ABS   cry-PAST
> 'Father, whon mother saw, was crying'

> ŋuma   buṛal-ŋa-ŋu   yabu-gu   duŋgara-ɲu
> father+ABS   see-ANTIP-REL+ABS   mother-DAT   cry-PAST
> 'Father, who saw mother, was crying'

두 문장 모두 'father'가 관계화되었다 ('it is he who saw or was seen'). 그런데 두 번째 예문의 관계절 내에 있는 'father'는 『행동주』

이다('he saw mother'). 따라서 그것은 [관계화되기 이전에] 『절대격어』로 미리 승진해 있어야 한다 [첫 번째 예문과 비교하여 보라. 두 번째 예문의 관계절 내에는 동사에 반수동 표지가 있다].

이와 비슷한 목적으로 새로운 중추를 만드는 것은 Yidiny어(오스트레일리아, Dixon(1977a:325))에서도 볼 수 있다. 그런데 Dyirbal어와 한 가지 다른 점이 있다: Dyirbal어에서는 관계화되기 위하여 『절대격어』가 되어야 하는 것이 표적인 NP였다. 그러나 Yidiny어에서는 동지시 되는 두 NP, 즉 통제자와 표적이 모두 『절대격어』라야 한다. 아래의 예들은 4.1.3에서 제시하였던 것인데 설명의 편의를 위하여 다시 가져왔다(Dixon(1977b:377-80)):

wagu:ḍa maŋga:ɲ buɲa:ŋ wuɾaɲunda
man laughed woman+ERG slapped+REL
'The man whom the woman slapped laughed'

buɲa maŋga:ɲ waguḍanda wuɾa:ɟiɲu:n
woman+ABS laughed man+DAT slapped+ANTIP+REL
'The woman who slapped the man laughed'

buɲa waguḍanda wuɾa:ɟiɲu maŋgaɲunda
woman+ABS man+DAT slapped+ANTIP laughed+REL
'The woman who laughed slapped the man'

첫 번째 예문에서는 'man', 'woman'이 각각 『절대격어』, 『능격어』다 (각각 S와 P이다). 두 번째, 세 번째 예문에서는 각각 관계절과 주절의 『행동주』 'woman'을 『절대격어』로 승진시켜야 하므로 반수동이 요구된다.

보문 구성에서 이와 비슷한 용법으로 반수동이 쓰이는 예들은

4.1.2에서 살펴본 바 있다. 논의를 더 하기 전에 반드시 언급해 두어야 할 것이 있다. Dyirbal어나 Yidiny어처럼 완전한 통사적 능격성을 가지는 언어는 극소수에 그치는 것 같다는 점이다. 반수동이 있는 여타의 오스트레일리아 제어들(Warrungu어, Tsunoda(1988))조차도 반수동을 사용하지 않고 S와 A가 대등 구성에 놓이는 것을 허용하는 수가 있다.

지금까지 논의한 어떤 언어와도 다른 경우를 Mam어(마야 어족, 과테말라와 멕시코, England(1983:1-4), cf.(1988:532))에서 볼 수 있다. 이 언어에서는 『절대격어』NP만 초점을 받거나 부정되거나, 의문의 대상이 될 수 있다. 따라서 『행동주』NP가 그렇게 되려면 반수동을 통하여 『절대격어』로 승진해야만 한다(4.1.4 참조):

> xiinaq   w-ø-kub'   tzyuu-n   t-e   qa-cheej
> man   ASP-3SG-DIR   grab-ANTIP   3SG-OBL   PL-horse
> 'The *man* grabbed the horses'
>
> miyaaʔ xiinaq x-ø-kub'   tzyuu-n   t-e   qa-cheej
> NEG   man   ASP-3SG-DIR grab-ANTIP   3SG-OBL   PL-horse
> 'It wasn't the man who grabbed the horses'
>
> alkyee x-ø-kub'   tzyuu-n   t-e   qa-cheej
> who   ASP-3SG-DIR grab-ANTIP   3SG-OBL   PL-horse
> 'Who grabbed the horses?'

Mam어의 반수동은 다른 용법도 가지는데, 그 중 일부는 다음 절에서 논의할 것이다.

7.2.2 타동성 낮추기

A를 (능동문에서 P인)『절대격어』라는 1차 관계로 승진시키고, 나아가 그것을 중추로 만들기 위하여 P를 강등시키는 것이 반수동의 기능임을 전 절에서 확인하였다. 그런데 여러 계통에서 확인되는 바, 반수동의 기능은 '타동성 낮추기(detransitivization)'인 것 같다. 다시 말하면 '타동성 낮추기'는, 어떤 의미에서는 P가 피동주의 성질을 덜 가지고/거나 A가 행동주의 성질을 덜 가질 것을 지시하는 것이다. 아니면 전혀 다르게, A의 행동들이 P에 덜 직접적으로 영향을 미치도록 하는 것이라고도 할 수 있겠다. 더 정확하게 말하면, 타동성의 정도를 낮추는 것이라 할 수 있다(Hopper and Thompson(1980) 참조). 여기에서 '타동성(transtivity)', '타동성을 낮추다(detranstivize)' 따위의 용어는 의미론적 語義(sense)로 사용하고 있음에 주의해야 한다. 물론 문법적인 자동성(intranstivity)도 있다: 아무튼 P는 삭제되거나 비핵심적인 지위로 강등되고, A는, 결과적으로 자동사 구성이 되었을 것이므로, S로 추정되는『절대격어』로 승진한다. 이렇게 될 가능성은 무척 많은 것 같다.

(i) 동사가 어떤 것에 작용하는 동작 동사라는 의미에서『피동주』는 일반적으로 [쉽게] '이해되'(understood)므로, 그『피동주』가 기술되지 않을 경우. 축치어(시베리아, Kozinsky et al.(1988:667))를 보자:

```
ətlʔa-ta        məčəkw-ən    təni-nin
mother-ERG      shirt-ABS    sew-3SG+3SG+AOR
'The mother sewed the shirt'

ətla        ine-nni-gʔi
mother      ANTIP-sew-3SG+AOR
'The mother sewed'
```

비슷한 예가 Yidiny어(오스트레일리아, Dixon(1977a:279))에도 있다
(그러나 아래의 (viii)을 보라):

    yiɲu   buɲa   buga:-ɖi-ŋ

    this+ABS   woman+ABS   eat-ANTIP-PRES

    'This woman is eating'

Dixon은 이 예문의 『절대격어』를 『능격어』로 바꾼 대당 기저문은 '확
실히 어색한' 듯하며, 그 어색함을 피하기 위해서는 『피동주』가 반드
시 명시될 것을 요구하는 것 같다고 하였다. Foley and Van
Valin(1985:172)는 『피동주』가 있는 형식을 제시하였다:

    yiɲɖu:n   buɲa:-ŋ   mayi   buga-ŋ

    this-ERG   woman-ERG   vegetables eat-PRES

    'This woman is eating vegetables'

위의 두 예[축치어와 Yidiny어의 반수동 구성]에서, A는 S의 지위로
승진하였고 P는 생략되었다. 이들 반수동 구성에 『피동주』가 외현적으
로 나타나 있지는 않지만, 무언가가 꿰매졌고 무언가가 먹혔음은 확실
하다.

    『피동주』를 삭제하는 반수동의 이러한 용법은, 알지 못하거나 중
요하지 않은 『행동주』를 삭제하는 대격 계통의 수동에 상응한다 하겠
다 (5.6을 보라).

    (ii) 『피동주』가 행동에 의하여 덜 영향을 받는다. 축치어
(Kozinsky et al.(1988: 652))의 예를 아래에 제시한다:

    ətləg-e   keyŋ-ən   penrə-nen

    father-ERG   bear-ABS   attack-3SG+3SG+AOR

'Father attacked the bear'

ətləg-ən	penrə-tko-gʔe	kayŋ-etə
father-ABS	attack-ANTIP-3SG+AOR	bear-DAT

'Father ran at the bear'

두 번째 예문에서 'father'는 『능격어』에서 『절대격어』로 승진하였고 'bear'는 『절대격어』에서 『여격어』로 강등되었다; 더구나 첫 번째 예문에서는 동사가 모든 명사['father, bear']와 일치를 하지만, 두 번째 예문에서는 'father'하고만 일치한다 (그리고 어순도 바뀌었다). 두 예문은 의미도 다르다: 첫 번째 예문은 'bear'가 공격을 받은 상황을 지시하지만, 두 번째 예문은 'father'가 그냥 'bear'에게 돌진하였거나, 단순히 'bear'를 공격한 상황을 지시한다. 두 번째 예문의 'bear'는 행동에 의하여 전적으로 영향을 받지 않았으므로, 관념적으로 완전한 피동주라 할 수 없다; 반수동의 용법은 바로 이것이다. 반수동은 『피동주』를 『여격어』라는 비핵심적인 지위로 강등시키는 효과를 가지기 때문이다. 의심할 여지없이, 『피동주』를 생략시키지 않은 (i)의 예도 같은 식으로 해석된다:

ətlʔa	ine-nni-gʔi	məčəkw-a
mother+ABS	ANTIP-sew-3SG+AOR	shirt-INSTR

'The mother sewed the shirt'

(이와 비교할 만한 예는 7.4에서 논의할 것인데, 그것은 'trying to sew', 'is sewing away at' 정도로 번역된다) 이와 비슷한 예는 몇몇 코카서스 제어에서 볼 수 있는데, 카바르디아어(Kabardian)(Catford(1976))의 'bite' 대 'gnaw at'이 한 예가 된다.

더 애매한 것은 차모로어의 대조되는 예들이다(오세아니아(동부),

Cooreman(1988:575)):

> un-hongge   i   lahi
> 2SG+ERG-believe   the   man
> 'you believe the man'

> man-hongge   hao   nu   i   lahi
> ANTIP-believe   2SG+ABS   OBL   the   man
> 'You believe/have faith in the man'

> ha-faisen   i   patgon   nu   i   kuestion
> 3SG+ERG-ask   the   child   OBL   the   question
> 'He asked the child a question'

> Mamaisen   gue'   gi   patgon   nu   i   kuestion
> ANTIP+ask   3SG+ABS   LOC   child   OBL the   question
> 'He asked the question from the child'

두 번째 예문에서는 'man'이 '『사격어』(Oblique)'(=『여격어』?)의 지위로 강등되었지만, (이미 '『사격어』' NP를 가지고 있는) 네 번째 예문에서는 'child'가 『처격어』로 강등되었음을 눈여겨 보라.

　　(iii) 반수동은 상적 기능을 가질 수 있다. 차모로어(오스트로네시아, Cooreman(1988:583))의 반수동은 반복상적(iterative) 행위[반복되는 행위]를 가리킨다:

> Mang-galuti   gue'   ni   ga'lagu
> ANTIP-hit   3SG+ABS   OBL   dog
> 'He repeatedly hit the dog'

Warrungu어(오스트레일리아, Tsunoda(1988:606))에서도 반수동은 상
적 기능을 가진다. 여기서는 'see'와 'look for'가 구별된다:

> nyula   nyaka-n   wurripa
> 3SG+NOM   see+P/P   bee+ABS
> 'He saw bees'

> ngaya   nyaka-kali   wurripa-wu   katyarra-wu
> 1SG+NOM   see-ANTIP+P/P   bee-DAT   possum-DAT
> 'I was looking for bees and possums'

여기서 가장 눈여겨 보아야 할 것은 반수동에 의하여 'bee'가 『절대격
어』에서 『여격어』로 강등되었다는 점이다; 대명사의 (주)격은 3.3.2에
서 설명한 바 있다.

   (iv) 상적 기능과 밀접하게 관계있는 것은 『피동주』(cf.2.7)의 일부
(partitive)('some of')를 지시하는 용법이다. 에스키모어(A.C. Woodbury
(1975:26))를 보자:

> arna-p   niqi   niri-vaa
> woman-ERG   meat+ABS   eat-INDIC
> 'The woman ate the meat'

> arna   niqi-mik   niri-NNig-puq
> woman+ABS   meat-INSTR eat-ANTIP-INDIC
> 'The woman ate some of the meat'

차모로어(Cooreman(1988:576))에서도 같은 현상이 보인다:

In-chule'　　　i　litratu
1PL+ERG-take　　the　picture
'We took the picture'

man-mañule　ham　　　gi　litratu
ANTIP-take　　1PL+ABS　LOC　picture
'We took some of the pictures'

(v) 반수동은 『행동주』가 홀로 행동하지 않았음을 지시하는 데 사용될 수 있다. 차모로어(Cooreman(1988:580))를 보자:

ha-yulang　　　si　Juan　i　kareta
3SG+ERG-break　UNM　John　the car　　　　　[UNMarked]
'John broke the car'

Man-yulang　si　Juan　gi　kareta
ANTIP-break　UNM　John　LOC　car
'John took part in breaking the car'

(vi) Cooreman(1988:623)은 차모로어의 반수동에 대하여 기술하기를, 『피동주』가 不定形이면[불분명하면] 반드시 반수동이 쓰이는데, 이것이 바로 반수동의 가장 일반적인 용법이라고 하였다. 이와 관련하여 Tsunoda(1988:623)은 다음과 같이 관찰, 기술하고 있다: Warrungu어의 반수동은 『행동주』의 주제성(topicality)을 지시한다. 따라서 그것은 『피동주』의 비주제성과 비주제 성분(non-topic)들이 종종 부정형임을 함의한다.

(vii) 반수동은 『피동주』가 총칭적(generic)일 경우에 사용된다. Warrungu어(Tsunoda(1988:604))를 보자:

nyula   manytya-ngku   watyu-kali-yal
3SG+NOM   food-INSTR   cook-ANTIP-P/P
'She cooks food'/'She's a cook'

마찬가지로, Mam어(과테말라 및 멕시코)의 반수동은 총칭적 『피동주』
와 함께 England(1988:534)의 '포합 작용(incorporating function)'에 사
용된다:

ma   ø-b'iincha-n   qa-jaa
REC   3SG+ABS-make-ANTIP   PL-house   [RECent past]
'He builds houses'

'포합 작용'이라는 용어는 이 구성을 다른 언어의 어떤 구성과 비교하
기 위하여 사용되었다. 다른 언어의 그 구성에는 『피동주』가 형태론적
으로 동사에 포합되는데 이 포합형이 총칭적인 의미를 가진다. 축치어
(Kozinsky et al.(1988:667))가 반수동과 포합 구성(7.5 참조)을 모두
사용한다는 점을 참조하라.
    (viii) 끝으로 Dixon(1977a:274-7)을 따라 Yidiny어의 반수동 표지
'-:ɖi-n'의 다섯 가지의 기능을 기술하고자 한다:
(a) 반수동을 표시한다:

wagu:ɖa   giba:ɖiɲu   buɲa:nda
man+ABS   scratch+ANTIP+PAST woman+DAT
'The man scratched the woman'

(b) 재귀사 구성을 표시한다:

wagu:ɖa   giba:ɖiɲu

man+ABS   scratch+ANTIP+PAST
'The man scratched himself'

(c) 여전히 『능격어』지만 『행동주』가 무정물이다:

ŋaɲaŋ   ginga:ŋ   giba:ɖiɲu
I+ACC   prickle+ERG   scratched+ANTIP+PAST
'A prickle scratched me'

(d) 『행동주』가 인성인데도 그 결과물이 필연적이지 않다:

ŋaɲaŋ   bama:l   ɖaŋga:ɖi   muguy
I+ACC   person+ERG   grumble at+ANTIP+PRES   all the time
'(That) person keeps grumbling at me all the time'

(e) 그 행위가 지속적이다:

ŋuɲu   bama   gama:ɖiɲu
that   person   vomit+ANTIP+PRES
'That person is vomiting'

의도적인 통제와 하나의 완결된, 또는 예측된 행위를 겸비한 『행동주』
가 있는 타동적, 능동적 구성으로부터의 일탈. Dixon은 위의 (a)-(e)가
이로써 전부 설명될 수 있다고 하였다. (a), (b)에는 『행동주』가 없다.
(c), (d)에는 『행동주』가 있지만 의도적인 통제가 없다. (e)는 완결된
행위를 지시하지 않는다. Hopper and Tompson(1980:276)은 이 논의를
다시 타동성의 문제로 돌렸다 — Yidiny어의 그 표지는 의도성
(volitionality), 목적성(purposiveness), 완전성(perfectivity)의 관점에서

더 낮은 타동성을 표시하는 타동성 낮추기의 표지다. 이 절에서 논의
한 여러 예들에 비추어 볼 때 이 주장은 제법 매력이 있다. 그러나 이
런 종류의 문법적 多義性은, 언제나 그렇듯이 완전히 설명되지는 않는
것 같다.

7.3 비핵심 관계들의 승진

7.2에서 살펴 본 반수동들은 모두 『행동주』-『능격어』가 『절대격
어』로 승진하는 데 관계하고 있었다. 그런데 축치어(Kozinsky et
al.(1988:667))의 반수동은 비핵심 관계를 『절대격어』로 승진시키는 데
사용할 수도 있다:

> ətləg-e   təkeč-ən utkuč-ək pela-nen
> father-ERG bait-ABS trap-LOC leave-3SG+3SG+AOR
> 'Father left the bait at the trap'

> ətləg-e   təkeč-a   utkuč-ən ena-pela-nen
> father-ERG bait-INSTR trap-ABS ANTIP-leave-3SG+3SG+AOR
> 'Father left the bait at the trap'

첫 번째 예문에는 'bait'가 『절대격어』-『피동주』로 표시되어 있고,
'trap'이 그 'bait'가 남겨져 있는 장소를 나타내는 『처격어』로 표시되
어 있다. 그러나 (반수동이 사용된) 두 번째 예문에는 [『처격어』였던]
'trap'이 『절대격어』로 승진하였고 [『절대격어』였던] 'bait'가 『도구격
어』로 강등되었다. 능동문에서 『피동주』가 차지하고 있던 자리로
'trap'이 승진한다는 사실은, 그것이 관념적으로는 「피동주」임을 분명
히 시사하고 있다. 따라서 그 영어 번역도 'Father baited the trap

with the bait' 정도가 될 것이다.

관념적으로 볼 때, 반수동의 이런 용법은 대격 계통(6.6)의 [비핵심 관계들의] 『목적어』로의 승진과 상당히 비슷하다고 하겠다. 그런데 형식적인 면을 고려하면, 반수동의 이 용법은 수동에 의한 비핵심 관계들의 『주어』로의 승진(5.3)에 해당한다. 두 경우 모두, 승진은 1차 관계 — 대격 계통이라면 『주어』, 능격 계통이라면 『절대격어』로의 승진이기 때문이다.

한 가지 덧붙일 것이 있다. 바로 앞의 절 (vii)에서 잠깐 언급한 구성이 있었는데, 축치어의 포합 구성이 바로 그것이다. 이 구성은 반수동처럼 『처격어』를 『절대격어』으로 승진시킨다. 그러나 능동형의 『피동주』를 『도구격어』로 강등시키지 않고 동사에 포합시킨다(7.5 참조).

수동의 기본 기능을 『행동주』의 초점 흐리기라고 한 Shibatani의 견해(6.7 참조)에서 유추해 보면 반수동의 기본 기능은 『피동주』의 초점 흐리기라고 할 수 있을 것이다. 7.2의 모든 예들을 설명할 수 있었던 것처럼, 그 기능은 여기서 논의하는 예들 역시 설명할 수 있을 것이다. 대부분의 경우 반수동은 『행동주』를 『절대격어』로 승진시킨다. 그러나 이 절에서 논의한 예들은 그렇지 않다: 『피동주』가 강등되었지만, 다른 항이 『절대격어』로 승진하였기 때문에 A는 여전히 『능격어』로 남아 있다.

7.4 반수동을 쓰지 않고 타동성 낮추기

몇몇 능격 계통의 언어에는 타동성이 낮아진 구성, 정확히 말하면 7.3의 반수동과 비슷하면서도 반수동 표지가 없다는 점에서 결정적으로 반수동과 다른 것으로 여겨지는 구성이 있다 (그런데 이 구성은 일부 논자들에 의하여 '반수동'으로 처리되었다 — Rude(1988:552),

Estival and Myhill(1988:459), Hopper and Tompson(1980:268)). 다시 말하면, 『행동주』가 『능격어』로 표시되는 정상적인 구성에 더하여, 『행동주』가 『절대격어』로 표시되고/거나 『피동주』가 비핵심적인 지위로 강등, 또는 삭제되는 또 다른 구성이 있다는 것이다. 문법적으로 하나는 타동사 구성이고 나머지 하나는 자동사 구성이다. 이렇게 될 가능성은 여러 가지가 있다.

(i) 가장 간단한 경우는 『피동주』를 단순히 생략하는 것이다. 그러면 그 문장은 자동사 구성이 될 것이므로 『행동주』는 S일 터이고 [예상대로] 그것은 『절대격어』로 표시된다. Comrie(1978:358)이 제시한 통가어를 보자(cf. Churchward(1953:76-7)):

Na'e inu　'a e kava 'e Sione
PAST drink　ABS the kava　ERG John
'John drank the kava'

Na'e inu　'a Sione
PAST drink　ABS John
'John drank'

물론, 『피동주』의 부재가 두 번째 예문을 자동사 구성으로 만들고 따라서 『절대격어』 S가 요구된다는 점에서, 이를 타동사 구성/자동사 구성의 대조 문제로 단순히 처리해 버릴 수도 있다. 그러나 이것은 7.2.2 (i)의 예들, 즉 반수동이 사용된 예들과 너무 닮았다.

(ii) 『행동주』와 『피동주』가 『능격어』와 『절대격어』로 표시되는 구성에 더하여, 반수동과 아주 비슷한 구성이 있다. 항들이 『절대격어』와 『사격어』로 표시되는 구성과 7.2.2의 예들처럼 분명히 타동성이 낮아진 구성이 그런 경우다. Anderson(1976:221)이 Bzhedukh어(체르케스(서부))의 예를 보여 준다:

čʼʼaaλa-m   čʼəgº-ər   ya-ʑºa
boy-ERG   field-ABS   3SG-plough
'The boy ploughs the field'

čʼʼaaλa-r   čʼəgº-əm   ya-ʑºa
boy-ABS   field-OBL   3SG-plough
'The boy is trying to plough the field'/'The boy is doing
some ploughing on the field'

Anderson은 이러한 예들의 쌍이 많이 있다고 하면서, 타동성이 낮아
진 구성은 '행위가 덜 완전하게, 덜 성공적으로, 덜 결정적으로 완수되
었거나 목적어가 덜 완전하게, 덜 직접적으로, 덜 영구적으로 영향을
받았음'을 지시한다고 하였다.
　이 구성은 행위가 완결되지 않았음을 지시한다. Kalkatungu어
(Blake(1982:86))를 보자:

tuka-yu   tuar   itʸayi
dog-ERG   snake   bite
'The dog bites/bit the snake'

tuku   tuar-ku   itʸayi
dog+ABS   snake-DAT   bite
'The dog is biting the snake'

두 번째 예문은 완결되지 않은 행위가 『피동주』에 영향을 덜 미치고
있음을 의미하는데, 이러한 점에서 타동성이 낮아졌다고 하겠다.
　카바르디아어의 『피동주』는 『사격어』로 강등되지 않고 『능격어』
로 강등된다는 점에서 위의 것들과 조금은 다르지만, Catford(1976:45)

는 이 언어를 Kalkatungu어와 비슷하게 기술하였다:

ħe-m   qʷipsħe-r   jedza'qe
dog-ERG   bone-ABS   bite
'The dog is biting the bone'

ħe-r   qʷipsħe-m   jewdza'qe
dog-ABS   bone-ERG   bite
'The dog is biting the bone'

첫 번째 구성은 '개가 뼈다귀를 골수까지 꽉 깨물고 있다'는 의미를 함의하고 있다. 반면에 두 번째 구성은 '개가 단지 뼈다귀를 겉만 핥아 먹고 있다'는 의미를 함의하고 있다.

오히려 의미가 대조되는 두 구성이 Yukulta어(오스트레일리아, Dixon(1979:96))에 있다. 하나는 『능격어』와 『절대격어』를 가지는 타동사 구성이며, 하나는 『절대격어』와 『여격어』를 가지는 자동사 구성이다. 타동사 구성은 과거의 사실과 미래의 의도를 진술하는 데 쓰이고, 자동사 구성은 否定과 바람을 포함하는 그 밖의 경우에 쓰인다 (그러나 『행동주』가 3인칭이고 『피동주』가 1, 2인칭일 경우, 또는 『행동주』가 2인칭이고 『피동주』가 비단수 1인칭일 경우 — 감정이입의 위계 (2.2)도 개입한다 — 에는 자동사 구성이 다시 요구된다는 점에서 복잡한 문제가 있다).

(iii) 반수동 표지가 없는데도 그 구성이 표시되는 경우가 있다. Bzhedukh어(Anderson(1976:122))의 몇몇 동사에서 그런 예가 보이는데 확실한 자동사 표지가 동사에 있다:

pːśaśa-m   c'əy-ər   ya-d-ə
girl-ERG   cherkesska-ABS   3SG(3SG)-sew-PRES

'The girl is sewing the cherkesska'

p:śaśa-r   c'əy-əm   ya-d-a
girl-ABS   cherkesska-OBL   3SG(3SG)-sew-PRES+INTR
'The girl is trying to sew/sewing away at the cherkesska'

이전의 예에서도 보았듯이 이런 표지가 항상 나타나지는 않는다.

　　Baffin섬(북부)의 에스키모어(Kalmár(1979:118))에서는 자동사 구성이 不定의 『피동주』와 함께 쓰인다. 그러나 타동사 구성과 자동사 구성은 동사의 '복수 인칭(Polypersonal)' 접미사와 '단수 인칭(Mono-personal)' 접미사에 의하여 구별된다:

inu-up   qimmiq   taku-v-a-a
person-ERG   dog+ABS   see-INDIC-POLYP-3/3
'The/A person saw the dog'

inuk   qimmir-mik   taku-v-uq
man+ABS   dog-OBL   see-INDIC-MONOP+3
'The/A man saw a dog'

약간 다른 종류의 표지로는 Dyirbal어(Dixon(1972:90))의 재귀사 표지를 들 수 있다:

balam   wuḍu   baŋgul   yaɽa-ŋgu   ḍaŋga-ɲu
CL+ABS   fruit+ABS   CL+ERG   man-ERG   eat-TNS
'The man eats fruit'

bayi   yaɽa   ḍaŋga-mari-ɲu

CL+ABS   man+ABS   eat-REFL-TNS
'The man eats'

(iv) 어떤 경우에는 『피동주』의 강등이나 삭제가 『행동주』-『능격어』의 『절대격어』로의 승진을 수반하지 않는다 (그것은 여전히 능격 표지를 가진다). Warlbiri어(오스트레일리아, Hale(1973a:336))를 보기로 하자:

njuntulu-ḷu   npa-tju   pantu-ṇu   ŋatju
you-ERG   2-1   spear-PAST   me
'You speared me'

njuntulu-ḷu   npa-tju-ḷa   pantu-ṇu   ŋatju-ku
you-ERG   2-1-CLIT   spear-PAST   me-DAT
'You speared at me/tried to spear me'

두 번째 예문은 그 구성의 지위와 관련하여 문제가 된다. 능격 표지가 있으므로 이 구성은 [여전히] 타동사 구성이라고 해야 할 것 같다. 그러나 'me'로 주석이 달린 항이 확실히 (절대격이 아니라) 여격으로 표시되었으므로 이 구성은 자동사 구성이라고 해야 한다. 최선의 해결책은, 이 구성은 타동사 구성도 자동사 구성도 아닌 『능격어』+『여격어』 구성이라고 하는 것이다. 아무튼 이 예문의 타동성은 낮아져 있다.

(v) Nez Perce어(미국(북서부), Rude(1988:552))에서도 타동성 낮추기를 볼 수 있다. 엄밀히 말하면 이 언어는 능격 계통이 아니다. 그렇지만 A, S, P가 모두 다르게 표시되기 때문에, 세 개의 다른 관계를 가지는 계통이라고 할 수는 있다(3.4 참조). Rude는 '대격'이라는 용어 대신 '직접 목적어(DO)'라는 용어를 사용하였지만, 이렇듯 각각 다른 격 형태는 보통 '능격', '주격', '대격'으로 불린다. 그렇다 할지라도 이

언어에 두 개의 구성이 있는 것은 확실하다. 하나는 완전한 타동사 구성이고 하나는 순수한 자동사 구성이다:

> háama-nm   pée-'wiye   wewúkiye-ne
> man-ERG   3+ERG-shot   elk-DO
> 'The man shot an elk'

> háama   hi-'wiye   wewúkiye
> man   3+NOM-shot   elk
> 'The man shot an elk'

Rude는 두 번째 구성에 대해서 다음과 같이 진술하였다: S로 표시되는 『행동주』와 그 기본적인 표지('DO' 같은 대격 표지)가 없는 『피동주』가 이 구성에 있는데, 『피동주』는 『행동주』보다 덜 주제적, 덜 유정적, 덜 한정적인 경향을 띤다.

    반수동과 연관된 자질의 종류와 Tsunoda(1981)의 자동사 구성과 관련된 자질의 종류는 오래 동안 논의되어 왔다. 『능격어』+『절대격어』 구성과 기타 여러 구성의 일반적인 비교를 통하여, Tsunoda는 언어가 시제나 상에서는 능격 계통을 가지고 그 밖의 경우에서는 대격 계통을 가지는 경우(3.3.1)를 논의에 포함시킬 수 있었는데, 이것은 주목할 만한 것이다. 두 구성 중에서 『능격어』+『절대격어』 구성은 완료상, 완결성(completion), 점성(punctuality), 한정성(definiteness) 등을 변별적으로 표시한다고 Tsunoda는 제안하였다.

7.5 포 합

    축치어(Kozinsky et al.(1988:667))에는 반수동 외에도 타동성을 낮추기 위한 기제가 더 있다. '포합(incorporation)'이 바로 그것인데, 정항 중의 하나가 동사에 '포합'되는, 즉 그것이 문법적으로 그리고 보통은 음운론적으로 (그러나 아래를 보라) 동사 성분의 일부가 되어 버리는 것이다. 이런 특성은 대개 능격 계통에서 발견된다.

7.2.2와 7.3에서 살펴보았던 예들(각 예문에서 첫 번째 것은 능동형, 두 번째 것은 반수동형, 세 번째 것은 포합형을 보여 준다)을 비교해 보면, 포합을 확인할 수 있다:

> ətlʔa-ta   məčəkw-ən   təni-nin
> mother-ERG   shirt-ABS   sew-3SG+3SG+AOR
> 'The mother sewed the shirt'

> ətlʔa   ine-nni-gʔi   məčəkw-a
> mother+ABS   ANTIP-sew-3SG+AOR   shirt-INSTR
> 'The mother sewed the shirt'

> ətlʔa   məčəkwə-nni-gʔi
> mother+ABS   shirt-sew-3SG+AOR
> 'The mother sewed the shirt'

> ətləg-e   təkeč-ən utkuč-ək pela-nen
> father-ERG   bait-ABS trap-LOC leave-3SG+3SG+AOR
> 'Father left the bait at the trap'

> ətləg-e   təkeč-a   utkuč-ən ena-pela-nen
> father-ERG   bait-INSTR   trap-ABS ANTIP-leave-3SG+3SG+AOR
> 'Father left the bait at the trap'

```
ətləg-e          utkuč-ən      təkeč?ə-pela-nen
father-ERG       trap-ABS      bait-leave-3SG+3SG+AOR
'Father left the bait at the trap'
```

여기에는 두 유형의 포합이 있다 (포합에 대한 풍부한 예는 Mithun (1984)를 보라): 첫째 단순히 『절대격어』-『피동주』를 포합시키고 나아가 그것의 (관계적) 지위를 박탈하는 경우. 둘째, 『절대격어』-『피동주』를 포합시키면서 나아가 비핵심 정항을 『절대격어』의 관계적 지위로 승진시키는 경우. 그『절대격어』는 더 이상 『피동주』가 아니다.

첫 번째 유형은 Ponapaean어(미크로네시아, Sugita(1973:401))에서 예를 더 볼 수 있다:

```
I    pahn    doakao   mwahmw-o
I    will    spear    fish-the
'I will spear the fish'
```

```
I    phan    dokomwomw
I    will    spear-fish
'I will engage in spear-fishing'
```

우언적인 지위에 있던 정항이 『절대격어』로 승진하는 두 번째 유형은 Mithun(1984:858)이 마야어(Mayan)(유카타)로 예시하였다:

```
k-in-č'ak-ø-k                  če'   ičil   in-kool
INCOMP-I-chop-it-IMPERF        tree  in     my-cornfield
                                            [INCOMPletive]
'I chop the tree in my cornfield'
```

```
k-n-čak-če'-t-ik                           in-kool
```

INCOMP-I-chop-tree-TRANS-IMPERF   my-cornfield
'I clear my cornfield'

k-in-wek-ø-k   ha'
INCOMP-I-spill-it-IMPERF   water
'I spill water'

k-in-wek-ha'a-t-ik
INCOMP-I-spill-water-TRANS-IMPERF
'I splash him'

『절대격어』-P 뿐만 아니라 『절대격어』-S도 포합될 수 있다: 다시 말하면 포합은 1차 문법관계인 『절대격어』에 관계한다는 것이다. 아래에서 보듯이 Onandaga어(이로쿼이 어족, 미국, H. Woodbury(1975:10))의 예들은 한 쌍이 다 적격하다:

waʔhahninúʔ   neʔ oyέkwaʔ
TNS+he/it+buy+ASP   DEF tobacco
'He bought the tobacco'

waʔhayεkwahni꞉nuʔ
TNS+he/it+tobacco+buy+ASP
'He bought tobacco'

kahihwi   neʔ   ohsahéʔtaʔ
it+spill+CAUS+ASP NOM.PART it+bean+SUFF

                                 [NOMinal PARTicle]

'The beans are spilled'

kahsaheʔtahihwi
it+bean+spill+CAUS+ASP
'Beans are spilled'

그런데 Tiwa어(남부)(뉴멕시코, Rosen(1990:680))에는 S가 포함되는 데 제약이 있다. S가 유정물이면 포함될 수 없고, 무정물이면 반드시 포합되어야 한다는 점에서 그렇다고 할 수 있다. 아래 예들을 비교해 보라:

Musan   i-k'euwe-m
cats   B-old-PRES   [B=word class marker]
'The cats are old'

*I-musa-k'euwe-m

I-k'uru-k'euwe-m
B-dipper-old-PRES
'The dipper is old'

*K'uru   i-k'euwe-m

『행동주』는 결코 포합되지 않는다. 그러므로, Rosen도 지적하였듯이, 아래 예문은 중의적이지 않다:

Seuanin   ibi-musa-mũ-ban
men   B+B-cat-see-PAST
'The man saw the cats'

이 예문이 'The cat saw the man'을 의미할 수는 없다.

포합은 不定的, 비지시적 의미를 제시하기 위하여 종종 사용된다. 아래의 축치어(Comrie(1973:243-4))를 보라:

> Tumg-e nəntewatən kupre-n
> friends-ERG+PL set net-ABS+SING
> 'The friends set the net'

> Tumg-ət kopra-ntewatgʔat
> friends-ABS+PL net-set
> 'The friends net-set (set nets)'

그런데, 비핵심 정항이 승진하는 경우가 있는데, 그것을 승진시키는 분명한 목적은 그것이 가장 영향을 받았음을 보여주려는 것이다. 앞의 마야어(유카타) 예들이 그것을 보여 주는데 [포합형인 두 번째 예문은] '나무가 밭에서 제거되었다'는 의미보다는 '나무를 제거하여 밭이 말끔해졌다'는 의미를 가진다.

Mithun(1984:860-1)은 포합이 '배경' 구정보('background' old information)에도 사용할 수 있음을 보였다. 나우틀어(Nahuatl)(우틀라)(유토아스텍 어족, 멕시코)의 대화 내용을 보자:

> A askeman ti-'-kwa nakatl
> never you-it-eat meat
> 'You never eat meat'

> B na' ipanima ni-naka-kwa
> always I-meat-eat
> 'I eat meat all the time'

포합의 특이한 용법으로는 '분류상의 명사 포합(classificatory noun incorporation)'(Mithun(1984:863-72))을 들 수 있다. 의미론적으로 더 일반적인 명사가 『피동주』로서 더 특정한 명사와 포합된다. Gunwin-ggu어(오스트레일리아, Oates(1964:104))에서 예를 볼 수 있다:

> bene-dulg-naŋ   mangaralaljmayn
> they+two-tree-saw   cashew nut
> 'They saw a cashew tree'

Mithun(1984:849-54)는 또한, '형태론적 합성(morphological compound-ing)'보다는 '병렬(juxtaposition)', 즉 정항이 [다른 단어에 형태론적으로 합성되지 않고] 별개의 단어로 남아 있는 경우를 포합으로 처리하였다. 통가어(Churchward(1953:76), cf. Mithun(1984:851))에서 예를 볼 수 있다:

> Na'e inu   'a   e   kavá   'é   Sione
> PAST drink   ABS the kava   ERG John
> 'John drank the kava'

> Na'e inu   kavá 'a   Sione
> PAST drink   kava ABS John
> 'John drank kava("kava-drink")'

이들은 7.4(반수동을 사용하지 않고 타동성 낮추기)에서 살펴 본 예들과 비슷하다. 그리고 그 기능은 포합과 비슷하지만, '포합'이라는 용어가 전적으로는 적절하지는 않은 것 같다. 그리고 여기에는 절대격/능격으로 표시되지 않는 것 같은 『피동주』 'kava'의 지위에 대한 문제도 여전히 있다. 그리고 그것[「절대격」/「능격」 표지의 상실]이 포합을 통하여 이루어졌기 때문에 'kava'는 그것의 관계적인 지위를 잃어 버렸다고 제안할 수 있다.

항가리어에도 이와 비슷한 구성이 있다. 이 언어의 비지시적인 『피동주』는 동사 앞에 위치하지만, 지시적인 『피동주』는 동사 뒤에 위치한다(Hopper and Tompson(1980:258)):

> Péter újságot olvas
> Peter paper reads
> 'Peter is reading a newspaper'

> Péter olvas egy újságot
> Peter reads a paper
> 'Peter is reading a (specific) newspaper'

그러나 여기서는 『피동주』가 『목적어』라는 자신의 문법관계는 유지하고 있다고 주장하고, 특정/불특정(specific/non-specific)에 관계하는 문법 범주로써 이들을 구별해 주는 것이 합리적이다. (스페인어는 이 구별이 문법관계의 차이에 개입하지만 — 2.3.3을 보라) 어떤 언어는 특정/불특정 『피동주』를 구별하기 위하여 위의 것과는 다른 기제를 사용한다.

7.6 어휘적인 문제들

이 장의 여러 절에서 논의했던 구성들은, 문법적 변이형이 아닌 어휘적 변이형, 즉 동사의 선택에 의하여 결정되는 변이형으로도 나타난다. 본질적으로는 타동성의 문제가 핵심이다. 여기에는 세 가지 가능성이 있다. 전 절에서 설명하지 않았던 나머지 두 구성도 여기서 다룰 것이다.

(i) 7.2.2의 (i)의 예에서 보았듯이, 많은 동사들이 단순히 하나의 정항 S를 가진다; 이들은 완전한 자동사다. 더 이상의 예를 제시할 필요가 없을 정도로 그것은 확실하다.

(ii) 나머지 동사들은 두 개의 정항을 가지는 데, 그 중 두 번째 것은 일반적으로 『여격어』인 비핵심 항이다. Bayungu어(오스트레일리아(서부), Austin(1982:41-2))의 동사 'fear'를 예로 들어 보겠다:

yinha	kupu-ju	prungkarri-yu	ngurnu	kaparla-ku
this+NOM	child-ABS	fear-PRES	that+DAT	dog-DAT

'This child fears that dog'

충분히 예상할 수 있었겠지만, 이 『절대격어』+『여격어』 구성은 7.1, 7.2의 반수동과 아주 밀접하게 관련이 있다. 이와 비슷한 (피행위격＋여격) 구성은 그루지야어(3.6.1)와 타바사라어(3.6.2)를 통하여 논의한 바 있다.

(iii) 7.4의 (iv)에서 예로 든 능격＋여격 표지의 구성은 타바사라어(3.6.2)의 행위격＋여격 구성, 초크토어(3.5.1)의 동사 일치 체계와 비슷하다. 사실 이 두 언어에는 세 가지 구성, 즉 행위격＋피행위격 구성(능동, 타동 유형), 행위격＋여격 구성, 피행위격＋여격 구성이 가능하다. 그루지야어와 타바사라어(초크토어도 마찬가지임)를 단순히 능격 언어로 처리하기에는 이들 언어의 상황이 너무나 복잡하다. 그럼에도 불구하고 일부 학자들이 그루지야어와 타바사라어를 능격 언어로 처리한 것은 새삼스러운 일이 아니다

오스트레일리아 제어의 일부 동사는 주목할 만하다. Bandjalung어(Austin(1982:38-9))의 일부 동사는 능격 NP를 취하는데 명시적인 『피동주』가 없다:

mali-yu   dandaygam-bu   yarrbi-ni
that-ERG old man-ERG   sing-PAST DEF
'That old man sang'

mali-yu   jajaam-bu   jaluba-ni
that-ERG child-ERG   urinate-PAST DEF
'That child urinated'

이들 예문은 자동사 구성인 것처럼 보인다. 그러나 S로 추정되는 항이 능격으로 표시되어 있다. 이 자질은 행위격 계통(3.5)의 자질 가운데 하나라고 주장할 수 있다. 왜냐하면 다른 자동사 구성들은 『절대격어』S를 가지기 때문이다 (다시 말하면 [행위격 계통의] S는 『행위격어』도 되고 『피행위격어』도 되기 때문이다). 그런데 여기에는 다른 설명도 가능하다: 'sing', 'urinate'(이외에도 'yawn', 'dance', 'smoke' 등이 있다)가 사용된 구성은 엄격하게 보면 자동사 구성이 아니라, Austin도 주장하였듯이, 표현되지 않은 '동족 목적어', 즉 동사에 의하여 기술되는 행위의 필연적인 일부인 '목적어' — 이를테면 'sing a song', 'speak a language' 등과 같은 구성이다. Bandjalung어에서 그런 구성이 반수동을 가질 수 있음은 주목할 만한데 이 반수동은 일반적으로 타동사 구성에 관여한다(Austin(1982:38-9)):

ngay   gala   juuma-le-ela
I+NOM   this+NOM smoke-ANTIP-PRES
'I here am smoking'

이 예문은 능격으로 표시되는 단일 항을 가지는 외현적인 자동사 구성이, 실제로는 타동사 구성이라고 제안하게 한다. 이와 비슷한 방식으로, 동족 목적어와 타동성 간의 가능한 관련성은, 대격 계통에서 수동형이 되는 자동사 구성을 논의하는 가운데 언급한 바 있다 — 5.4를 보라.

　　Diyari어(Austin(1982:40))는 이와 비슷한 동사들이 사용되어도 그 경우가 아주 다르다는 것을 알 수 있다. 이 언어에는 명시적인 『피동주』가 있음에도 불구하고 그 표지가 절대격＋절대격이다:

> nganhi　　nhinha-ya　　yawada　　　　yatha-yi
> I+NOM　　this-ACC　　language+ABS　speak+PRES
> 'I speak this language'

이 예는 아래의 것과 대조해 봄직하다:

> ngathu　　nhinha-ya　　nganthi　　thayi-yi
> I+ERG　　this-ACC　　meat-ABS　eat-PRES
> 'I eat this meat'

여기서의 요점은, 첫 번째 예문의 'I'는 S의 격과 관련있는 주격인데 반하여, 두 번째 예문의 'I'는 능격이라는 점이다.

　　Diyari어는 능격 계통이 아니라 세 가지 기본적인 관계를 가지는 계통(3.4 참조)이라고 해야 한다. 이와 비슷한(절대격＋절대격/피행위격＋피행위격), 그리고 대조가 되는 계통은 행위격 계통(3.5.1)을 논의하면서 언급하였다. 그렇지만 동족 목적어를 가지는 동사들의 행태를 두고 Diyari어와 Bandjalung어를 서로 비교해 보면, 전망이 보일 것도 같다. 이 두 언어는 완전히 상반되는 방법으로 다루어야 할 것 같다: 어떤 문장이 확실한 자동사 구성이라도, Bandhalung어라면 그 문장에 『행동주』가 있다고 주장하고, 어떤 문장이 확실한 타동사 구성이라도, Diyari어라면 그 문장에 『행동주』가 없다고 주장하는 것이다. 이러한 외견상의 역설을 설명하기 위해서는 다음과 같이 주장해야 할 것 같

다: 필연적으로, 동족 목적어는 동사에 의하여 표현된 행위의 일부이
므로, 그것은 (a) 여전히 '이해되고' 있지만 생략되거나 '포합'될 수 있
으며, (b) 표현된다 하더라도, 완전한 「피동주」는 아니다. (a)에 의하여
동족 목적어가 외견상 나타나지 않더라도 동족 목적어를 가진
Bandjalung어의 동사들을 타동사로 처리하여야 하며, (b)에 의하여 동
족 목적어가 외견상 나타나지 않더라도 동족 목적어를 가진 Diyari어
의 동사들을 (『행동주』-『능격어』가 없는) 타동성이 낮아진 것으로 처
리해야 한다.

7.7 대격 계통의 반수동

능격 계통 언어에서 A의 강등, 또는 삭제와 관련된 기제가 수동
이라면(6.5), 대격 계통 언어에서 P의 강등, 또는 삭제와 관련된 기제
는 반수동이다. 그러나 그런 기제가 (대개는 동사에) 일정 형태로 표
시될 것을 기본적으로 요구한다면, 사실상 (명사 형태론과/이나 동사
일치에서) 대격 계통 언어가 반수동을 가질 수 있을 것 같지 않다. 그
같은 주장은 동사가 대격의 명사 형태론과/이나 동사 일치를 가지면,
그것은 대격 통사론일 것이라고 한 4.2의 제안을 사실상 따르고 있다.
그러나 어떤 구성이 외현적인 표지를 요구하지 않으면, 일부 학자
들이 주장한 대로 7.4의 구성들은 반수동으로 처리되어야 하며, 나아
가 대격 계통에는 수동이 있다고 똑 같이 주장할 수 있다. Heath
(1976:203)은 아래의 예를 통하여, 영어도 그럴 것이라고 실제로 주장
하였다:

He drinks
Speed kills

7.4의 구성들이 반수동이 아니며, 나아가 더 중요한 것은 능격 계통의 『행동주』 생략은 수동이 지시하는 바(6.5)가 아니기 때문에, Heath의 제안은 받아들이지 않는다.

Foley and Van Valin(1985:344)는 Kusaiean어(오스트로네시아)로 이와 비슷한 분석을 제안하였다:

```
nga    ɔl-læ          nuknuk  ɛ
I      wash-PERF      clothes  the
'I washed the clothes'


nga    owo    nuknuk    læ
I      wash   clothes   PERF
'I wash clothes'


nga    owo    læ
I      wash   PERF
'I washed'
```

첫 번째 예문의 동사 'ɔl-'은 타동사인 반면, 두 번째, 세 번째 예문의 'owo'는 자동사다. 여기서 유일하게 문제가 되는 것은 'clothes'가 不定形인 두 번째 예문에 어찌하여 자동사형이 사용되었느냐 하는 것이다. 가장 그럴 듯한 설명은, 이것이 7.5의 포함, 특히 헝가리어의 포함과 같다고 하는 것이다; 대안으로는, 『피동주』가 부정형이면 타동성이 낮아지고 그것이 자동사 형태의 용법을 결정한다고 주장할 수 있다. 이것을 반수동이라고 하는 것은 별로 그럴듯하지 않다.

대격 계통에 반수동으로 여겨지는 또 다른 구성 — 비핵심 항(『여격어』, 『도구격어』, 『처격어』 따위)이 『목적어』로 승진하는(6.6 참조) 구성이 있다. 언뜻 보기에는, 이것이 7.3에서 논의한 비핵심 관계들을 승진시키는 반수동의 용법에 대응되는 것 같다. 그러나 이들 간에는 무시할 수 없는 차이가 있는 듯하다. 대격 계통은 비핵심 항이 승진해 와도 『피동주』가 여전히 2차 『목적어』로 남아 있어서 그것이 강등되었는지가 확실하지 않다는 점에서 그렇다. Shibatani의 수동에 의한 『행동주』의 초점 흐리기(6.7 참조)에서 유추하여 『피동주』의 초점 흐리기가 반수동의 1차적인 기능이라고 한다면, 이 구성이 과연 반수동인지가 확실하지 않다.

7.8 능격 계통의 유형론적 지위

능격 언어와 능격 계통이 대격 언어, 대격 계통과 동등한 지위를 가질 수 있을까? 과연 이들이 [대격 계통에 비하여] 덜 일반적이거나, 덜 전형적이거나, 덜 자연스러운 것이라고 할 수 있을까?

단지 몇몇 언어의 목록 — 바스크어(서유럽), 타바사라어(코카서스), 힌디어(인도), Dyirbal어(오스트레일리아), 통가어(태평양), 에스키모어(북아메리카), Mam어(중앙 아메리카) 등만 봐도, 능격 계통의 언어 역시 세계 도처에 흩어져 있음을 알 것이다. 아프리카는 능격 계통을 가지는 언어가 없는 유일한 대(major)지역인 것 같다. 반면에 오스트레일리아 제어에는 능격 계통을 가지는 언어가 상당히 많이 — 200개 이상 — 있다. 그 숫자와 지리적 분포만 놓고 본다면 능격 계통은 결코 세계의 언어로서 중요하다거나 전형적인 것이라고 할 수 없다. 뿐만 아니라 전적으로 능격성을 가지는 언어는 극소수에 불과하다. 많은 '능격 언어'들이 명사 형태론과/이나 동사와의 일치에서 능격 계통을 가질 뿐, 통사론에서는 대격 계통을 가진다(4.2 참조). Warlbiri어는 심지어 명사 형태론에서는 능격 계통을 가지면서 [동사] 일치에서는 대격 계통을 가진다. 더군다나 어떤 능격 언어는 대격 계통에 가까운 수동형도 가진다. 이와 대조적으로 대격 계통을 가지는 언어들은 일반적으로 반수동을 가지지 않는다(7.7).

　자연성의 문제가 관련이 있는데, 의미론적인 이유로 대격 계열을 따르는 것처럼 보이는 구성이 있기 때문이다. (Dyirbal어에서조차도 일반적으로 대격 유형을 따르는) 명령법과 명령법의 하위 명령 표현들에서 그것이 가장 분명하게 확인된다(4.4). 대등 구성도 아주 자연스럽게 능격 계열 대신 대격 계열을 따른다고 주장할 수 있다. 대등 구성에서는 『피동주』보다는 『행동주』가 일반적으로 주제가 되는데, 주제는 담화상에서 대여섯 문장이 지나는 동안에도 변하지 않으며 반복해서 언급할 필요가 없다. 그러므로 P보다는 A를 생략하는 것이 자연스럽다 (그런 주장에 반대한 것으로는 De Bois(1987)이 있다. 그는 '능격성에 대한 담화의 기본'을 논의하였는데 현재의 논의와 직접적으로 관련이 있는 것 같지는 않다. 그의 '능격성'은 S와 P의 어휘적 표현과 관계가 있을 뿐, S와 P의 생략 가능성과는 무관하기 때문이다).

　주목할 만한 것이 더 있다. 능격 형태론은 종종 명사 형태론에 국한될 뿐 아니라, P와 S는 표시하지 않고 내버려 둔 채 유독 A를 표시하는 데만 신경을 쓰기도 한다. A와 P를 표시하는 데는 동기가 있다. 타동사 구성에서 이들을 구별하기 위해서이다. 그러나 S를 표시하는 데는 어떤 동기도 없다. S는 자동사 구성의 유일한 (1차) 항이므로 구별될 필요가 없기 때문이다. 이러한 사실 때문에 S와 P는 표시를 하지 않아도 확인이 되는 수가 있다. 그런 확인은 A가 표시되었다는 사실에서 결과하기 때문이다. (표지가 없다는 점에서) 이들의 확인은 우연히 이루어지는 것이거나 최소한 중요하지 않다고 볼 수 있다. 따라서, 이와 같이 오히려 사소한 의미로, '능격 언어'의 數는 오직 능격성을 가지는 언어로만 따질 수 있다.

　이런 이유들을 고려한다면, 유형론 연구는 대격의 관점에서 기본적으로 이루어져야 하며, 능격 계통은 정형(norm)의 변이형으로 취급해야 하고, 많은 경우에 능격 계통은 단순히 형태론적 표지의 문제로 취급하면 된다고 주장할 수도 있을 것이다 (Anderson(1976)과 비교해 보라. 그는 Johns(1991)의 것과 아주 다른 해결책을 제시하였다). 이런 입장은 기본적인 모든 유형을 단순화하며 특히 『주어』항과 『목적어』항을 모든 언어에 이용 가능한 것으로 만든다는 장점이 있다. 그러나 이같은 입장은 Dyirbal어처럼 순수하게 능격성을 가지는 언어에 있어서는 사실을 왜곡할 수 있으며, 그렇게까지는 아니라 하더라도, 다음 장에서 논의할 '도치' 계통이나 '주제격' 계통과 마찬가지로 능격 계통을 행위격 계통과 같은, 엉뚱한 계통으로 분석하게끔 한다.

'주제격' 계통과 도치 계통

이 장에서는 태와 관련이 있는 것처럼 보이는, 그러면서도 그것을 수동이나 반수동으로 처리하기가 지극히 어려운 두 계통을 간략히 살펴보기로 하겠다.

8.1 '주제격' 계통

2차 항이나 비핵심 항을 승진시킨다는 점에서는 수동이나 반수동과 비슷한, 그러면서도 수동이나 반수동으로 보기 어려운 기제를 가지는 언어들이 있다. 필리핀(Philippine) 제어들 대부분이 특히 이러한 특성을 보인다.

8.1.1 형태론

Schachter(1976)이 A('행동주'), G('도달점'), B('수혜주'), D('방향(direction)')으로 확인한 네 개의 정항이 타갈로그어(Tagalog)(Schachter(1976))에 있다. 이 책의 나머지 부분과 일관성을 유지하기 위하여 '도달점' 대신 『피동주』(P)', '수혜주' 대신 『여격어』(D)', '방향' 대신

'『처격어』(L)'라는 용어를 사용하겠다 ('도달점'이라는 용어는 논자들에 의하여 최소한 두 개의 다른 의미로 사용되었다). 이들 네 정항들은 모두, (i) 첨사 'ang'에 후행하고 (ii) 동사의 형태를 달리함으로써, 각 각 '주제어'로 표시될 수 있는데, 달라진 동사의 형태들은 AT('『행동 주』 주제어(Agent topic)'), PT('『피동주』 주제어(Patient topic)'), LT ('『처격어』 주제어(Locative topic)'), DT('『여격어』 주제어(Dative topic)')로 확인된다. 영어 번역문에서 '주제어'는 이탤릭체로 제시하였 다:

Magsalis　　　 ang babae ng bigas sa sako para sa bata
AT+will take out TOP woman PAT rice LOC sack DAT child
'The woman will take the rice out of the sack for the child'

Aalisin　　　 ng babae ang bigas sa sako para sa bata
PT+will take out AGT woman TOP rice LOC sack DAT child
'The woman will take *the rice* out of the sack for the child'

Aalisin　　　 ng babae ng bigas ang sako para sa bata
LT+will take out AGT woman PAT rice TOP sack DAT child
'The woman will take the rice out of *the sack* for the child'

Ipagsalis　　　 ng babae ng bigas sa sako ang bata
DT+will take out AGT woman PAT rice LOC sack TOP child
'The woman will take the rice out of the sack for *the child*'

Walrod(1976)은 '수동'을 다루었지만 Ga'dang어(필리핀)가 이와 비슷 한 계통이라고 기술하였다. 'I tied the pig to the post with a rope for the old man' 정도로 해석되는 이 언어의 예문은, 동사의 형태를 달리하면서 『행동주』('I'), 『피동주』('the pig'), 『처격어』('the post'), 『여격어』('the old man') 뿐만 아니라 『도구격어』('a rope')도 '『주어』'/주제가 될 수 있다.

타갈로그어의 예들은 5.3에서 논의한 말라가시어의 예들과 같은 방법으로 분석하는 것이 합리적일 것 같다. 다시 말하면 이들 언어에는 네 개의 태, 『주어』로 『행동주』가 오는 능동태, 『피동주』-『목적어』를 『주어』로 승진시키는 수동태, 『여격어』와 『처격어』를 『주어』로 승진시키는 또 다른 태가 있다고 제안하는 것이다. 이렇게 본다면 이들을 각각 다음과 같이 번역하면 훨씬 이해가 빠를 것이다:

'The woman will take the rice out of the sack for the children'
'The rice will be taken out of the sack by the woman for the children'
'The sack will have the rice taken out of it by the woman for the children'
'The children will have the rice taken out of the sack for them by the woman'

그런데 일부 논자들은 이들 예문을 『주어』 개념으로 다루는 것에 반대하고 이들을 '주제화(topicalization)'로 보아야 한다고 주장하였다. 이런 입장은 타갈로그어의 계통을, 어순 변화가 목적어(및 문장내의 다른 성분)를 文頭로 옮겨 주제화되도록 하는 언어, 이를테면 그리스어(5.5)와 비슷한 것으로 여기도록 한다. 실제로 Foley and VanValin(1985: 328)은 분명하게, 타갈로그어는 『목적어』와 『수혜주』가 문두에 위치함으로써 주제화되는 Lango어(아프리카(동부))와 '똑 같다(exactly parallel)'고 주장하였다. 이러한 견해에 대해서는 다음과 같이 반론을 제기할 수 있다; 주제화가 있는 언어들과는 달리, 타갈로그어는 주제화 된 NP 앞에 특정 형태소를 둠으로써 이들이 주제 성분임을 분명히 표시할

뿐 아니라, 수동이나 반수동처럼 동사에 표시를 함으로써 이들이 주제
성분임을 분명히 한다. 그러므로 타갈로그어는 수동/반수동 유형의 기
제를 가지고 있다고 결론짓는 것, 다시 말하면 타갈로그어의 그 기제
는 주제화가 아니라 태 체계(system of voice)라고 결론짓는 것이 합
리적이다.

그런데 이 기제를 수동이나 능동 같은 것으로 규정하고, 이 언어
의 계통을 대격이나 능격으로 규정하기는 쉽지가 않다. 다음의 두 가
지 이유 때문이다.

첫째, 명사나 동사에 있는 표지를 보고, 『행동주』 주제어' 구성과
'『피동주』 주제어' 구성 중 어느 것이 더 기본이 되는 구성인지를 판
단할 수가 없다. [그렇지만 방법이 없는 것은 아니다] 두 문장 유형
가운데 어느 하나가 더 기본적인지를 알려면 그들의 사용 빈도를 통
계 처리해 보면 된다: PT 유형이 어떤 유형보다도 훨씬 많이 쓰인다
(Cooreman, Fox and Givón(1984:17)). 어느 구성이 더 기본적인 것인
지를 판단하기 위한 다른 기준은, 『피동주』 주제어는 표시되지 않을
때도 있다는 점에서 그 근거를 얻을 수 있다. 이러한 사실에 근거하여
타갈로그어는 능격 계통이며, 태 체계는 반수동이라고 할 수 있을 것
이다.

둘째, 자동사가 쓰인 문장과 비교해 보면 이 문제는 풀리지 않는
다; [자동사 문장에서] 명사류들의 형태론적 체계는 대격(S=A)도 능
격(S=P)도 아니다. 자동사 구성은 AT로도, 또는 PT/LT로도 표시되
기 때문이다(Schachter(1976:499)):

Magatatrabaho ang   lalaki
AT + will work   TOP   man
'The man will work'

Papawisan   ang   lalaki

PT/LT+will sweat   TOP   man
'The man will sweat'

Shibatani(1988a:103-4)는 세부아노어(Cebuano)(필리핀)를 통하여 이와
비슷한 자질을 제안하였다:

Ni-basa   siy   a   ug   libro
AT-read   TOP   (he)   PAT   book
'*He* read a book'

Gi-basa   niya   ang   libro
PT-read   AGT (he)   TOP   book
'He read *the book*'

Ni-dagan   siya
AT-run   TOP (he)
'*He* ran'

Gi-kapoy   siya
PT-tired   TOP (he)
'*He* got tired'

Shibatani도 지적하였듯이, 이것은 행위격 계통을 상기시킨다. 그러나
행위격 계통은 능격 계통도 대격 계통도 아니기 때문에, 수동과 반수
동의 관점에서 태 체계가 어떤지를 정하는 데는 아무런 도움도 되지
않는다.

    그런데, 동사의 표지는 S가 『행동주』, 『피동주』, 『처소역』 등의
문법역을 가지는 것으로 확인하지만, 마치 타동사 구성의 정항들 가운

데 하나가 그렇듯이, S도 주제로 표시된다는 점을 지적해 두고자 한
다. 이처럼 주제는 『주어』나 『절대격어』처럼 문법적인 지위를 가진다:
그것은 문법관계이며 대문자를 사용(『주제격어』(Topic)), 문법관계임을
확인 받아야 한다. 다음과 같이 결론짓는 것이 가장 합리적이다: 타갈
로그어와 그 밖의 필리핀 제어의 체계는 태 체계다. 그렇지만, 타동사
문장에서 모든 정항이 1차 관계 『주제격어』로 기능할 수 있으나, 문법
관계는 타동사 구성에서와 마찬가지로 자동사 구성에서도 달라지며,
자동사 구성에서 두 개의 다른 유형의 S를 가지므로, 이와 같은 태 체
계에는 기저가 되는 문장 유형을 상정할 수 없다. 이런 점에서 이 태
체계는 수동/반수동과 다르다. 이런 차이를 고려한다면, 이 태 체계는
대격적이지도 능격적이지도 않은, 중립적인 것이라고 해야 한다.

8.1.2 통사론

『주제격어』는 관계화의 중추가 된다(Schachter(1976:500)); 수동/
반수동이 그러하였듯이, 이 태 체계도 새로운 중추를 만드는 데 사용
된다:

> Matalino   ang lalaking bumasa   ng   diyaryo
> intelligent TOP man+LI AGT+read PAT newspaper   [LInker]
> 'The man who read a newspaper is intelligent'

> Interesante ang diyaryaog   binasa   ng lalaki
> interesting TOP newspaper+LI PT+read   AGT man
> 'The newspaper that the man read is interesting'

Givón(1979:154-5)는 관련 언어로 Bikol어의 예를 들면서, 『행동주』,
『피동주』, 『여격어』(D), 『도구역』(I), 『자선주』(B) 등이 모두 『주제격

어』와 중추가 될 수 있는 관계절의 자료를 제시하였다 ―『여격어』
(또는 '『수령주』', 2.3 참조)와 『자선주』가 구별되고 있음을 주목하라:

marái ?ang-laláke na   nag-ta?ó ning-líbro sa-babáye
good   TOP-man   that AT-give PAT-book DAT-woman
'The man who gave the book to the woman is good'

marái ?ang-líbro na   na-ta?ó kang-laláke sa-babáye
good   TOP-book that PT-give AGT-man   DAT-woman
'The book that the man gave to the woman is good'
'The book given to the man by the woman is good'

marái ?ang-babáye na na-ta'ó-hán kang-laláke ning-líbro
good   TOP-woman that DT-give-DT TOP-man   PAT-book
'The woman to whom the man gave the book is good'
'The woman who was given the book by the man is good'

marái ?ang-lanséta na pinag-putúl kang-laláke ning-tubú
good   TOP-knife   that IT-cut   AGT-man PAT-sugar cane
'The knife with which the man cut the sugar-cane is good'
'The knife used by the man to cut the sugar-cane is good'

marái ?ang-babáye na pinag-bakal-án kang-laláke ning kanding
good   TOP woman that BT-buy-BT   AGT-man   PAT goat
'The woman for whom the man bought the goat is good'
'The woman that was bought (for) a goat by the man is good'

Givón은 ('『주어』'의 관점에서) 중요한 기술을 하였는데, 어느 항이

『주제격어』의 지위로 승진하는지를 지시하기 위하여 동사에 표시를 하는 언어는, 예외 없이 관계화를 승진된 항에 국한시킨다는 것이다.

그런데 타갈로그어의 보문 구성에서 이루어지는 삭제는 상황이 약간 복잡하다. Schachter(1976:504)는 이 언어의 보문 구성에서 중추가 되는 것이 (그래서 삭제가 되는 것이) 『행동주』(『주제격어』가 아님)임을 주장하였다:

> Nagatubili   siyang   humiram   ng pera   sa bangko
> AT+hesitated   TOP+he+LI   AT+borrow   PAT money   LOC bank
> 'He hesitated to borrow money from a/the bank'

> Nagatubili   sayang   hiramin   ang pera   sa bangko
> AT+hesitated   TOP+he+LI   PT+borrow   TOP money   LOC bank
> 'He hesitated to borrow *money* from a/the bank'

> Nagatubili   siyang   hiraman   ng pera   ang bangko
> AT+hesitated   TOP+he+LI   LT+borrow   PAT money   TOP bank
> 'He hesitated to borrow money from the *bank*'

여기서 주제의 변화는 통사론에 영향을 미치지 않는다: 위 예문의 보문절에서 삭제된 것은 예외 없이 (『주제격어』가 아니라) 『행동주』다. 각 예문의 대당 영어 번역과 수동의 관점에서의 해석, 그리고 '『주어』'는 문제가 무엇인지를 여실히 보여준다. 첫 번째 예문은, 'he'가 삭제된 'He hesitatd (he) to borrow money from the bank' 정도가 될 것 같다. 왜냐하면 그것이 (a) 종속절의 『주어』이고, (b) 주절의 『주어』와 동일하기 때문이다. 그런데 두 번째 예문과 세 번째 예문에서는, 종속절을 수동태로 처리하면 『주어』는 각각 'the money', 'the bank'가 되어 더 이상 삭제가 되지 않는다. 그렇게 하면 *'He hesitatd money to be borrowed from the bank by him', '*He hesitated the bank to be borrowed money from by me'라는 잘못된 문장이 만들어지기 때문이다.

그런데 Shibatani(1988a:124)는 기술하기를, 세부아노어의 『행동주』는 자신이 『주제격어』이든 아니든 (삭제된) 중추로 기능하지만, 『피동주』는 자신이 『주제격어』일 때만 삭제가 될 수 있다고 하였다. 『행동주』가 삭제된 예는 다음에 보인다:

Gusto ni   Juan nga mu-tudlo ni   Maria
want   AGT/PAT Juan LI   AT-teach AGT/PAT Maria
'Juan wants to teach Maria'

Gusto ni   Juan nga tudlo-an si Maria
want   AGT/PAT Juan LI   teach-PT   TOP Maria
'Juan wants to teach Maria'

(종속절의) 동사 표지가 보여 주듯이, 첫 번째 예문에서는 『행동주』 'Juan'이 『주제격어』인 반면, 두 번째 예문에서는 『피동주』 'Maria'가 『주제격어』다. 『피동주』-『주제격어』가 삭제된 예는 다음에 보인다:

Gusto ni   Juan nga tudlo-an sa   Maestro
want   AGT/PAT Juan LI   teach-PT   AGT/PAT teacher
'Juan wants to be taught by the teacher/the teacher to teach him'

『피동주』가 『주제격어』가 아니면 그것은 삭제된 중추가 될 수 없다. 아래 예문은 가능하지만 원래 의도하였던 의미를 가지지는 않는다:

Gusto ni   Juan nga mu-tudlo si Maestro

want   AGT/PAT Juan LI   AT-teach   TOP teacher
'Juan wants the teacher to teach (someone)'
not 'Juan wants to be taught by the teacher/the teacher to teach him'

이 예문에서는 'teacher'가 『주제격어』인데, 이 예문은 비『주제격어』인 'Juan'이 삭제된 'Juan wants to be taught by the teacher'를 의미하지 못한다.

그런데 재귀화를 통제할 수 있는 것은 『행동주』뿐이다(Schachter (1977:292)):

nag-aalala   ang lolo   sa kaniyang sarili
AT-worry   TOP grandfather LOC his   self
'*Grandfather* worries about himself'

inaalala   ang lolo   ang kaniyang sarili
LT+worry   AGT grandfather   TOP his   self
'Grandfather worries about *himself*'

그렇다면 태 체계는 재귀화를 통제하는 항을 변화시키지 않는 셈이다. 더군다나 재귀사 자신도 『주제격어』가 될 수 있다(위 예문 참조). 그러나 그것은 『행동주』가 될 수는 없다 — 아래 예문은 쓰일 수 없다:

*inaalala   ang lolo   ng   kaniyang sarili
LT+worry   TOP grandfather AGT his   self

바로 전 단락의 관점을 따르자면, 대격 언어에서 『주어』처럼 행동하는 것은 역시 『행동주』(『주제격어』가 아님)임을 알 것이다. 타갈로그어의

『행동주』와 마찬가지로 영어의 『주어』도 재귀사가 될 수 없기 때문이다; 영어의 '*Himself was worried about by grandfather'가 부적격한 것은 위의 예와 동일하게 설명할 수 있다.

　　Schachter가 1976년에 쓴 논문의 주제(theme)가 바로 타갈로그어의 '『주어』'에 대한 정의였는데, 그 후로도 이 주제는 여러 번 논의되었다 (Shibatani(1988b) 등이 여러 번 논의하였다). 그러나 [『주어』라는] 용어는 적절하지 않으며 [타갈로그어의] 계통은 대격/능격, 또는 수동/반수동의 관점에서 규정할 수 없다고 결론짓는 것이 낫다. 『주제격어』와 『행동주』가 둘 다 중추로 기능한다는 사실은 약간 의외의 것이다. 그러나 Lango어에서도 이와 비슷한 어떤 것을 볼 수 있었는데 (4.1.1, 4.1.4) 이 언어에서 『주제격어』는 대등 구성의 중추로, 『행동주』는 관계화의 중추로 기능한다. 그럼에도 불구하고, 타갈로그어는 동사 및 명사 형태론에서 태 체계를 가지는데 그 태 체계는 관계화에서는 새로운 중추를 만드는 데 사용되지만, 보문 구성의 통사론과 부분적으로만 관계가 있을 뿐 재귀사와는 무관하다고 제안하는 것이 합리적이다.

8.2 도치 계통

　　2.2와 5.6에서 기술하였듯이, 어떤 언어는 수동을 사용하여 『주어』로 기능할 수 있는 NP의 유형을 제약시킨다. 그 제약은 일반적으로, 「유정성」 또는 (더 낮게는) 감정이입 위계를 따른다. 이러한 제약 유형의 극단적인 예는, 이른바 '도치' 계통('inverse' system)이라 불리는 언어에서 볼 수 있는 것 같다.

8.2.1 기본 체계

도치 계통은 클리어(Cree)(플레인즈)(알공킨 어족(Algonquian), 캐나다, Wolfart(1973:24-5))에서 볼 수 있다:

> ni-sēkih-ā-enān   atim   (→ nisékihānān)
> 1-scare-DIR-1PL   dog
> 'We scare the dog'

> ni-sēkih-ekw-enān   atim   (→ nisēkihikonān)
> 1-scare-INV-1PL   dog
> 'The dog scares us'

형태상 이들 두 예문의 유일한 차이점은, 첫 번째 예문에는 '순행 표지(direct:DIR)'가 있는데, 두 번째 예문에는 '도치 표지(inverse:INV)'가 있다는 것 뿐이다. 의미상 차이를 보이는 것은, 1, 2인칭 NP가 3인칭 NP보다 더 상위에 위치하는 위계가 있다는 사실에 기인한다. 그리고 동사의 순행 표지는 위계상 상위에 위치한 NP('we')가 『행동주』로 해석되어야 함을 지시하고 있으며, 동사의 도치 표지는 위계상 하위에 위치한 NP('the dog')가 『행동주』로 해석되어야 함을 지시하고 있다.

두 NP가 모두 3인칭이면, 하나는 일반적으로 '인접 표지(proximate:PROX)'로 표시되고 다른 하나는 '소원 표지(obviate:OBV)'로 표시되는데, 이들 표지는 화자에 대한 관련 실체들의 상대적 근접성(nearness)(화자에 근접해지는 정도)을 지시해 준다. 인접한 NP는 소원한 NP보다 더 상위에 위치하고 위의 규칙이 적용된다:

> sēkih-ēw   nāpēw   atimwa
> scare-DIR+3   man+PROX   dog+OBV

'The man scares the dog'

sēkih-ik	nāpēw	atimwa
scare-INV+3	man+PROX	dog+OBV

'The dog scares the man'

순행 구성에서는 인접한 'the man'이 『행동주』다; 도치 구성에서는 『행동주』가 소원한 'the dog'이다. 만약 인접/소원 표지가 뒤바뀌면 『행동주』/『피동주』 관계도 바뀐다:

sēkih-ēw	nāpēwa	atim
scare-DIR+3	man+OBV	dog+PROX

'The dog scares the man'

sēkihik	nāpēwa	atim
scare-INV+3	man+OBV	dog+PROX

'The man scares the dog'

Mixe어(멕시코, Lyons(1967:272))는 [위의 클리어와] 약간 다르게 순행/도치 표지가 인칭 대명사와 결합한다. 그러나 『행동주』가 위계상 높은 NP인지 낮은 NP인지를 지시한다는 점에서는 위의 언어와 같다 (Lyons는 '순행', '도치'라고 하지는 않았다):

tə	əhc	ha	hɔɔʔy	nwopy
PAST	I	the	person	hit+1+DIR

'I hit the person'

tə	əhc	ha	hɔɔʔy	šwopy

PAST   I   the person   hit+1+INV
'The person hit me'

tə   paat   ta   həyuhk   twopy
PAST   Peter the animal   hit+3+DIR
'Peter hit the animal'

tə   paat   ta   həyukh   wyopyə
PAST   Peter the animal   hit+3+INV
'The animal hit Peter'

이 선택을 지배하는 Mixe어의 위계는 복잡한데, Foley and Van Valin(1985:289)는 이 위계를 다음과 같이 정리하였다:

> 화자(speaker) > 청자(addressee) > 인성 고유 명사(human proper) > 인성 보통 명사(human common) > 나머지 유정물 (other animate) > 무정물(inanimate)

나바호어(Navaho)(아파치 어족(Apache), 미국(남서부))가 그런 유형의 언어로 여러 번 논의된 바 있다(Hale(1973b), Shayne(1982), Witherspoon(1980), Klaiman(1988), (1991)). 여기서는 『순행어』/『도치어』가 접두사 'yi-/bi-'의 교체에 따라 대조된다. Witherspoon(1980:5)는 이들 접두사를, 주어 접두사 '-z-'와 함께 쓰이는 3인칭 목적어 표지로 보았다:

hastiin   łį́į́'   yi-z-tal
man   horse   it+DIR-it-kicked
'The man kicked the horse'

```
hastiin    łíí′      bi-z-tal
man        horse     it+INV-it-kicked
```
'The man was kicked by the horse'

이들 예문에서 순행 표지는 『행동주』가 'the man'임을 지시하고, 도치 표지는 『행동주』가 'the horse'임을 지시한다. 그런데 어순도 관계하는 것 같다: Hale(1973b:300)은 '주어-목적어-동사' 어순에 대하여 언급하였는데, 반면에 Shayne(1982:391)은 어순이 아파치어(Apache)(산카를로스)와 관련이 있다고 명시적으로 기술하였다. 두 NP의 위계가 같다면 그것[어순이 관련이 있다는 점]은 분명히 사실이다: 순행 표지가 있으면 『행동주』로 확인되는 것은 첫 번째 NP다. 반면에 도치 표지가 있으면 『행동주』로 확인되는 것은 두 번째 NP다. Witherspoon은 두 NP의 [위계상의] 지위가 같은 예문을 네 개 제시하여 그것을 입증하려고 하였다:

```
łíí′       dzaanééz    yi-ztal
horse      mule        DIR-kick
```
'The horse kicked the mule'

```
łíí′       dzaanééz    bi-ztal
horse      mule        INV-kick
```
'The horse was kicked by the mule'

```
dzaanééz    łíí′      yi-ztal
mule        horse     DIR-kick
```
'The mule kicked the horse'

```
dzaanééz    łíí′      bi-ztal
```

```
mule        horse    INV-kick
```
'The mule was kicked by the horse'

Witherspoon은 두 NP의 위계가 같지 않아도 어순이 여전히 관계하고 있다고 기술하였다. [두 NP의 위계가 같지 않아도] 순행 표지는 첫 번째 NP가 『행동주』이며 도치 표지는 두 번째 NP가 『행동주』임을 여전히 지시하고 있다는 점, 그러면서도 첫 번째 NP('주어')는 두 번째 NP보다 그 위계가 낮아질 수 없다는 제약이 있다는 점에서 그렇다는 것이다. 아래의 두 예문은 [이 제약을 어겼으므로] 수용할 수 없다:

```
*łíí'      hastiin    yi-z-yal
horse      man        it+DIR-it-kicked
```
('The horse kicked the man')

```
*łíí'      hastiin    bi-z-tal
horse      man        it+INV-it-kicked
```
('The horse was kicked by the man')

그러나 Shayne(1982:385)는 (출판하지 않은 초록에서) 예를 보고하면서, NP들의 위계가 다를 경우 어순은 관계하지 않는다고 주장하였다:

```
łíí'      John    yi-ztal
horse     John    DIR-kick
```
'John kicked the horse'

```
łíí'      John    bi-ztal
horse     John    INV-kick
```
'the horse kicked John'

여기서는 위계만이 NP들의 『행동주』, 『피동주』 관계를 정립하는 데 관계하는 것 같다. 첫 번째 예문에는 [순행 표지] 'yi-'가 있고 두 번째 정항이 어순상 뒤에 있다. 그런데도 첫 번째 정항보다 위계가 높은 관계로 두 번째 정항이 『행동주』가 되었다. 반면에 두 번째 예문에는 [도치 표지] 'bi-'가 있어서, 첫 번째 정항이 두 번째 정항보다 위계가 낮은데도 『행동주』가 되었다. 이 예문은 앞서 논의하였던 것들과는 대조를 보인다.

아래 예문이 쓰일 수 없다는 점을 근거로, Witherspoon은 접두사의 선택은 '통제력'이라고 주장하였다:

> *awééł'   hastiin   yi-z-tał
> baby   man   it+DIR-kicked
> 'The baby kicked the man'

이런 내용을 말하려면 다음과 같이 말해야 한다:

> hastiin   awéé'   bi-ztał
> man   baby   it+INV-it-kicked
> 'The man let the baby kick him'

Witherspoon은, 위 예문에 대한 자신의 번역(그에 따르면 위 예문은 'The baby kicked the man'로 번역될 수 없음)이 의도하는 바에 따라, 성인 남자가 아기보다 통제력이 더 강하다는 점이 [두 예문의 수용 가능성이 차이가 나는] 원인이라고 주장하였다. 그러나 그 위계가 유정성보다는 감정이입과 관계 있다면, 아기가 성인 남자보다 그 규모(scale)가 작다고 해도 이상할 것이 없다.

8.2.2 도치 계통과 수동

Witherspoon(1980:3)은 기술하기를, Hale(1973b:300)은 나바호어에 '수동과 비슷한 통사 규칙'이 있다고 한 반면, 어떤 학자들은 [나바호어의] 이 자료들을 능동/수동의 관점에서 단순히 처리하였다고 하였다. [이 주장들은 전 절에서 논의한 나바호어의] 첫 번째 NP를 『주어』로, 두 번째 NP를 『목적어』로 보고, 'bi-'가 수동 표지로서 『주어』+『목적어』의 연쇄를 단순히 역전시키는 것으로 보는 입장에 서 있다. 그러나 두 가지 이유로 그런 입장에 반대할 수 있다.

첫째, 8.1의 주제격 계통을 상기해 보라. 주제격 계통에서 그랬던 것처럼, (순행 구성과 도치 구성이라는) 두 구성 중에서 어느 구성이 더 기본적인 구성인지 알 수가 없다. 그리고 『피동주』가 승진하였는지, 『행동주』가 강등되었는지를 일러주는 별도의 지시가 없다 (있는 것이라고는 순행/도치를 나타내는 표지 뿐이다). 더욱이, 지금까지 논의한 모든 수동 구성에서 보았듯이, 삭제되지 않으면 『행동주』는 『사격어』로 강등되었지 『목적어』로 강등되지는 않았다. 나바호어의 예들을 수동으로 해석하면 『주어』는 『목적어』로 강등된 셈이다. [그러나] 나바호어에는 아예 승진이나 강등이 없는 것 같다. 다만 두 NP의 기능이 단순히 서로 교체, 즉 '순행'에 의하여 『행동주』+『피동주』로, '도치'에 의하여 『피동주』+『행동주』로 단순히 교체된 것 뿐이다 [따라서 그것은 수동이 아니다].

둘째, 나바호어의 예들을 수동으로 해석하면 감정이입의 위계가 갖는 중요성을 깨닫지 못하게 된다. 이 주장은 그 자체로는 결론적인 것이 될 수 없다. 2.2, 5.6에서도 보았듯이, 다른 언어에도 수동을 제약하는, 위계에 따른 규칙이 있기 때문이다. 그런데 첫 번째 반대 입장을 함께 고려한다면 그것은 중요한 문제를 제기한다. 그것은 어떤 명백한, 『행동주』의 강등도 없다는 것을 설명하는 데 도움을 주기 때문이다; Shayne이 나바호어에 대해서 주장하였듯이 『행동주』, 『피동주』

('『주어』', '『목적어』') 간에 고정된 어순이 없다면, 또는 NP들의 위계 상의 지위가 동일하다면 (이 경우에는 클리어(플레인즈)에서 보았듯이 위계간의 등급을 지시하기 위하여 인접/소원 등으로 NP들을 구별해야 한다) 그것은 특히 중요하다. 이러한 이유로 Klaiman(1991:185)는, 순 행/도치의 쌍은 능동/수동의 쌍과 달리 '명제 내용(propositional content)을 보존하지 않는다'라고 제안하였다. 영어의 능동/수동의 쌍 ('We scare the dog'/'The dog is scared by us')과 비교하면서 8.2.1의 클리어 예문을 번역해보면('We scared the dog'/'The dog scared us'), 그 차이를 분명히 알 수 있다.

그러나 이 문제는 그리 명쾌하게 풀리는 것 같지 않다. 어느 것이 『행동주』이고 어느 것이 『피동주』인지를 정해주는 고정된 어순이 있 다면, 도치 구성은 그 구별을 감정이입의 위계에 전적으로 의존하는 구성보다 더 수동에 가깝다는 것이 확실하다; 나바호어에서 'horse'/ 'mule'은 그 위계가 아무런 역할도 하지 못한다. 반면에 나바호어의 'man'/'horse'는 『행동주』와 『피동주』를 지시하는 데 그치지 않고, 그 것이 원래 목적대로 수용할 수 없는 문장을 걸러내는 역할도 하는 것 같다. 반대로 고정된 어순이 없다면, 이 위계는 결정적이며 도치 구성 은 수동과 매우 다른 것으로 처리되어야 한다.

수동과 더 가까운 구성은 Wakashan어(캐나다)에서 볼 수 있다. 이 언어에는 1, 2인칭이 3인칭보다 더 등급이 높다는 위계가 있는데, 아래의 예에서 보듯이 『행동주』 강등에 대한 독립적인 근거가 없다 (Jacobsen(1979:126, 123)):

da·sas   tq̓ʷasiq   ƛicuxʷadi

see+INDIC+1SG   sit on the ground+ART   person

'I see the one sitting on the ground'

da·saʔits   tq̓ʷasiq

see+PASS+INDIC+1SG   sit on the ground+ART

'The one sitting on the ground sees me'

그러나 다른 예에는 『행동주』 강등에 대한 지시가 있다(Jacobsem(1979: 120)):

bačil	Ɂaλi·tq^{w}ał	q̇idi·liq	Ɂu·yuq	
bite+MOM+INDIC+3	bear	dog+ART	OBJ	[MOMentary]

'The bear bit the dog'

bačiλʼit	q̇idi·liq	Ɂaλi·tq^{w}ał–x̣it
bite+NOM+PASS	dog+ART	bear–REL+PASS

'The bear bit the dog'

(Jacobsen은 '-x̣it'을 '관계 수동(relative-passive)'으로 주석을 달았다; Whistler(1985:238)은 그것을 'by'로 해석하였다)

　　이와 같이 언어들이 수동 체계와 도치 체계의 자질을 아주 다양하게 보여 주지만, 이 둘을 구별하기 위한 기준을 흐리지는 않음을 확실히 알 수 있다. 극단적인 경우에는 두 기제와 관련된 책략을 달리할 수 있다; 특히, 도치 계통에서는 『행동주』가 분명하게 강등(삭제)되지 않고 감정이입의 위계가 결정적인 역할을 하는 반면, 수동 체계에서는 강등(삭제)이 확실히 이루어지고 이 위계가 거의, 또는 전혀 중요한 역할을 하지 않는다.

사 동

누군가에게 어떤 행위를 수행하도록 시키는(causing) 일반적인 개념을 표현하기 위하여, 많은 언어들은 문법적, 또는 준문법적(semi-grammatical)인 기제를 가진다. '사동(causative)'이 바로 그 기제다. 이탈리아어에서 우선 간단한 예를 보기로 하자(Lepschy and Lepschy(1977:114-15, 203-6)):

    Ada   scrive una lettera
    Ada   writes a   letter
    'Ada writes a letter'

    Faccio scrivere   una lettera a Ada
    I make to write   a   letter to Ada
    'I make Ada write a letter'

수동과 마찬가지로, 사동도 간단한 능동문에서 도출되는 것으로(그러나 9.1을 보라), 그리고 서술되고 있는 정항들의 문법적 지위를 바꾸는 기제로 여길 수 있다. 그러나 수동과 달리 사동은, 어떤 항을 승진시키지는 않고 관념적으로 「사동주」가 되는 새로운 정항 하나를 추가시

킨다. 이 새로운 정항은 『사동주』(Causer)라는 (새로운) 문법역을 가
지는 것으로 보인다. 『사동주』는 『주어』 자리에 위치하는데, 그러면
원래의 『주어』는 비핵심적인 지위나 우언적인 지위로 강등된다.

9.1 사동의 형식

수동에서도 그러하였듯이, 사동을 형태론적으로 형식화하는, 즉
동사에 특정 사동 형태를 표시하는 언어는 많다. Tigrinya어(셈 어족,
에티오피아, 필자 조사, 5.3 참조)를 보기로 하자:

> Bärḥe   mäṣḥaf   rə'iyu
> Berhe   book   saw+PAST+3SG
> 'Berhe saw the book'

> Məsgənna   nə-Bärḥe   maṣḥaf   'a-r'iyu-wo
> Mesghenna   ANIM-Berhe   book   CAUS-see+PAST+3SG-him
> 'Mesghenna showed Berhe the book'

('show'에 'cause to see'로 주석을 달았는데 'see'의 사동형이다. 9.3.2
참조)

Tigrinya어에서 사동은 규칙적으로 형성되는, 그리고 생산적인 문
법 형식이라 할 수 있다. 동사에 접두사 "a-"만 붙이면 사동형이 형성
되는데, 약간의, 그러면서도 규칙적인 어형 변화만이 수반되고 누군가
에게 관련 행위를 수행하도록 시킨다는, 단순한 의미만이 더해진다는
점에서 그렇다고 할 수 있다. 그러나 다른 언어에서는 사동이 그렇게
규칙적이지도 생산적이지도 않다. Tigrinya어와 관계가 있는 암하라어
(Hetzron(1976:379))에서조차도 그러하다. 이 언어의 동사 BALLA 'eat'

에는 두 개의 사동형이 있는데 접두사 'a-'나 'as-'를 붙여서 사동형을 만든다. 그리고 의미는 예측할 수가 없다:

> ləğu   səga   bälla
> the boy   meat   eat+PAST+3SG
> 'The boy ate meat'

> abbat   ləğu-n   səga   a-bälla
> father   the boy+OBJ   meat   CAUS-eat+PAST+3SG
> 'The father fed the boy meat'

> abbat   ləğu-n   səga   as-bälla
> father   the boy+OBJ   meat   CAUS-eat+PAST+3SG
> 'The father forced the boy to eat meat'

> abbat ləğu-n   səga baškär   as-bälla
> father the boy+OBJ   meat by servant CAUS-eat+PAST+3SG
> 'The father had the servant make the boy eat'

> abbat səgaw-n   bawre   as-bälla-w
> father the meat+OBJ   by beast CAUS-eat+PAST+3SG-it
> 'The father let the beast eat the meat (through carelessness)'

(번역문의 'let'은 사동이다. 아래 내용과 9.5를 참조하라)

형태(론)와 의미가 정확히 일치하지 않는데, 이것은 일반적으로 '굴절(inflection)'보다는 '파생(derivation)'에서 보이는 현상이다. '굴절'은 시제, 서법, 태 등의 규칙적인 형성에 사용되는 반면, '파생'은 'organize/organization, choose/choice, perform/performance'와 같이

(형태론적으로나 의미론적으로나) 덜 규칙적인 형성에 사용된다. 그런데 암하라어와 그 밖의 에티오피아 제어들의 사동 형성은, 대개의 경우는 완벽하게 규칙적인 수동과 더불어, 동일한 전체 체계에 속한다는 점을 언급해 둔다:

능동형   bälla
수동형   täbälla
사동형   abälla

이들 도출형들은, 그들이 도출형이라고 불리듯이, 단순 능동형과 동일한 영역의 인칭, 수, 성, 시제를 가진다. 도출의 지시에 대한 가능성은 다른 것도 있다. 어떤 언어에는 동사가 이중, 심지어는 삼중의 사동형을 가지기도 한다(9.4 참조).

위의 예에서 보았듯이 사동도 수동처럼 순수히 형태론적으로 이루어질 수 있다. 물론 조동사의 도움을 받아서 [우언적 구성으로] 사동이 이루어질 수도 있다. 사동형의 특정 동사, 이를테면 이탈리아어의 경우는 FARE 'to make/do' 동사를 사용하여 사동이 이루어지는 것인데, 예는 이 장의 맨 앞에 있다. 그렇지만 'FARE' 동사와 이에 후행하는 동사를 묶어서 사동이 문법화한 형식이라고 할 수도 있다. 이들 복합체는 어떤 다른 형태에 의해서도 침해받지 않는다는 점에서 이들의 결합은 하나의 문법 단위를 형성한다고 할 수 있기 때문이다. 이탈리아어의 다른 동사들은 그렇지 않다 (예외가 하나 있기는 하다 — 아래의 논의를 참조하라). 'FARE'를 VEDERE 'to see'와 비교해 보면 그 차이가 뚜렷이 보인다. 'VEDERE' 동사는 대체 구성을 가진다:

Faccio scrivere   Ada
I make to write   Ada
'I make Ada write'

Ho   visto Ada scrivere
I have seen   Ada write
'I have seen Ada write'

Ho   visto scrivere Ada
I have seen   write   Ada
'I have seen Ada write'

'FARE' 동사는 대체 구성을 가지지 못한다:

*Faccio Ada scrivere

대명사는 일반적으로 동사 복합체 전체에 선행한다:

Gliela   faccio   scrivere
To her+it I make   write
'I make her write it'

Gliela   ho   visto   scrivere
To her+it I have   seen   write
'I have seen her write it'

다소 수용 가능성이 떨어지기는 하지만, 'VEDERE' 동사가 사용된 경우는 두 번째 동사 뒤에 그것의 대명사 『목적어』['la']를 둘 수 있다. 그러나 'FARE' 동사가 사용된 경우는 그럴 수 없다:

La   ho   visto   scriver-la
Her I have seen   write-it

'I have seen her write-it'

(*La faccio scriverla)

이탈리아어에는 'FARE' 동사와 비슷한 행동을 보이는 동사가 있다 ―
LASCIARE 'to permit/let/allow' 동사가 그렇다고 하겠다 (암하라어의
구성 가운데 하나가 'let'의 의미를 가진다는 점은 앞에서 논의하였다).
이것 역시 사동으로 처리해야 하는데, 그러면 이탈리아어에는 두 개의
사동형이 가능하다고 할 수 있다. 하나는 'making'이요 다른 하나는
'permitting'이다; 9.5에서 더 논의할 것이다.

영어는 동사 'MAKE, GET, HAVE, CAUSE' 등을 사용하여 사동을
표현한다. 그러나 이들 가운데 어떤 것도, 이들과 비슷한 결합체('연쇄
형(catenatives)' ― Palmer(1987:172ff.))에 쓰이는, 다른 모든 동사들과
구별되는 특정한 문법적 자질을 가지는 것 같지가 않다. 그러므로 [이
탈리아어와는 달리] 영어에는 문법화한 사동 구성이 없는 것 같다.

순수히 형태론적인 사동형과 조동사 따위의 도움을 받아서 사동
의 의미를 가지는 우언적인 사동형에는 문법성의 등급이 있는 것 같
다. 그러나 서술 정항들의 문법적 지위에 영향을 미치는 사동은 여전
히 이 사동형들을 간단히 설명할 수 있는데, 문법역과 문법관계에 대
한 연구는 이들을 논의할 가치가 충분히 있다.

여기서 간단히 논의할 수 있는 이론적인 문제가 하나 있다. 수동
형이 능동 구성에서 도출되는 것으로 여겼듯이 사동형도 비사동 구성
에서 '도출되는' 것으로 여기는 것이 합당하다. 그러나 수동형과 사동
형을 기저형(능동형과 비사동형)에 연결시키기 위한 일련의 형식 규칙
이 주어져야 한다. 몇몇 이론들은 모든 사동형의 기저 구조는 조동사
의존 구성과 비슷한 것, 이를테면 하나의 절이 다른 절의 하위에 있
는, 두 개의 절로 된 구성이라고 주장하였다. 이 절의 도입부에 있는
Tigrinya어의 예에서, 우리는 'Mesghenna caused (Berhe see the

book)' 유형의 기조 구조를 볼 수 있었다. 70년대 주목을 받았던 어떤 이론('생성 의미론(generative semantics)')은 이런 분석을 '어휘적 사동(lexical causative)'에까지 적용, 'KILL'을 'cause to die'로 해석할 정도였다. 생성 의미론보다는 비판을 덜 받았지만, 관계 문법(Relative Grammar)의 몇몇 수정판도 형태론적 사동 구성이 '단일 절 구성(monoclausal)'이라기 보다는 '복합 절 구성(biclausal)', 즉 하나의 절로 이루어진 구성이라기보다는 두 개의 절로 이루어진 구성이라는 가정을 하기도 하였다(예는 Davies and Rosen(1988) 참조). 이들의 입장은 형태론적 사동형을 조동사 의존 사동형과 비슷한 것으로 주장하는 것인데, 굳이 이러한 입장을 수용할 필요는 없다. 사동에 대해서는 다음과 같이 주장하기만 하면 된다: (i) (형태론적으로 조동사의 도움을 받든 그렇지 않든) 동사에 표시를 하고 (ii) 『주어』 자리에 『사동주』를 추가하고 (iii) 어떤 정항들은 강등시키고 (iv) 사동의 의미가 더해진다. 순수히 형식적인 ('표면(surface)') 층위에서는, 형태론적인 사동 구성은 단일 절 구성인 반면, 두 개의 서술어가 있다는 점에서 조동사 의존 사동 구성은 복합 절 구성인 것 같다. 그러나 조동사 의존 구성도 그들을 단일 절 구성에 더 가깝게 여기도록 하는 통사적 자질을 가질 때가 있다.

9.2 '전형적인 경우'

꽤 영향력이 있는 논저 Comrie(1976)은, 사동 구성에는 문법관계들의 위계에 개입하는 '전형적인 경우(paradigm case)'가 있다고 논의하였다:

주어 > 직접 목적어 > 간접 목적어 > 사격 성분

사동 구성이 되면 원래의 『주어』는 오른쪽 옆의 것[『직접 목적어』]으로 강등된다는 것이다. 물론 그 자리가 비어 있을 경우에만 그럴 수 있다. 자동사의 사동형, 타동사의 사동형, 『간접 목적어』가 있는 타동사의 사동형은 그것을 잘 보여 준다.

자동사가 사동형이 되면 [『직접 목적어』 자리가 비어 있을 것이므로] 『주어』는 『(직접) 목적어』로 강등된다는 것을 예견할 수 있다. 헝가리어와 이탈리아어를 보기로 하자:

> a   tanulók váratjak   a   tanár-t   (p.267)
> the pupils wait+CAUS the teacher-DO
> 'The pupils make the teacher wait'

> Gianni lo   fa   venire   (p.266)
> Gianni him(DO) makes to come
> 'Gianni makes him come'

타동사가 사동형이 되면 [『직접 목적어』 자리가 비어 있지 않을 것이므로] 『주어』는 『간접 목적어』/『여격어』의 지위로 강등된다고 예견할 수 있다. 터키어와 불어에서 예를 볼 수 있다:

> Dişçi   mektub-u műdűr-e   imzala-t-tɨ   (p.268)
> dentist letter-DO   director-IO sign-CAUS-PAST
> 'The dentist made the director sign the letter'

> J'ai   fait   manger la pomme à Claude
> I have made to eat   the apple to Claude
> 'I made Claude eat the apple'

『간접 목적어』까지 있는 타동사가 사동형이 되면 『주어』는 비핵심적인 지위로 강등된다. 터키어와 불어에서 예를 볼 수 있다:

Dişçi   Hasan-a   mektub-u   műdűr tarafɨndan   gőster-t-tɨ
dentist Hasan-IO   letter-DO   director by   show-CAUS-PAST
                                                     (p.270)
'The dentist made the director show the letter to Hasan'

Ho   fatto   scrivere   una lettera   a Paolo   da Maria
I have made   to write   a   letter   to Paolo by Maria
'I made Maria write a letter to Paolo'

Comrie는 이들 언어 외에도 여러 언어를 통하여 다양한 예들과 목록을 제시하였는데, 예를 더 제시할 수 있었으면 좋았을 것이다. 만약 그가 이 장의 도입부에서 제시한 이탈리아어 타동사의 사동형('Faccio scrivere una lettera a Ada')을 예로 추가하였더라면, 그는 한 언어에서 가능한 세 가지 경우라는, 한 세트의 완전한 예를 제시할 수 있었을 것이다.

그가 제안한 전형적인 경우는 멋진 것이었지만, 예외들이 많아서 Comrie 스스로도 인정하고 어떻게든 보완하려고 했다. Song(1991:66)은 '이 이론의 최고 약점은……있다 하더라도 극소수의 언어만이 그의 전형적인 경우를 따른다는 사실이다'라고 하였다. 그러나 실제로 그것은 상당히 많은 언어 자료를 설명할 수 있는 것 같으며, 따라서 최소한 논의의 출발점으로는 쓸 만하다.

Comrie의 제안을 반대하는 가장 강력한 사항은, 한 유형의 기저 구조에 자그마치 세 개나 되는 사동 구성이 있다는 사실이 아닐까 한다. Xhosa어(반투, Cooper(1976:314))를 보자:

Ndi-bon-is-e   umfundisi   iincwadi
I-see-CAUS-PAST   teacher   books
'I showed the teacher the books'

Nidi-theng-is-e   iincwadi   k-umfundisi
I-buy-CAUS-PAST   books   LOC-teacher
'I sold books to the teacher'

Ndi-lum-is-e   umtana   nge-nja
I-bite-CAUS-PAST   child   INSTR-dog
'I made the dog bite the child'

이들 가운데 어떤 것도 전형적인 경우에 맞지 않다. 처격 표지를 『간
접 목적어』 표지로 볼 수만 있으면 두 번째 예는 전형적인 경우에 맞
는 것으로 볼 수 있겠다. 첫 번째 예에서는 『직접 목적어』가 이미 존
재하는데도 불구하고 『주어』가 외현적으로는 『직접 목적어』로 강등되
었다. 이것은 분명히 전형적인 경우에 대한 예외가 된다. 전형적인 경
우는 『주어』는 이미 차 있는 자리로는 강등될 수 없다고 예견하기 때
문이다. Comrie는 몽골어(Mongolian)도 예로 제시하였다:

xeden   mal-ā   day-ā   dav-ūlax   (p.275)
small   herd-DO   pass-DO   cross-CAUS
'He made the small herd cross the pass'

앞의 것과 마찬가지로, 『간접 목적어』가 이미 존재하는데도 불구하고
『주어』는 가끔 『간접 목적어』로 강등되기도 한다. Comrie는 펀자브어
와 이탈리아어의 예를 더 제시하였다:

bənde   ne   maṣtər   nuṁ   kàṇi   mwṇdyaṁ   nuṁ   swṇ-vā-i
man   SUBJ   teacher   IO   story   boys   IO   tell-CAUS-PAST
(p.227)

'The man made the teacher tell the story to the boys'

Ho   fatto   scrivere   a Maria   una   lettera   a Paolo   (p.278)
I have   made   to write   to Maria   a   letter   to Paolo
'I made Maria write a letter to Paolo'

Comrie는 이 현상을 '통사적 중복(syntactic doubling)'이라고 하였다. 다른 데서는 드물지만, 중복된 『직접 목적어』가 비사동 구성에는 꽤 흔하다는 것이다.

　　Xhosa어의 세 번째 예를 보자. 여기에는 [미리 자리하고 있는] 『직접 목적어』가 없는데도 『주어』가 [『직접 목적어』로 강등되지 않고] 비핵심적인 지위로 강등된다. 불어의 조동사 의존 사동에도 비슷한 경우가 있다. Xhosa어의 두 번째 예, 세 번째 예와 비슷한 것은 주어가 『간접 목적어』나 『도구격어』로 강등되는 경우인데, Comrie(1976:271)도 그런 예를 제시하였다:

Je   ferai   manger   une pomme   à   Claude
I   will make   to eat   an   apple   to Claude
'I will make Claude eat an apple'

Je   ferai   manger   une pomme   par Claude
I   will make   to eat   an   apple   by   Claude
'I will make Claude eat an apple'

(불어도 중복된 『직접 목적어』를 허용한다 — 9.3.2를 보라)

헝가리어(Hetzron(1976:392-6))는 전형적인 경우와 더 일치하지 않는다. 타동사 구성일 경우 『주어』는 전형적인 경우가 지시하는 대로 『간접 목적어』로 강등되지 않고 『도구격어』로 강등된다:

```
levelet        irattam              a fiúval       (*fiút)
letter+ACC    I+CAUS+write    the boy+INSTR    (*a boy+ACC)
'I made the boy write a letter'
```

자동사 구성일 경우, 『주어』는 『간접 목적어』로도, 『도구격어』로도 강등될 수 있다:

```
köhögtettem        a    gyerekkel
I+CAUS+cough      the  boy+INSTR
'I had the boy cough'
```

```
köhögtettem        a    gyerekket
I+CAUS+cough      the  boy+ACC
'I induced the boy to cough'
```

끝으로, 원래의 『주어』가 강등되지 않고 삭제될 수 있음을 지적하고자 한다. 이 현상은 이탈리아어 예에서 보았던 것이다(Lepschy and Lepschy (1977:205)):

```
Ho    fatto  scrivere   una lettra
I have made  to write   a    letter
'I got a letter written'
```

전형적인 경우에 대한 이렇듯 다양한 예외들은 다음 절에서 더 논의할 것이다.

9.3 대조되는 구성들

많은 언어들이, 의미가 조금씩 다른, 하나 이상의 사동 구성을 가진다는 것은 그리 놀랄 만한 일이 아니다.

9.3.1 '능동' 사동과 '수동' 사동

한 언어 내의 서로 다른 구성들에 대하여 가장 긍정적이고 일반적으로 제안할 수 있는 것이 있다: 전절의 끝부분에서 지적했던 것처럼, 『간접 목적어』로의 강등과 『도구격어』로의 강등 간에 보이는 대조는 능동과 수동 간에 보이는 차이를 그대로 보여 준다는 것이다. 9.1에서 간략하게 언급한 이론적인 관점에서 이것이 의미하는 것은 다음과 같다: 『도구격어』가 있는 구성에는 사동화(causativization) 이전에 기저가 되는 하위절의 수동화가 있다. Hyman and Zimmer(1976:199-200)이 제시한 불어를 보자:

> J'ai   fait   nettoyer les toilettes au général
> I have made clean   the toilet   to the general
> 'I made the general clean the toilets'

> J'ai   fait   nettoyer les toilettes par le   général
> I have made clean   the toilet   by the general
> 'I had the toilets cleaned by the general'

이 예문들은 아래의 예문에서 각각 도출되었다고 제안하였다:

> J'ai fait (le général nettoyer les toilettes)
> J'ai fait (les toilettes etre nettoyées par le général)

첫 번째 예문에는 '내가 사람들에게 무언가를 시켰다(I did something to the general)'라는 뜻이 있는 데 반하여, 두 번째 예문은 '내가 화장실이 깨끗해지기를 원했다(I wanted the toilets cleaned)'와 '사람들이 이미 그 일을 하려고 하였다(the general is more incidental to the task)'라는 뜻이 있다.

이것은 제법 매력 있는 해결책인데, 특히 9.2절 끝 부분의 이탈리아어의 예를 통하여 지적한 바, 『주어』는 『도구격어』로 강등될 뿐 아니라 생략되기도 하기 때문이다; [강등과 생략] 이 둘은 수동의 속성이다. 그러나 '능동' 유형, '수동' 유형의 사동을 말하기 위하여, Hyman and Zimmer 식의 생성 이론을 받아들일 필요는 없다고 본다. 다만 이들 용어['능동' 사동, '수동' 사동]는, 다른 두 구성을 단순히 동일시하기 위하여 사용하면 그만이다 (물론 이들 용어가 의미의 차이를 제시하기는 하지만). 더군다나 이 이론에는 반증례도 있다. Comrie(1976:273)은 기술하기를, 핀란드어에는 수동이 없는데도 '수동' 사동 구성이 있다고 하였다:

> Minä   rakennutin   talo-n   muurarei-lla
> I   build+CAUS   house-DO   bricklayers-INSTR
> 'I make the bricklayers build the house'

이와 비슷하게 Cole(1983:129-30)은, 불어에서 수동의 행위격 'par' 구(phrase)는 수동화될 수 없는 동사들의 사동형으로 쓰일 수 있으며, 역으로 지각 동사들은 수동화되지 않음에도 불구하고 'par' 구가 이들

의 사동형으로 쓰일 수 없다고 하였다:

Le capitaine lui a   fait tirer dessus par les gardes
the captin   to him has made shoot on the guards
'The captain had guards shoot at him'

*Il a   été tiré dessus par les gardes
he has been shot on   by the guards
'He was shot at by the guards'

Le film a   été vu   par les enfants
the film has been seen by the children
'The film was seen by the children'

*Antoine fera   voir ce film par les enfants
Antoine will make see this film by the children
'Antoine will make the children see this film'

Comrie(1976:217)은 힌디어를 포함한 많은 언어가 이러한 유형의 대조를 보인다고 하였다. 힌디어는 Saksena(1981, 1982a, 1982b)가 최대한 논의하였는데, 그는 이 언어에 '직접(direct)' 사동과 '간접(indirect)' 사동이 있다고 주장하였다: 여격＋대격('능동') 구성의 여격 표지 'koo'는 『행동주』가 행위가 직접 가해지는 '표적'이며 따라서 영향을 받는 것임을 지시하는 반면, 도구격＋대격('수동')의 『행동주』는 표적이 아니며 영향을 받지 않음을 지시한다. 그런데 두 구성에 다 사용될 수 있는 동사는 조금 밖에 없다. Saksena(1982a:827)에서 제시한 예 가운데 한 쌍을 다음에 보인다:

māī-nee raam-see/koo   masaalaa cakh-vaa-yaa
I-SUBJ   raam-OBJ/INSTR spice   taste-CAUS-PAST
'I had Raam taste the seasoning'

'-koo'가 사용되면 시식(tasting)이 「행동주」에게 이익이 되는 것이지
만, '-see'가 사용되면 그것은 다른 사람에게 이익이 되는 것이다. 이
와 비슷하게, 'read this book'이 서술어이면 「행동주」가 책을 읽어 나
가는 것과 책이 읽혀지는 것이 차이가 있다.

'직접' 사동과 '간접' 사동 간의 대조는 자동사에서도 가능하다. 일
본어를 보자(Shibatani(1982:109)):

Taroo-ga   Ziroo-o   hasir-ase-ta
Taro-NOM   Ziro-ACC   run-CAUS-PAST
'Taro made Ziro run'

Taroo-ga   Ziroo-ni   hasir-ase-ta
Taro-NOM   Ziro-DAT   run-CAUS-PAST
'Taro got Ziro to run'

그런데 일본어의 직접 사동은 (전형적인 경우처럼) 원래의 『주어』를
『직접 목적어』로 강등시키는 반면, 간접 사동은 그것을 (『도구격어』가
아니라) 『여격어』로 강등시킨다.

9.3.2 '단일 사건' 사동

9.3.1의 분석은 9.2에서 논의한 '통사적 중복'을 설명하지 못하는
데, 특히 두 개의 직접 목적어를 가지는 구성을 설명하지 못한다. 불
어의 예로써 그것과 '전형적인 경우'를 비교해 보자:

```
Je  l'ai            fait    manger  des  épinards
I   him(DO) have    made    to eat       of the spinach
'I made him eat spinach'
```

```
Je  lui      ai      fait    manger  des  épinards
I   him(IO)  have    made    to eat       of the spinach
'I had him eat spinach'
```

Hyman and Zimmer(1976:194)는 제안하기를, 첫 번째 예문은 '아이가 자신의 의지에 반하여 시금치를 억지로 먹은' 경우에 사용할 수 있는 반면, 두 번째 예문은 '배고픈 사람에게 먹을 수 있는 유일한 음식으로 시금치가 주어지는' 경우에 사용할 수 있다고 하였다; 이 경우에는 'fed him spinach' 정도로 번역할 수 있다.

그렇다면 의미를 달리 하는 사동의 유형은 세 가지가 있다고 할 수 있다. '능동(직접)' 사동, '수동(간접)' 사동, 그리고 이에 더하여 제3의 유형이 바로 그것이다. 제3의 유형은 사동과 행위가 밀접하게 관계를 가지며, 사동과 행위가 단일 사건(single event)에 행해지는 것으로 보이며, 「사동주」가 실제로 그 사건에 참여하는 유형이다. 이는 종종 'show', 'feed', 'dress' 등으로 번역되는데, 영어에서는 모두 단순 타동사다.

그런데 암하라어에도 이와 동일한 세 가지 방식의 대조가 있었음 (9.1)을 상기하라 (사실 이 언어에는 네 번째 유형도 있다). 그러나 그것은 불어의 자료와 부분적으로만 일치한다:

```
abbat  ləǧu-n        səga  a-bälla
father the boy-OBJ   meat  CAUS-eat+PAST+3SG
'The father fed the boy meat'
```

```
abbat  ləğu-n           səga   as-bälla
father  the boy-OBJ     meat   CAUS-eat+PAST+3SG
'The father forced the boy to eat meat'
```

```
abbat  ləğu-n           səga   baškär       as-bälla
father  the boy-OBJ     meat   by servant   CAUS-eat+PAST+3SG
'The father had the servant make the boy eat'
```

이들 가운데 두 번째와 세 번째 것은 명백히 '능동'/'수동'의 대조를 보
여 준다. 반면에 다른 접두사가 사용된 첫 번째 것은, 'cause to eat'이
라[는 복합적인 의미를 가지]기 보다는, 'feed'라는 단일한 의미를 가진
다. 그런데 불어와는 달리 'feed'와 'make eat'이 강등된 항들의 지위에
따라 구별되지 않고, 동사의 사동 표지['a'와 'as']에 따라 구별된다. 이
런 이유로 Cohen(1936:222, 228)은 접두사 'a-'를 '사동'으로, 접두사
'as-'를 '작위(factitive)'로 보았다. 이것과는 약간 다르지만, Cole(1983:
117-19)는 케추아어(볼리비아)의 세 가지 구성을 논의하였다:

```
nuqa  Fan-ta        rumi-ta    apa-či-ni
I       Juan-ACC     rock-ACC   carry-CAUS-1SG
'I made Juan carry the rock'
```

```
nuqa  Fan-wan       rumi-ta    apa-či-ni
I       Juan-INSTR    rock-ACC   carry-CAUS-1SG
'I had Juan carry the rock'
```

```
nuqa   wawa-man      yaca-či-n
I        child-DAT      know-CAUS-1SG
'I taught it to the child'
```

그는 제안하기를, 대격은 직접적이고 강제적인(coercive) 사동을 표현하고 도구격은 간접적이고 강제적이지 않은 사동을 표현하는 반면, 여격은 『주어』가 전형적으로 유정물 비행동주인('단일 사건' 사동이다) '경험 동사들'과 함께 사용된다고 하였다.

'단일 사건' 사동이 영어에서는 단순 타동사로 번역될 때가 있다는 사실은 언급한 바 있다. Shibatani(1976a)는 일본어의 형태론적 사동이 결코 '단일 사건'이 아니라고 기술하였는데, 영어에서와 마찬가지로 그런 사동은 어휘적 동사에 의하여 표현된다. 그는 두 유형을 '조작된(manipulative)' 사동과 '직접(directive)' 사동으로 구별하였는데, '조작된' 사동(어휘적, 단일 사건)은 항상 「사동주」의 물리적인 개입을 함의한다. 그는 아래 예문들을 대조적으로 제시하였다:

Taroo ga   Ziroo o   tome-ta   (p.17)
Taro   NOM   Ziro   ACC   stop-PAST
'Taro stopped Ziro'

Taroo ga   Ziroo o   tomar-ase-ta
Taro   NOM   Ziro   ACC   stop-CAUS-PAST
'Taro made Ziro sotp'

Taroo wa   Ziroo o   taosi-ta   (p.34)
Taro   TOP   Ziro   ACC   throw-PAST
'Taro threw Ziro down'

Taroo wa   Ziroo o   taore-sase-ta
Taro   TOP   Ziro   ACC   fall-CAUS-PAST
'Taro made Ziro fall down'

'dress'/'make (someone) get dressed', 'raise'/'cause to rise', 'move'/'cause to move' 등 비슷한 쌍들이 더 있다. Shibatani는 또한 기술하기를, '조작된' 사동만('직접' 사동은 아님) 무정물 『목적어』와 함께 쓰일 수 있는데 무정물 『목적어』는 「사동주」의 물리적인 개입을 분명하게 요구하기 때문이라고 하였다. 다음과 같이 말할 수는 없다:

> *boku wa   isu o   ugok-aset   (p.33)
> I   TOP   chair ACC   move-CAUS-PAST
> 'I caused the chair to move'

9.3.3 우언적 사동 대 형태론적 사동

어떤 언어는 우언적 사동과 형태론적 사동을 다 가지는데, 이들은 '완전(full)' 사동과 바로 전 절에서 논의한 '단일 사건' 사동 간의 의미론적 대조와 관련될 때가 있다. Shibatani(1973:287)은 한국어를 예로 들었다:

> emeni-nun ai-eykey os-ul   ip-key   ha-ess-ta
> mother-TOP child-DAT clothes-ACC wear-COMPL do-PAST-INDIC
> 'The mother had the child put on the clothes'

> emini-nun ai-eykey os-ul   ip-hi-ess-ta
> mother-TOP child-DAT clothes-ACC wear-CAUS-PAST-INDIC
> 'The mother put the clothes on the child'

첫 번째 예문은 어머니가 아이가 어떤 방법으로든 옷을 입게 하였다는 의미를 가진다; 두 번째 예문은 어머니가 아이에게 옷을 입혔다는 의미를 가진다 — 시키는 행위와 입는 행위가 본질적으로 하나의 행위다 (Shibatani는 '-hi-'에 의한 사동 형성이 생산적이지 않은 것으로 보았으므로 그것을 어휘적인 것으로 여겼다. 그러나 9.1에서도 논의하였듯이 사동 형성은 굴절 자질보다는 파생 자질에 더 가까운 경우가 있다).

더구나 Shibatani는 제안하기를, 우언적 사동에서는 시간 부사어가 사동 시간을 지시할 수도 있고 행위가 이루어진 시간을 지시할 수도 있지만, 형태론적 사동에서는 그것이 사동과 행위가 결합된 시간만 지시할 수 있다고 하였다:

emeni-nun ai-eykey yelsi-ey   pap-ul mek-key ha-ess-ta
mother-TOP child-DAT ten o'clock-at rice-ACC eat-COMPL do-PAST-INDIC
'The mother had the child eat rice at ten o'clock'

emeni-nun ai-lul   yelsi-ey   pap-ul mek-hi-ess-ta
mothe-TOP child-ACC ten o'clock-at rice-ACC eat-CAUS-PAST-INDIC
'The mother fed the child rice ten o'clock'

그는 이들 예문을 다음과 같이 설명하였다: 첫 번째 예문의 10시는 어머니가 아이에게 밥을 먹으라고 명령을 내린 시간일 수도 있고 아이가 [실제로] 밥을 먹은 시간일 수도 있다. 반면에 두 번째 예문의 그 시간은 어머니가 아이에게 밥을 먹여서 아이가 밥을 먹은 시간일 뿐이다. 이것은 예상했던 것이다. 조동사 의존 사동은 두 개의 동사 형태를 가지므로 이들 가운데 어느 하나가 동사에 의하여 수식될 수 있는 반면, 형태론적 사동은 단지 하나의 동사 형태만 가지기 때문이다 (그렇지만 일본어의 형태론적 사동은 한국어의 것과 대조가 된다. 9.3.2에서 논의한 바 있듯이 일본어의 형태론적 사동은 결코 '단일 사건'을 지시할 수 없었다).

그런데 이런 분석이 한국어에서는 사실일 수 있지만, 형태론적 사

동의 시간 부사어가 사동 시간도 지시하고 행위가 이루어진 시간도
지시하는 것을 허용하지 않는다는 것이 보편적인 사실은 아니다.
Cooper(1976:323)의 Xhosa어를 보라:

    Umfundisi ubal-is-a   abafana intsomi emini qha
    teacher   write-CAUS-PRES   boys   story   only during the day
    'The teacher makes the boys write a story only during the day'

Cooper는 이 예문이 중의적이라고 하였다: 'only during the day'는
'make'가 이루어진 시간과 'write'가 이루어진 시간을 다 지시할 수 있
다. 이와는 대조적으로 다른 동사가 사용된 형태론적 사동은 중의적이
지 않다:

    Ndibondisa   umfundisi incwadi emini qha
    I-see-CAUS-PRES   teacher   books   only during the day
    'I show the teacher books only during the day'

물론 위의 두 예문은 다르다. 형태론적으로는 같지만 이들은 의미론적
으로 다르기 때문이다. 첫 번째 예문은 '진정한'('직접') 사동이고 두
번째 것은 단일 사건의 ('조작된') 사동이다; 시간 상의 수식 관계는
언급한 것과 같다.

9.3.4 나머지 문제들

형태론적 사동만 고려한다 하더라도 정항들의 문법적 지위라는
관점에서 구성의 선택과 관련한 문제가 있다.
첫째, 앞의 논의에서 일반적으로 가정한 것은, 구성의 선택은 의
미가 결정한다는 것이었다. 전적으로 맞는 말은 아니다; 구성의 선택

은 부분적으로는 어휘적으로, 즉 동사에 의하여 결정될 때가 있다. Tswana어(반투, Cooper(1976:314-16))에서 동사 'see'(사동형일 때는 'show')가 사용된 구성을 보자. 『주어』가 『목적어』나 『처격어』로 강등될 수 있지만 『도구격어』로는 강등될 수 없다. 반면에 동사 'wash'가 사용되면, 『주어』는 『목적어』나 『도구격어』로 강등될 수 있고 『처격어』로는 강등될 수 없다:

ke-bon-tsh-a   dibuka   moruti
I-see-CAUS-PRES   books   teacher
'I am showing the books to the teacher'

ke-bon-tsh-a   dibuka   go-moruti
I-see-CAUS-PRES   books   LOC-teacher
'I am showing the books to the teacher'

ke-tlhatšw-is-a   mosadi   dipatlo
I-wash-CAUS-PRES   women   clothes
'I am making the women wash the clothes'

ke-tlhatšw-is-a   dipatlo   ka-mosadi
I-wash-CAUS-PRES   clothes   INSTR-women
'I am making the women wash the clothes'

'단일 사건' 사동에는 (약간의 의미 차이가 있거나 전혀 의미 차이 없이(?)) 『목적어』나 『처격어』로의 강등이 있는 반면에, '완전' 사동에는 ('능동' 사동 및 '수동' 사동과 연관된 의미론적 차이를 보이는) 『목적어』나 『도구격어』로의 강등이 있다는 점에서, '단일 사건' 사동과 '완전한' 사동 간의 차이는 이것과 관련이 있는 것으로 보인다. 그런데

'smell'의 '완전' 사동은 '수동' 유형만 가능하다:

> ke-nkh-is-a   ntša   ka-ngwana
> I-smell-CAUS-PRES   dog   INSTR-child
> 'I am making the child smell the dog'

의미론적으로 볼 때 이것은 예상하지 못했던 것이다. 어린이가 사동 사건의 표적으로 여겨지기 때문이다.

9.3.1에서 간단하게 논의한 힌디어와 이 경우는 사실상 크게 다르지 않다. '능동' 구성과 '수동' 구성 간의 선택을 설명하기 위하여, Saksena(1981, 1982a, 1982b)는 의미론에 근거하여 많은 논의를 하였다: 최대한 많은 동사들에 있어서, 동사 스스로가 그것을 선택하며 대조되는 구성을 가지는 동사들은 극소수라는 점은 확실하다. 힌디어의 대체 구성과 Tswana어 간에는 이처럼 자유로운 선택이 결여되어 있는데, (그러나 의미 차이와는 별 관계가 없는) 이 결여는, 사동의 굴절적인 본성보다는 사동의 파생적인 본성을 다시금 반영하는 것이라 하겠다(9.1 참조).

둘째, 9.2에서 제일 처음 언급하였던 헝가리어는 지금까지 논의한 어떤 것과도 다르다. 타동사가 쓰이면 『주어』는 『도구격어』로만 강등되지만('수동' 유형이다), 자동사가 쓰이면 그것은 놀랍게도 『도구격어』로도, 『직접 목적어』로도 강등될 수 있다. 이와 같은 대조는 사동의 종류에 따르는데, 사동이 지시(instruction)(Croft(1991:166)이 말한 '감정(affective)' 사동과 '권고(inducive)' 사동 간의 차이)에 개입할 때 『도구격어』가 사용된다는 점에서 그렇다. 다음 예문 쌍에서 그것을 볼 수 있다(Hetzron(1976:394):

> Lemondattam vele az elnökségről (Instrumrntal)
> 'I had him resign from the presidency' (by instructing him)

Lemondattam öt az elnökségről (Direct Object)
'I caused him to resign from the presidency' (by instructing him)

끝으로, 타밀어를 보자. 이 언어는 6.3에서 논의하였지만 여기서 다시 논의할 가치가 있다. 타밀어는, 이른바 동사의 '약한(weak)' 형태와 '강한(strong)' 형태 간에 대조를 보인다. Klaiman은 산스크리트어, 고대 그리스어, Fula어의 중간태를 논의하면서 이들을 대조적으로 검토하였는데, 약한 형태는 중간태와 비교할 만하다고 제안하였다. 그런데 Klaiman((1991:71-4), Paramasivam(1979)에서 인용)이 제시한 대조되는 일련의 예 11개는 실제로는 7개가 되는데, 강한 형태는 '단일 사건' 사동으로 해석할 수 있다:

piḷḷai   cōṛu   uṇ-t-āṇ
son-NOM   rice   eat-WEAK+PAST-SG+MASC
'The son ate rice'

ammā   piḷḷaikkuc cōṛu   ūṭṭ-iṇ-āḷ
mother+NOM   son+DAT   rice   eat-STRONG+PAST-SG+FEM
'The mother fed the son rice'

이들 외에 'graze'(자동사 및 타동사), 'grow up'/'raise', 'worship', 'submit'/'subjugate', 'divide'(자동사)/'separate'(타동사), 'sit'/'seat', 'join'(자동사)/'collect'(타동사) 등이 더 있다.

나머지 예들 가운데 셋은 타동성의 증가/감소(increased/reduced)의 문제에서 차이를 보이는 것 같다(2.3, 7.2.2, 7.4). 『목적어』가 행위에 의하여 더 많이 영향을 받는 경우에 강한 형태가 사용된다는 점에서 그렇다고 할 수 있다:

kuṭṭam   avaḷai   neruŋk-iṉ-atu
crowd+NOM   her+ACC   approach-WEAK+PAST-SG-NEUT
'The crowd approached her'

kuṭṭam   avaḷai   nerukk-iṉ-atu
crowd+NOM   her+ACC   approach-STRONG+PAST-SG-NEUT
'The crowd approached her'

racikarkal naṭikaiyai vaḷain-tu   koṇṭu   āṭiṉārkal
fans+NOM actress+ACC surround-WEAK+PTCP take-PTCPL danced
'The fans surrounded the actress and danced'

racikarkal naṭikaiyai vaḷain-tuk   koṇṭu   āṭittārkal
fans+NOM actress+ACC surround-STRONG+PTCP take-PTCP beat
'The fans surrounded the actress and beat her up'

나머지 예문 한 쌍은 '어머니가 아이를 끌어안고 울었다(The mother, embracing the child, wept)'/'어머니가 아이를 끌어안고 그것을 삼켰다(The mother, embracing the child, engulfed it)' 정도로 번역된다.

그리스어나 산스크리트어에서 보이는 것과 비슷한 차이가 단 하나의 예에만 있다:

kuẓantai   kālai   utai-kiṟ-atu
child+NOM leg+ACC   kick-WEAK+PRES-SG+NEUT
'The child is kicking its legs (in the air)'

kuẓantai   eṉṉai   utai-kkiṟ-atu
child+NOM me+ACC   kick-STRONG+PRES-SG+NEUT

'The child is kicking me'

Klaiman이 Paramasivam(1979)를 수용하면서 이들을 사동으로 처리하지 않은 이유 가운데 하나는 타밀어가 형태론적 사동과 우언적 사동을 다 가지기 때문이다. 그러나 그것은 설득력이 없는 주장이다. 다른 언어들도 하나 이상의 사동형을 가지고 있으며, 타밀어의 형태론적 사동도 '단일 사건' 사동을 분명하게 지시할 때가 있기 때문이다. 위의 예들은 강한 형태들의 의미가 최소한 세 개 있다는 것을 보여 준다: '단일 사건' 사동, 증가된 타동성, 신체 일부에 대한 비재귀성(non-reflexivity). 이 밖의 다른 형태론적 범주들, 이를테면 일본어에서 수동을 표시하는 범주들이나 Dyirbal어에서 반수동을 표시하는 범주들은 상당한 다의성을 보이는데, 사동 표지에서 그랬던 것과 같은 것으로 판명된다면 그리 새삼스러운 일도 아니다.

9.4 이중 사동

어떤 언어는 이중(double) 사동을 가지는데 그것은 굴절 자질보다 파생 자질에 더 가깝다고 9.1에서 언급한 바 있다. 시제, 서법, 태 등의 굴절 자질들은 정상적으로는 이런 방식으로 누적되지 않기 때문에 그렇다고 할 수 있다. Hetzron(1976:381)은 헝가리어를 인용하여 이중 사동의 예를 제시하였다:

ül	'sit'
ültet	'seat somebody'
ültettet	'make somebody seat somebody'

그는 Awngi어(쿠시 어족(Cushitic), 에티오피아)를 인용, 삼중(triple)

사동까지 주장하였다(1976:383):

> zur- 'come/go back'
>
> zurc- 'give/take back'
>
> xurəcc- 'send back'
>
> zurəccəcc 'make send back'

오로모어(Oromo)(쿠시 어족, 에티오피아/케냐)에도 이중 사동이 있는 데 이들은 세 가지 기능(Dubinsky et al.(1988:484-5))을 가지는 것 같 다. 첫째, 이중 사동의 기능을 가진다:

> aannan-ni   daanf-e
>
> milk-NOM   boil-AGR
>
> 'The milk boiled'

> terfaa-n   aannan   daanf-is-e
>
> Terfa-NOM   milk   boil-CAUS-AGR
>
> 'Terfa boiled the milk'

> gamteessaa-n   terfaa   aannan   daanf-is-iis-e
>
> Gamtesa-NOM   Terfa   milk   boil-CAUS-CAUS-AGR
>
> 'Gamtesa made Terfa boil the milk'

둘째, 이들은 '强意의(intensive)' 사동을 표현한다(p.487):

> terfaa-n   gurbaa   raff-is-e
>
> Terfa-NOM   boy   sleep-CAUS-AGR
>
> 'Terfa put the boy to sleep (e.g. by rocking him)'

```
terfaa-n        gurbaa    raff-is-iis-e
Terfa-NOM       boy       sleep-CAUS-CAUS-AGR
```
'Terfa made the boy sleep (e.g. by giving him a sleeping pill)'

셋째, 이른바 그들[Dubinsky 등]이 말하는 '비능격' 동사와 '비대격' 동사 간에는 어휘적인 차이가 있다(3.5.4). 후자는 '피동주'『주어』인데 일반적으로 의도적이지 않다. 비능격 동사들은 이중 사동을 취하는데 아래의 예는 이들 간의 대조를 보여 준다(p.488):

```
terfaa-n        Deekam-e
Terfa-NOM       be angry-AGR
```
'Terfa was angry'

```
Gaanteessaa     terfaa    Deekam-s-iis-e
Gamtesa         Terfa     be angry-CAUS-CAUS-AGR
```
'Gamtesa made Terfa angry'

```
terfaa-n        fayy-e
Terfa-NOM       be healthy-AGR
```
'Terfa was healthy'

```
Gaanteessaa     terfaa    fayy-is-e
Gamtesa         Terfa     be healthy-CAUS-AGR
```
'Gamtesa made Terfa healthy'

9.5 관련 구성들

지금까지 논의한 사동 구성들은, 많은 언어에서 형태론적으로나 의미론적으로나 다른 구성들과 밀접하게 관련되어 있을 때가 있다.

논점 가운데 하나는 이미 언급한 바 있다: 이탈리아어의 LASCIARE 'let'/'allow'는 FARE 'make'와 동일한 문법적 특성을 가지므로 이탈리아어에는 '시킴'과 '허용'이라는 두 가지 사동형이 있다고 할 수 있다 (9.1). 불어의 'LAISSER'의 경우 그것이 어느 정도 사실이라고 할 수 있는데, 9.2에서 간단히 논의한 'FARE'와 비교해 보면 그것을 확인할 수 있다. 약간 다른 경우이긴 하지만, 암하라어(9.1)에도 같은 형태가 '사동'과 '허용'의 해석을 가지는 경우가 있다. Bella Coola어(아래 참조)에서도 그렇다. '시킴'과 '허용' 간에 존재하는 이와 같은 관련성은 영어를 포함한 여러 언어의 양상 체계에서도 볼 수 있다. 이들 언어에서 외연을 지시하는 양상 체계의 가장 기본적인 두 개념은, 반드시 해야하는 '지령(directive)', '당위(must)'와 해도 괜찮은 '가능(may)'이다 (Palmer(1986:97-100)).

Tigrinya어(필자 조사, Leslau(1941:104))에도 '도움을 주다(help to)'라는 의미를 가지는 '보조사(adjutative)'가 있는데, 이 보조사는 사동과 같은 방식으로 문법적으로 기능한다:

    Bärḥe   ṣäriḥu
    Berhe   work+PAST+3SG
    'Berhe worked'

    Məsgənna   nə-Bärḥe   'aṣriḥu-wo
    Mesghenna   ANIM-Berhe   work+CAUS+PAST+3SG-him
    'Mesghenna made Berhe work'

Məsgənna   nə-Bärḥe   'aṣṣriḥu-wo
Mesghenna   ANIM-Berhe   work+ADJ+PAST+3SG-him
'Mesghenna helped Berhe work'

Bella Coola어(샐리시 어족(Salishan), 콜롬비아(영국), Saunders and Davis(1982:4-7))에는 사동과 밀접히 관계가 있는 '慈善' 구성이 있다. 따라서 동일한 형태를 '시킴' 사동과 '허용' 사동을 표현하는 데 사용할 수도 있고 '자선'을 표현하는 데 사용할 수도 있다:

tx-is   ?aleks   tiɋlsxʷtx
cut-he/it   Alex   rope
'Alex cut the rope'

tx-a-tus   mat   ?aleks   x-tiɋlsxʷtx
cut-INTRANS-he/him   Matt   Alex   PREP-rope
'Matt made Alex cut the rope'
'Matt let Alex cut the rope'
'Matt cut the rope for Alex'

Bella Coola어에는 동일한 형태가 사동과 자선에 사용된다. 다르지만 같은 체계에 속하는 형태가 다른 언어에서 사용된다. Donaldson은 Ngiyambaa어의 자선 표지와 사동 표지를 관련시키고 있는데, 이들 표지가 정항을 추가시킴으로써 자동사 구성을 타동사 구성으로 만든다는 점에 근거를 두었다:

ŋadhu-na   bura:y   ŋuraŋ-ga   yuwa-y-miyi
I+NOM-3ABS   child+ABS   camp-LOC   lie-CM-CAUS-PAST
                                        [conjugation Marker]

'I laid the child down on the bed'

bura:dhu-nu   yuŋa-y-baṛa
child+ERG-2OBL   cry-CM-TRANSITIVIZER-PRES
'The child is crying at you'

Bartholomew and Mason(1980)은 아스텍어(Aztec)(게레로)에서 타동
성을 증가시키는 세 개의 접사, '감정 사동'(접사 '-a'), '강제(compul-
sive) 사동'(접사 '-tia'), '자선'(접사 '-lia')을 인정하였다:

> cualani 'he is angry'   qui-cualani-a 'he angers him'
> choca 'he cries'   qui-choc-tia 'he makes him cry'
> qui-pohua 'he counts it'   qui-pohui-lia 'he counts it for him'

약간 다르지만, 시에라포푸루카어(Sierra Popoluca)(멕시코, Lind(1964))
에서는 사동과 자선(Lind는 '지시사(referentials)'라고 하였다)이 결합
할 수 있다. 그러나 이것은 하나의 형태론적 체계 내에서만 가능하다
(이들이 결합할 수 있다는 것은 이들이 본질적으로 파생적인 속성을
가지고 있음을 보여 준다 — 9.1을 보라):

> 타동사   ikocpa   'He hit him'
> 지시적 이중 타동   aŋkoca?y   'I hit his thing'/
>   'I hit it for him'
>
> 사동 이중 타동   anakkoc   'I caused him to hit it'
> 지시적 삼중 타동   aŋkoca?ya?   'I hit his thing for another'
> 사동 삼중 타동   anakkoca?y   'I caused him to hit
>   another's thing'/'I caused
>   him to hit it for another'

사동 구성과 자선 구성 간의 유사성에 대한 가능한 설명은 9.7에서 다시 이루어질 것이다.

9.6 역수동

5.4에서 우리는 일본어의 '역수동'을 논의하였었다; 수동 표지가 있다는 점에서 5.4에서는 이것을 수동으로 처리하였지만, 이것은 사동과 비슷한 것으로 처리하는 것이 더 낫다. 아래에 예를 다시 제시한다:

John ga   tuma ni   sin-are-ta
John NOM   wife by   die-PASS-PAST
'*John was died by his wife'

John ga   Mary ni   piano o   hik-are-ta
John NOM   Mary by   piano ACC play-PASS-PAST
'*John was adversely played the piano by Mary'

이들은 각각 'John's wife died', 'Mary played the piano'의 역수동형으로 알려져 있다. 만약 이들이 수동이라면 이들은 아주 독특한 수동형임이 확실하다. [5.4에서도 보았지만] 역수동형이 되면 능동형의 비『주어』정항이 『주어』정항으로 승진하지 않고 오히려 [사동과 비슷하게] 새로운 정항이 『주어』자리에 추가된다.

Song(1987:97)은 역수동 구성과 사동('시킴', '허용') 구성 간의 문법적 유사성에 주목하여 이들이 다만 그 표지(수동 표지와 사동 표지)만 다를 뿐이라고 하였다:

Mary wa John ni   te o   nigir-ase-ta
Mary TOP John DAT hand ACC grasp-CAUS-PAST
'John made/let Mary hold his hand'

Mary wa John ni   te o   nigir-are-ta
Mary TOP John DAT hand ACC grasp-PASS-PAST
'Mary was subjected to John's grasping her hand'

영어 'HAVE' 동사의 어휘적 용법에도 이와 비슷한 것이 있음이 주목
된다. Chomsky(1965:21)의 아래 예문은 그것을 보여준다:

I had a book stolen

이 예문은 'I got someone to steal a book', 'I suffered the loss of a
book through stealing'의 의미를 다 가질 수 있다. 같은 동사가 행위
의 촉발과 그 행위에 의하여 역으로 영향을 받음에 다 사용될 수 있
다. 그러나 지금까지 살펴 본 여러 유형의 사동과는 달리, 영어의 구
성은 어떤 특정한 문법적인 지위를 가지지 않는다. 이 구성은 연쇄 동
사 구성에 가깝다.

　　지금까지의 모든 논의는, 5장에서 논의한 일반적인 수동 유형과
일본어의 역수동을 비슷한 것으로 처리해서는 안 되며, 사동과 비슷한
것으로 처리해야 한다고 강하게 주장한다. 일본어의 역수동은 『주어』
자리에 새로운 정항을 추가한다는 점에서는 사동과 비슷하다. 그러나
역수동의 추가된 정항은 사동의 것과 달리, 행위에 의하여 영향을 받
는 것이지 행위를 야기하는 것이 아니다. 반면에 원래의 『주어』는 강
등된다. 「사동주」와 영향받은 실체라는 개념이 「행동주」, 「피동주」 개
념과 공통점이 있다는 기술 또한 이 문제와 관계가 있다. 이러한 사실
에 따라서, 사동의 『주어』와 역수동의 『주어』 간의 관계는, 『행동주』,

『피동주』에 각각 해당하는 능동의 『주어』와 수동의 『주어』 간의 관계와 공통점이 매우 많다고 할 수 있다.

　동일한 표지('-ki-')가 수동과 사동에 모두 쓰일 수 있다는 점에서 비슷하기는 하지만 약간 다른 문제가 한국어에 있다(Keenan(1985: 262)):

> ai-ka　　　emeni-eke caki mom-lɨl an-ki-ess-ta
> child-SUBJ mother-IO self body-DO embrace-CAUS/PASS-DECL
> 'The child had mother embrace him'

> ai-ka　　　emeni-eke an-ki-ess-ta
> child-SUBJ mother-IO embrace-CAUS/PASS-DECL
> 'The child was embraced by the mother'

그러나 이들 두 예문이 하나의 기저, 즉 'The mother embraced the child'에 "사동주」'나 '영향받은 주어'를 부가하여 도출되었다고 보기는 어렵다. 첫 번째 예문에만 재귀사가 있다는 점, 그리고 두 번째 예문은 일반적인 수동 구성으로 볼 수 있다는 점에서 그렇다. 그렇지만 그 표지가 동일하기 때문에, 「사동주」와 영향받은 실체 간의 관계는 여전히 제안될 수 있다. 이들을 영어로 대충 번역하면 중의적인 문장 'The child had the mother embrace him' 정도가 될 것 같다.

9.7 사동에 대한 재해석

　이 장에서 일관되게 유지해 온 가정이 하나 있다: 사동 구성은 『주어』 자리에 『사동주』라는 새로운 역을 추가한다. 그러면 원래의 『행동주』-『주어』는 「피사동주」(causee)가 되어 비핵심적인 지위로 강

등된다. [그런데] 몇몇 언어 자료는 새로운 증거로써 이를 재해석하게
한다.

반투 제어들이 그렇듯이, Kinyarwanda어(Kimenyi(1988:381))도
비핵심 정항을 『목적어』로 승진시키는 기제를 가지고 있었음(5.4)을
상기해 보라. 이들 가운데 하나는 접미사 '-iish-'를 사용, 『도구격어』
를 『목적어』로 승진시킨다:

> Umugóre a-ra-andik-a   íbarúwa n'ííkarámu
> woman   she-PRES-write-ASP letter   with pen
> 'The woman is writing a letter with a pen'

> Umugóre a-ra-andik-iish-a   íbarúwa íkarámu
> woman   she-PRES-write-INSTR-ASP letter   pen
> 'The woman is writing a letter with a pen'

그런데 동일한 접미사가 사동에도 쓰일 수 있는 것 같다:

> Abányéeshuûri ba-ra-som-a   ibitabo
> students   they-PRES-read-ASP books
> 'The students are reading books'

> Umwáalímu a-ra-som-eesh-a   abányéeshuûri ibitabo
> teacher   he-PRES-read-INSTR-ASP students   books
> 'The teacher is making the students read books'

동일한 접미사가 『목적어』로의 승진과 사동에 모두 사용될 이유가 없
는 것 같다. 그러나 설명은 가능하다. 두 구성에서 『목적어』는 그 행
위를 수행시킨 실체, 즉 「도구역」이나 제2 「행동주」/「피사동주」를 상

정한다(『사동주』는 제1 「행동주」다)고 설명할 수 있다. 이런 설명은 다음 사항을 함의한다: 사동 구성은 새로운 역, 즉 『사동주』를 원래 『행동주』가 있던 『주어』 자리에 추가하지 않고, 그것을 그 행위를 수행시키는 사람을 지시하는 『목적어』 자리에 추가한다. 이 해석에 따르면 「피사동주」는 일종의 「도구역」이다 (또는 반대로 「도구역」이 제2 「행동주」나 「피사동주」이다). 따라서 사동 구성은 비핵심적 관계를 『목적어』로 승진시키는 구성과 동일하다. 그렇다면 위의 Kinyarwanda어에서, 'the woman'은 「도구역」/제2 「행동주」인 'the pen'과 함께 제1 「행동주」이다. 그리고 'the teacher'는 제2 「행동주」/「도구역」인 'the students'와 함께 제1 「행동주」이다. Kinyarwanda어의 예문을 영어로 똑같이 번역할 수는 없다. 그러나 제2 「행동주」를 「도구역」으로 보고, 사동 구성과 『목적어』로의 승진이 있는 구성 간의 유사성을 유념하면서 이 예문을 글자 그대로 번역해 보면, 'The teacher is reading (causing reading of) the book by means of the students' 정도가 될 것이다. 그렇다면 'The teacher is making the students read the books'로 번역되는 문장은, 'The students are reading books'의 『주어』 자리에 『사동주』('the teacher')를 추가하여 도출된 것이 아니라, 'The teacher is reading the books'에 『피사동주』/『도구역』, 즉 『목적어』로 승진한 'the students'를 추가하여 도출된 것이다.

그 계통이 능격인 관계로 문법적 구조는 다르지만, Yidiny어(오스트레일리아, Dixon(1977a))에도 아주 비슷한 경우가 있다. 비핵심 정항을 『절대격어』 P로 승진시키고 원래의 『절대격어』 S를 『능격어』으로 강등시킴으로써(반수동과 반대임), 자동사 구성을 타동사 구성으로 바꾸는 것을 주 기능으로 가지는 접사 '-ŋal'이 이 언어에 있다. 이 접사는 동반격(comitative) 접사 '-ɖi'에 의하여 표시되는 비핵심 정항에서 볼 수 있다:

waguɖa   ɲinaŋ   wagal-ɖI   (p.303)

man＋ABS　　sit＋PRES/FUT　　wife-COMIT

'The man is sitting with his wife'

waguɖaŋgu　　wagal　　　ɲinaːɲal

man＋ERG　　　wife＋ABS　　sit＋PRES/FUT＋ɲal

'The man is sitting with his wife'

Dixon은 접사에 의하여 비슷하게 처리되는 비핵심 정항의 나머지 세 유형을 제시하고 있다. 그리고 능격인 경우에(대명사가 사용되면 주격인 경우 — 3.4를 보라), 정항([Dixon의 용어로는] '통제자')이 추가되는 다섯 번째 용법을 더하였다; 원래의 S는 그 표지가 변하지 않았지만 (타동사 구성에서) P가 되었다. S와 P가 둘 다 『절대격어』인 셈이다:

ɖugi　　　　ɖuɲɖiːɲ

stick＋ABS　　break＋PAST

'The stick borke'

ŋayu　　ɖugi　　　guɲɖiɲalɲu

I＋NOM　stick＋ABS　break＋PAST＋ŋal

'I broke the stick'

능격 계통과 대격 계통의 차이에 기인한 문법적 차이를 별도로 하면, 이 경우는 Kinyarwanda어의 것과 같다: 비핵심 항들을 P의 지위로 옮기는 구성과 '사동'이 같다는 것이다. 의미는 Kinyarwanda어의 경우보다 덜 분명하다. 그러나 제1「행동주」와 제2「행동주」의 관점에서, 혹자는 'the man'이 제1「행동주」이고 'the woman'이 제2「행동주」라고 할 수 있을 것이다(첫 번째 예문). 그리고 두 번째 예문에서는 'I'가

제1「행동주」이고 'the stick'이 제2「행동주」라고 할 수 있을 것이다 (Dixon은 '「사동주」'라는 용어대신 '통제자'라는 용어를 선호하였다. 그러나 Yidiny어의 이 구성은 분명히, 이 장에서 논의한 사동 구성과 아주 비슷하다).

Kinyarwanda어와 Yidiny어에서, 사동은 사격 정항을 『피동주』의 지위로 승진시키는 구성인 것 같다 (또는 그 구성과 아주 밀접한 관련이 있다). 9.5에서 논의한 Bella Coola어에는 이보다 더 단순한, 그렇지만 전혀 놀랄 것이 없는 경우도 있었다. 아래 예문은 세 가지 의미를 가지는 것 같다:

tx-a-tus	mat	ʔaleks	x-tiq́lsxʷtx
cut-INTRANS-he/him	Matt	Alex	PREP-rope

'Matt made Alex cut the rope'
'Matt let Alex cut the rope'
'Matt cut the rope for Alex'

이 예문이 세 가지 의미를 가지는 데 대한 설명은, 이 예문을 'Matt achieved the breaking of the rope with an effect on Alex (by making him do it, by letting him do it or for his benefit)' 정도로 해석하면 가능할 것이다. 이 예문은 앞의 것들과 약간 다르다: 'Matt'는 분명히 제1「행동주」다. 그러나 'Alex'를 제2「행동주」라고 보면, 'Alex'는 시킴을 당한, 또는 행위를 수행하도록 허락을 받은 사람일 수도 있고, 「수혜주」로서 2차적으로 개입하는 사람일 수도 있다.

아마도 '제1「행동주」', '제2「행동주」'라는 용어는 전혀 적합하지 않은 것 같다. 직접「행동주」, 간접「행동주」라는 모호한 개념, 아니면 차라리 1차/직접「관련주」(involvement), 2차/간접「관련주」라는 더 모호한 개념이 Kinyarwanda어, Yidiny어, Bella Coola어들 간의 유사성을 설명하는 데는 더 그럴듯할지도 모른다.

이런 유형의 해석은 '수동' 사동 구성만을 가지는 헝가리어에도 적용될 수 있음을 살펴보았다(9.3.1). Hetzron(1976:392)의 예를 보기로 하자:

> Megcsináltattam   az órát   az órással
> I+CAUS+repair+it   the watch+DO   the watchmaker+INSTR
> 'I had the watchmaker repair the watch'

이 예문은 'I repaired the watch through the service of the watchmaker' 정도로 해석할 수 있었는데, 이런 해석은 9.3.1에서 논의하였던 문제, 즉 핀란드어에는 수동이 없는데도 어떻게 '수동' 사동이 있는가를 설명하는 데 도움을 줄 것이다:

> Minä rakennutin talo-n   muurarei-lla
> I   build+CAUS   house-DO   bricklayers-INSTR
> 'I make the bricklayers build the house'

이 예문은 'I built (by proxy) a house through the bricklayers'로 해석할 수 있었다; 영어에서조차도, 누군가가 어떤 실질적인 행위를 하였다는 의미 없이, 그가 스스로 집을 '지었다'라고 말할 수 있다.

이런 해석은 9.3에서 논의하였던 모든 '수동' 사동 구성에 더 일반적으로 적용될 수 있다. 그러나 이것이 '능동' 구성에는 적용될 수 없을 것 같다. 그런데 우언적 사동을 포함, 모든 사동 구성에 대하여 Kemmer and Verhagen(준비 중)은 이와 같은 맥락을 따르는 해석을 전부터 제안했었다. 그들은 사동이 重節 구조에서 도출되는 것으로 보는 견해에 반대하였다.

9.8 최종 관찰

　지금까지 제기되어 온 수많은 문제들을 한꺼번에 해결할 수 있는 단 하나의 방안. 그런 것은 없다는 것이 이 책의 가정 가운데 하나였다. 그러므로 바로 앞의 두 절은 일부 자료를 대안적으로 분석[재해석]하고 있다고 하는 것이 더 적합할 것 같다. 오히려 더 중요한 문제 — 모든 구성을 대격 계통으로 분석하는 것이 그것을 능격 계통과 대격 계통으로 나누어 분석하는 것보다 더 나은가 하는 문제는 7.8에서 이미 논의하였다. 이 책은 『주어』, 『목적어』라는 용어를 계속 사용하였는데, 그 결과 많은 언어 자료들, 특히 하나 이상의 계통을 가지는 언어 자료들을 더욱 일관되고 간단하게 분석할 수 있었다. 그러나 일부 언어 자료들은 잘 맞지도 않는 이론 틀에 무리하게 끼워 맞추었음을 부인할 수 없다. 따라서 이들에 대한 설명은 다소 억지가 있다 하겠다; 영어를 능격 언어로 취급하지 않듯이, Dyirbal어를 대격 언어로 취급할 이유가 없다. 그렇다면 Dyirbal어는 완전한 능격 언어라 할 수 있는데, Dyirbal어 같은 완전한 능격 언어들에 대한 분석은 특히 억지가 많았다. 이 책의 본래 목적은, 문법역과 문법관계에 대한 분석을 제공함으로써 가능한 한 명쾌하고 단순한 이론 틀을 제안하는 것이었다. 이론을 중요시하는 사람들에게도 이와 같은 방식은 의미가 있을 것이다. 안타깝게도 대부분의 이론적인 연구들은, 세계 도처의 수많은 언어들이 보여 주는 상이한 체계들을 충분히 설명하지 않은 채 그 작업을 수행해 왔다. 그 결과 새로운 언어 자료들이 기존의 이론에 무리하게 끼워 맞추어진 경우도 숱하게 있었다.

　당연한 말이지만, 그 연구가 어떤 방식으로든 결정적인 것이 되게 하려고 해서는 안 된다. 최근 10여 년 동안 유형론 연구와 유형론 연구를 하는 데 필요한 조사 작업이 크게 관심을 끌고 있다. 그러나 아직도 다루지 못한 관련 자료들이 엄청나게 많다. 그들 중 대부분은 아직 충분히 연구되지 않았으며 보고조차 되지 않은 것들도 있다. 후고를 기약한다.

용 어 해 설

독자들의 편의를 위하여 용어 해설을 덧붙인다. 용어 해설은 이 책의 주요 용어들의 기본적인 용법을, 간략하면서도 개괄적으로 보여줄 것이다; 용어 해설은 해당 용어의 해석에서 쟁점이 될 만한 부분을 설명하고 있지는 않다.

관념역(Notional role) :「행동주」,「피동주」,「수혜주」,「지각주」,「도구역」,「처소역」등. 순수히 관념적으로 정의하였다.

문법역(Grammatical role) : (주요 문법역으로는) 자동사 구성의 단일 역(S), 『행동주』(S), 『피동주』(P), 『수혜주』, 『도구역』, 『처소역』, 『사동주』(사동 구성인 경우) 등이 있다. 기저가 되는 능동 구성의 (언어-개별적인) 형식 표지로써 정의하였다. 이 표지는 수동, 반수동, 사동 등의 기제에 의하여 바뀌지만, 의미는 변하지 않는다.

문법관계(Grammatical relation) : 『주어』, 『목적어』/『직접 목적어』 (대격 계통), 『절대격어』, 『능격어』(능격 계통), 『행위격어』 , 『피행위격어』(행위격 계통), 『여격어』/『간접 목적어』, 『도구격어』, 『처격어』. 표지는 바뀌지 않지만, 의미는 (역의 관점에서) (i) S, A(대격 계통) 및 S, P(능격 계통)의 형식적 동일성 확인, (ii) 수동, 반수동, 사동에 의하여 변할 수 있다.

대격 계통(Accusative system) : 능동 구성에서 S가 A와 형식적으로 동일한 계통.

능격 계통(Ergative system) : 능동 구성에서 S가 P와 형식적으로 동일한 계통.

행위격 계통(Agentive system): 능동 구성에서 S가 어떤 경우에는 A와, 어떤 경우에는 P와 형식적으로 동일한 계통.

주제격 계통(Topic system) : 기저가 되는 능동 구성이 없는 것처럼 보이지만 『주제격어』가 되는 여러 관계를 지시하는 일련의 기제를 가진 계통.

도치 계통(Inverse system) : 『행동주』가 『피동주』보다 감정이입의 위계 상 더 높은지, 더 낮은지를 지시해 주는 두 구성이 있는 계통.

1차 관계, 항(Primary relation, term) : 『주어』(대격 계통), 『절대격어』(능격 계통). 행위격 계통에는 적용되지 않음.

2차 관계, 항(Secondary relation, term) : 『목적어』(대격 계통), 『능격어』(능격 계통). 행위격 계통에는 적용되지 않음.

비핵심 관계(Oblique relation) : 1차 관계와 2차 관계가 아닌 관계.

우언 역/관계(Peripheral role/relation) : 역과 관계가 전치사에 의하여 표시되는 역과 관계.

능동(Active) : 기본적이고 무표적이며 수동이나 반수동, 사동 등에 의하여 영향을 받지 않은 구성.

수동(Passive) : 『주어』가 아닌 관계를 『주어』로 승진시키고 『주어』

(와 결과된 구성의 명칭)를 강등, 또는 삭제시키는 기제.

반수동(Antipassive) : 『절대격어』가 아닌 관계를 『절대격어』로 승진 시키고 『절대격어』(와 결과된 구성의 명칭)를 강등, 또는 삭제시키는 기제.

응용 수동(Applicative) : 비핵심 관계를 『목적어』(와 결과된 구성의 명칭)로 승진시키는 기제.

사동(Causative) : 『사동주』라는 새로운 역을 『주어』 자리에 추가하 고 『주어』(와 결과된 구성의 명칭)를 강등, 또는 삭제시키는 기제.

승진(Promotion) : 1차 관계가 아닌 항을 1차 관계로 바꾸거나 비핵 심 관계를 2차 관계로 바꾸는 것.

강등(Demotion) : 1차 관계를 비핵심 관계로 바꾸는 것.

삭제(Deletion) : 관계의 형태를 생략하는 것.

중추(Pivot) : 다른 관계와 동지시되고 대등 구성, 보문 구성, 관계화 등의 통사적 규칙에 개입하는 관계.

참고 문헌 및 인용 색인

/ 뒤의 이탤릭체 숫자는 본문에서 인용한 쪽수이다.

Aissen, J.L. 1983. Indirect object advancement in Tzotzil. In Perlmutter 1983:272-303.

1992. Topic and focus in Mayan. *Language* 68:43-80. / *162*

Allen, W.S. 1951. A study in the analysis of Hindi sentence-structure. *Acta Linguistica* 6:68-86. / *91, 92*

Andersen, P.K. 1991. *A new look at the passive.* (*Duisberg Papers on Research and Culture 11*). Frankfurt am Main: Peter Lang. / *218, 235*

Andersen, T. 1991. Subject and topic in Dinka. *Studies in Language* 15:265-94. / *212*

Anderson, S.R. 1976. The notion of subject in ergative language. In Li 1976:1-24. / *165, 172, 295, 296, 297, 314*

1985. Inflectional morphology. In Shopen 1985 Vol. III:150-201. / *198*

Anderson, S.R. and Kiparsky, P.(eds.) 1973. *A Festschrift for Morris Halle.* New York: Holt, Rinehart and Winston.

Andrews, A. 1982. The representation of case in Modern Icelandic. In Bresnan 1982:427-503. / *202-204*

1985. The major functions of the noun phrase. In Shopen 1985 Vol. I:2-154. / *8, 65, 66, 69, 171, 172, 203*

Arnott, D.W. 1956. The middle voice in Fula. *Bulletin of the School of Oriental and African Studies* 18:130-44. / *241*

1970. *The nominal and verbal systems of Fula.* Oxford: Oxford University Press. / *242, 264*

Austin, P. 1981a. *A grammar of Diyari, South Australia.* Cambridge:

Cambridge University Press. / *99, 167*

1981b. Switch reference in Australia. *Language* 57:309-34. / *148, 155*

1982. Transitivity and cognate objects in Australian languages. In Hopper and Thompson 1982:37-47. / *308-310*

Bach, E. and Harms, R. T.(eds.) 1968. *Universals in Linguistic theory.* New York: Holt, Rinehart and Winston.

Baker, M. 1988. *Incorporation: a theory of grammatical function changing.* Chicago and London: Chicago University Press. / *254, 257, 263*

Bandhu, C. 1973. Clause patterns in Nepali. In A. Hale 1973:1-20. / *93*

Bartholomew, D. and Mason, D. 1980. The registration of transitivity in the Guerrero Aztec verb. *International Journal of American Linguistics* 46:197-204. / *368*

Beedham, C. 1982. *The passive aspect in English, German and Russian.* Tübingen: Gunter Narr. / *218*

Blake, B. J. 1982. The absolutive: its scope in English and Kalkatungu. In Hopper and Thompson 1982:71-94. / *296*

Boas, F. 1911. *Tsimshian.* (Handbook of American Languages 1) Washington, DC: Government Printing Offices. / *96*

Bresnan, J. 1982. *The mental representation of grammatical relations.* Cambridge, MA: MIT Press.

Bresnan, J. and Kanerva, J. 1989. Locative inversion in Chichewa. *Linguistic Inquiry* 20:1-50 / *73*

Bresnan, J. and Moshi, L. 1990. Object asymmetries in comparative Bantu syntax. *Linguistic Inquiry* 21:147-85. / *256, 261*

Brettschneider, G. 1979. Typological characteristics of Basque. In Plank 1979:371-84. / *86, 163*

Catford, J.C. 1976. Ergativity in Caucasian languages. *North Eastern Linguistic Society* 6 (*Montreal working papers in linguistics* 6): 37-48. / *287, 296*

Chapin, P. 1970. Samoan pronominalization. *Language* 46:366-78. / *160*

Chomsky, N. 1957. *Syntactic structures*. The Hague: Mouton. / *3, 4, 275*

  1965. *Aspects of the theory of syntax*. Cambridge, MA: MIT Press. / *275, 370*

Chung. S. 1976. On the subject of two passives in Indonesian. In Li 1976:57-98. / *254*

  1983. An object-creating rule in Bahasa Indonesia. In Perlmutter 1983:219-71. / *55, 159*

Churchward, C.M. 1953. *Tongan grammar*. Oxford: Oxford University Press. / *252, 295, 306*

Cinque, G. 1988. On *si* constructions and the theory of *Arb*. *Linguistic Inquiry* 19:521-81. / *228*

Cohen, M. 1936. *Traité de langue amharique*. Paris : Institut d'ethnologie. (Travaux et memoires de l'institut d'ethnologie, Université de Paris 24) / *354*

Cole, P. 1983. The grammatical role of the causee in universal grammar. *International Journal of American Linguistics* 49:115-33. / *350, 354*

Cole, P. and Sadock. J.M. (eds.) 1977. *Grammatical relations*. (*Syntax and semantics* 8) New York: Academic Press. / *350, 354*

Comrie, B. 1973. The ergative: variations on a theme. *Lingua* 32: 239-53. / *305*

  1976. The system of causative constructions: cross language similarity and divergencies. In Shibatani 1976b:261-312. / *343, 347, 350, 351*

  1978. Ergativity. In Lehmann 1978:329-94. / *85, 106, 168, 295*

  1982. Grammatical relations in Huichol. In Hopper and Thompson 1982:95-115. / *60*

  1988. Passive and voice. In Shibatani 1988b:9-23. / *23*

Cooper, R. 1976. Lexical and non-lexical causatives in Bantu. In Shibatani 1976b:313-24. / *345, 358, 359*

Cooreman, A. 1988. The antipassive in Chamorro; variations on a theme of transitivity. In Shibatani 1988b:561-93. / *288-290*

Cooreman, A., Fox, B. and Givón, T. 1984. The discourse definition of ergativity. *Studies in Language* 8:1-34. / *320*

Craig, C.G. 1976. Properties of basic and derived subjects in Jacaltec. In Li 1976:99-123. / *115*

Croft, W. 1991. *Syntactic categories and grammatical relations.* Cambridge: Cambridge University Press. / *2, 41, 44, 45, 49, 53, 61, 115, 173, 360*

Davies, W.D. and Rosen, C. 1988. Unions as multi-predicate clauses. *Language* 64:52-88. / *343*

Davison, A. 1980. Peculiar passive. *Language* 56:42-66. / *188, 189*

DeLancy, S. 1981. An interpretation of split ergativity and related patterns. *Language* 57:626-57. / *92*

Dixon, R.W.M. 1969. Relative clauses and possessive phrases in two Australian language. *Language* 45:35-44. / *279*

    1972. *The Dyirbal language of North Queensland.* Cambridge: Cambridge University Press. / *19, 93, 175, 298*

    1976. *Grammatical categories in Australian Language.* Canberra: Australian Institute of Aboriginal Studies. / *49*

    1977a. *A grammar of Yidin.* Cambridge: Cambridge University Press. / *31, 73, 99, 140-141, 277, 283, 286, 291, 373*

    1977b. The syntactic development of Australian language. In Li 1977: 365-415. / *16, 31, 98, 99, 140, 154, 283*

    1979. Ergativity. *Language* 55:59-138. / *16, 19, 20, 28, 49, 90, 93, 96, 101, 104, 107, 135, 139, 146, 153, 173, 175, 180, 253, 280, 297*

    1980. *The languages of Australia.* Cambridge: Cambridge University Press. / *175*

Donaldson, T. 1980. *Ngiyambaa: the language of the Wangaaybuwan*. Cambridge: Cambridge University Press. / *367*

Dryer, M.S. 1986. Primary objects, secondary objects and antidative. *Language* 62:808-45. / *62, 63, 268, 269*

Dubinsky, S., Lloret, M-R. and Newman, P. 1988. Lexical and syntactic causatives in Oromo. *Language* 64:485-500. / *364, 365*

Du Bois, J.W. 1987. The discourse basis of ergativity. *Language* 63: 805-55. / *314*

Durie, M. 1985. Control and decontrol in Acehnese. *Australian Journal of Linguistics* 5:43-53. / *105, 117*

1988. The so-called passive of Acehnese. *Language* 64:104-13. / *233*

Efrat, B.S.(ed.) 1979. *The Victoria conference on Northwestern languages*. British Columbia Provincial Museum.

Einarsson, S. 1945. *Icelandic: grammar, texts, glossary*. Baltimore: Johns Hopkins University Press. / *245, 246*

England, N.C. 1983. Ergativity in Mamean(Mayan) Languages. *International Journal of American Linguistics* 19:1-19. / *96, 147, 160, 284*

1988. Mam voice. In Shibatani 1988b:525-45. / *161, 284, 291*

Estival, D. and Myhill, J. 1988. Formal and functional asperts of the development from passive to ergative systems. In Shibatiani 1988b:441-91. / *295*

Fillmore, C.J. 1968. The case for case. In Bach and Harms 1968:1-88. / *7, 45*

1971. Types of lexical information. In Steinberg and Jakobovits 1971: 370-92. / *7*

Foley, W.A. and Van Valin, R.D. 1984. *Functional Syntax and universal grammar*. Cambridge University Press. / *10, 111, 142, 143, 180, 181, 273*

1985. Information packaging in the clause. In Shopen 1985 Vol. Ⅰ:

282-364. / *10, 15, 16, 84, 138, 164, 180, 181, 210, 252, 273, 286, 312, 319, 330*

Fox, B.A. 1987. The noun phrase accessibility hierarchy revisited. *Language* 63:856-70. / *153*

Franklin, K. 1971. *A grammar of Kewa, New Guinea. (Pacific Linguistics,* Series C, 16). Canberra: Department of Linguistics, Australian National University. / *79, 143*

Fromm, H. and Sadeniemi, M. 1956. *Finnisches Elementarbuch.* Heidelberg: Winter. / *76*

Givón, T. 1979. *On understanding grammar.* New York: Academic Press. / *75, 229, 231, 320, 322, 323*

1981. Typology and functional domain. *Studies in Language* 5: 163-83. / *274*

1988. A tale of two passives in Ute. In Shibatani 1988b:417-40. / *232*

Goddard, C. 1982. Case systems and case marking in Australian languages: a new interpretation. *Australian Journal of Linguistics* 2:167-96. / *100*

Gregorez, E. and Suárez, J.A. 1967. *A description of colloquial Guaraní.* The Hague: Mouton. / *104, 110*

Haig, H.A. 1982. Passivization in Modern Western Armenian. In Hopper and Thompson 1982:161-76. / *244*

Hale, A. 1973(ed.) *Clause, sentence and discourse patterns in selected languages of Nepal, II, Clause.* Norman OK: Summer Institute of Linguistics.

Hale, K.L. 1973a. Person marking in Warlbiri. In Anderson and Kiparsky 1973:308-44. / *57, 88, 299*

1973b. A note on subject-object inversion in Navajo. In Kachru et al. 1973:300-9. / *330, 331, 334*

Hammer, A.E. 1971. *German grammar and usage.* London: Edward Arnold. / *52*

Harris, A.C. 1981. *Georgian syntax: a study in relational grammar.* Cambridge: Cambridge University Press. / *122, 123, 125, 126, 133*

    1982. Georgian and the unaccusative hypothesis. *Language* 58: 290-306. / *122, 126, 127*

Hashimoto, M.J. 1988. The structure and typology of the Chinese passive construction. In Shibatani 1988b:329-54. / *234*

Haspelmath, M. 1990. The grammaticalization of passive morphology. *Studies in Language* 14:25-72. / *184, 186, 219, 222*

Heath, J. 1976. Antipassivization: a functional typology. *Berkeley Linguistics Society* 2:202-11. / *311*

    1977. Chocktaw cases. *Berkeley Linguistics Society* 3:204-13. / *107, 108*

Hercus, L.A. 1976. Arabana and Wangganguru. In Dixon 1976:263-6, 461-7, 740-2. / *149*

Hetzron, R. 1976. On the Hungarian causative verb and its syntax. In Shibatani 1976b:371-98. / *338, 348, 363*

Hill, J. 1969. Volitional and non-volitional verbs in Cupeño. *Chicago Linguistics Society* 5:384-56. / *121, 295*

Hope, E.R. 1974. *The deep syntax of Lisu sentences: transformational case grammar.*(Pacific Linguistics, B 34) Canberra: Department of Linguistics, Australian National University. / *36*

Hopper, P.J. and Thompson, S.A. 1980. Transitivity in grammar and discourse. *Language* 56:251-99. / *54, 285, 292, 295, 307*

    (eds.) 1982. *Studies in transitivity.* (Syntax and Semantics 15). New York: Academic Press.

Hudson, R. 1992. So-called 'double objects' and grammatical relations. *Language* 68:251-76. / *267*

Hyman, L.M. and Zimmer, K.E. 1976. Embedded topic in French. In Li 1976:189-211. / *57, 349, 350, 353*

Jacobs, R. 1976. A passive continuum in Austronesian. *Papers from the parasession on diachronic syntax.* Chicago: Chicago Linguistic society. 118-25. / *229*

Jakobsen, W.H. 1979. Nouns and verbs in Nootkan. In Efrat 1979: 85-153. / *335*

1985. The analog of the passive transformation in ergative-type language. In Nichols and Woodbury 1985: 176-91. / *249*

Jespersen, O. 1924. *The philosophy of grammar.* London: Allen & Unwin. / *270*

1909-49. *A modern English grammar on historical principles.* 7 vols. London: Allen & Unwin. / *70*

Johnson, D.E. 1974. On the role of grammatical relations in linguistic theory. *Papers form the Tenth Regional Meeting. Chicago Linguistic Society*:269-83

Johns, A. 1991. Deriving ergativity. *Linguistic Inquiry* 23:57-87. / *315*

Kachru, B.B., Lees, R.B., Malkiel. Y., Pietrangeli, A. and Saporta, S. 1973. *Issues in linguistics: papers in honor of Henry and Reneé Kahane.* Urbana: University of Illinois Press.

Kachru, Y., Kachru, R.B., and Bhatia, T.K. 1976. The notion of 'subject'; a note on Hindi-Urdu, Kashmiri and Punjabi. In Verma 1976:76-108. / *68, 158, 168, 171*

Kalmár, I. 1979. The antipassive and grammatical relations in Eskimo. In Plank 1979:117-44. / *298*

Keenan, E.L. 1972. Relative clause formation in Malagasy (and some related and some not so related languages). In Peranteau et al. 1972:169-89. / *27, 150, 197*

1976. Remarkable subjects in Malagasy. In Li 1976:247-301. / *159*

1985. Passive in the world's languages. In Shopen 1985 Vol Ⅰ: 243-81. / *26, 156, 185, 204, 220, 221, 252, 371*

Keenan, E.L. and Comrie, B. 1977. Noun phrase accessibility and universal grammar. *Linguistic Inquiry* 8:63-99. / *153, 156*

1979. Data on the noun phrase accessibility hierarchy. *Language* 55: 333-51. / *151, 153, 156*

Kemmer, S. and Verhagen, A. Forthcoming. The grammar of causatives and the conceptual structure of events. *Cognitive linguistics.* / *376*

Kibrik, A.E. 1985. Towards a typology of ergativity. In Nichols and Woodbury 1985:268-323. / *42, 122, 128, 132, 133*

Kimball, G.D. 1985. A descriptive grammar of Koasati. New Orleans: Tulane University dissertation. / *115*

Kimenyi, A. 1980. *A relational grammar of Kinyarwanda.* (University of California Publications in Linguistics 91) Berkeley: University of California Press. / *189*

1988. Passives in Kinyarwanda. In Shibatani 1988b:355-86. / *17, 72, 190, 193, 209, 257, 260, 372*

Kirsner, R.S. 1976. On the subjectless 'pseudo-passive' in standard Dutch and the semantics of background agents. In Li 1976: 385-415. / *200*

Klaiman, M.H. 1988. Affectedness and control: a typology of voice systems. In Shibatani 1988b:25-83. / *216, 330*

1991. *Grammatical voice.* Cambridge: Cambridge University Press. / *6-7, 122, 236, 239, 240, 243, 246, 265, 335, 361, 363*

Kozinsky, I.Š., Nedjalkov, V.P. and Polinskaya, M.S. 1988. Anti-passive in Chukchee: oblique object, object incorporation, zero object. In Shibatani 1988b:651-706. / *31, 56, 279, 285, 286, 291, 293, 300*

Kuno, S. 1973. *The structure of the Japanese language.* Cambridge, MA: MIT Press. / *47, 205*

Lawler, J.M. 1977. *A* agrees with *B* in Achenese: a problem for relational grammar. In Cole and Sadock 1977:219-48. / *233*

Lehmann, C. 1984. *Der Relativsatz: Typologie seiner Strukturen.*

Theorie seiner Funktionen, Kompendium seiner Grammatik. Tübingen: Nar.

Lehmann, W.P. (ed.) 1978. *Syntactic typology.* Austin: Universtity of Texas Press. / *156*

Lepschy, A.L. and Lepschy, G. 1977. *The Italian language today.* London: Hutchinson. / *15, 43, 121, 224, 227, 337, 348*

Leslau, W. 1941. *Documents tigrinya (éthiopien septentrional): documents et textes.* Paris: Klincksieck. / *366*

Levine, R.D. 1980. On the lexical origin of the Kwakwala passive. *International Journal of American Linguistics* 46:240-58. / *198*

Li, C.N. (ed.) 1976. *Subject and topic..* New York: Academic Press. 1977. *Mechanisms of language change.* New York: Academic Press

Li, C.N. and Thompson, S.A. 1976. Subject and topic: a new typology of language. In Li 1976:458-89. / *36*

Lind, J.O. 1984. Clause and sentence level syntagmemes in Sierra Popoluca. *International Journal of American Linguistics* 30: 341-54. / *368*

Lyons, S. 1967. Tlahuitoltepec Mixe clause structure. *International Journal of American Linguistics* 33:25-45. / *329*

Lyons, J. 1968. *Introduction to theoretical linguistics.* Cambridge: Cambridge University Press. / *236*

1977. *Semantics.* 2 vols. Cambridge: Cambridge University Press. / *186*

Mattews, P.H. 1981. *Syntax..* Cambridge: Cambridge University Press. / *5*

McLendon, S. 1978. Ergativity, case and transitivity in Eastern Pomo. *International Journal of American Linguistics* 44:1-9. / *21, 106, 109, 114, 115, 177*

Merlan, F. 1985. Split intransitivity: functional oppositions in intransitive inflection. In Nichols and Woodbury 1985:324-62. /

114, 117

Milner, G.B. 1973. It is aspect (not voice) which is marked in Samoan. *Oceanic Linguistics* 12:621-39. / *90*

Mistry, P.J. 1976. Subject in Gujerati: an examination of verb agreement phenomena. In Verma 1976:240-69. / *92*

Mithun, M. 1984. The evolution of noun incorporation. *Language* 60: 847-94. / *302, 305, 306*

    1991. Active/agentive case marking and its motivations. *Language* 67:510-46. / *105, 110, 111, 116*

Mohanan, K.P. 1982. Grammatical relations and clause structure in Malayalam. In Bresnan 1982:504-89. / *158*

Mondloch, J.L. 1978. *Basic Quiché grammar. (Institute for Mesoamerican Studies Publication 2).* Albany, NY: Institute for Mesoamerican Studies. / *49*

Morin, Y-C. and Tiffou, E. 1988. Passives in Burushaski. In Shibatani 1988b:493-524. / *89, 250*

Munro, P. 1976. *Mojave syntax.* New York: Garland. / *231*

Nedjalkov, V.P. 1988. Resultative, passive and perfect in German. In Nedjalkov and Jaxontov 1988:3-62. / *217*

Nedjalkov, V.P. and Jaxontov, S.J. 1988. *Typology of resultative constructions.* Amsterdam: John Benjamins.

Nichols, J. and Woodbury, A.C. (eds.) 1985. *Grammar inside and outside the clause. Some approaches to theory from the field.* Cambridge: Cambridge University Press.

Noonan, M. 1985. Complementation. In Shopen 1985 Vol II:42-180. / *148*

    1992. *A grammar of Lango.* The Hague: Mouton de Gruyter. / *144, 158*

Oates, L.F. 1964. *A tentative description of the Gunwinggu language.* (Oceanic Linguistic Monographs 10). Sydney: University of

Sydney. / *306*

Olson, M.L. 1978. Switch reference in Barai. *Berkeley Linguistics Society* 4:140-57. / *144*

Palmer, F.R. 1986. *Mood and modality*. Cambridge: Cambridge University Press. / *2, 8, 184, 186, 366*

1987. *The English verb*. (2nd edition) London: Longman. / *195, 342*

Paramasivam, K. 1979. Effectivity and causativity in Tamil. *International Journal of Dravidian Linguistics* 8:71-151. / *361, 363*

Peranteau, P.M., Levi, J.N. and Phares, G.C. (eds.) 1972. *The Chicago which hunt*. Chicago: Chicago Linguistic Society. / *156*

Perlmutter, D.M. 1978. Impersonal passives and the unaccusative hypothesis. *Berkeley Linguistic Society* 4:157-89. / *119, 200*

(ed.) 1983. *Studies in Relational Grammar 1*. Chicago: University of Chicago Press.

Perlmutter, D.M. and Postal, P.M. 1984. Impersonal passives and some relational laws. In Perlmutter and Rosen 1984:126-70. / *200*

Perlmutter, D.M. and Rosen, C.G. (eds.). 1984. *Studies in Relational grammar 2*. Chicago: University of Chicago Press.

Peters, S. (ed.) 1972. *Goals of linguistic theory*. Englewood Cliffs, NJ: Prentice-Hall.

Philippaki-Warburton, I. 1985. Word order in Modern Greek. *Transactions of the Philological Society* 1945:113-43. / *208*

Plank. F. (ed.) 1979. *Ergativity: towards a theory of grammatical relations*. London, New York: Academic Press.

Quirk, R., Greenbaum, S., Leech, G. and Svartvik, J. 1985. *A comprehensive grammar of the English language*. London: Longman. / *215*

Rabel, L. 1961. *Khasi, a language of Assam*. Baton Rouge: Louisiana State University Press. / *61*

Radford, A. 1988. *Transformational grammar: a first course*

Cambridge: Cambridge University Press. / 8

Rognvaldsson, E. 1982. We need (some kind of) a rule of conjunction reduction. *Linguistic Inquiry* 13:557-61. / 65, 68, 167

Rosen, C. 1990. Rethinking Southern Tiwa: the geometry of a triple-agreement language. *Language* 66:669-713. / 268, 304

Rosen, C. and Kashi, W. 1988. Twin passives, inversion and multistratalism in Marathi. *Natural Language and Linguistic Theory* 7:1-50. / 59, 68-69

Rude, N. 1988. Ergative, passive and antipassive in Nez Perce: a discourse perspective. In Shibatani 1988b;547-60. / 98, 294, 299

Saksena, A. 1981. The source of causative contrast. *Lingua* 51:125-30. / 351, 360

1982a. Contact in causation. *Language* 58:820-31. / 351, 360

1982b. Case marking in semantics. *Lingua* 56:335-43. / 351, 360

Saunders, R. and Davis, P.W. 1982. The control system of Bella Coola. *International Journal of American Linguistics* 48:1-15. / 367

Schachter, P. 1976. The Subject in Philippine languages. In Li 1976: 491-518. / 317, 320, 322, 324

1977. Reference-related and role-related properties of subjects. In Cole and Sadock 1977:279-306. / 326

Shayne, J-A. 1982. Some semantic aspects of *Yi-* and *Bi-* in san Carlos apache. In Hopper and Thompson 1982:379-407. / 330-332

Shepardson, K.N. 1981. Toward a structural definition of direct and indirect objects: support from Swahili. *Word* 32; 109-33. / 73

Shibatani, M. 1973. Lexical versus periphrastic causatives in Korean. *Journal of Linguistics* 9:281-97. / 157, 356

1976a. The grammar of causative constructions: a conspectus. In Shibatani 1976b:1-40. / 355

(ed.) 1976b. *The grammar of causative constructions. (Syntax and Semantics 6).* New York: Academic Press.

1977. Grammatical relations and surface case. *Language* 53:789-809. / *270*

1982. Japanese grammar and universal grammar. *Lingua* 57:103-23. / *78, 352*

1985. Passives and related constructions. *Language* 61:821-48. / *64, 219, 225, 226, 228-231, 249, 271, 294, 313*

1988a. Voice in Philippine languages. In Shibatani 1988b:85-142. / *321, 325*

(ed.) 1988b. *Passive and voice*. Amsterdam and Philadelphia: Benjamins. / *327*

Shopen, T. (ed.) 1985. *Language typology and language description*. 3 vols. Cambridge: Cambridge University Press.

Siewerska, A. 1988. The passive in Slavic. In Shibatani 1988b; 243-89. / *223, 226*

Silverstein, M. 1976. Hierarchy of features and ergativity. In Dixon 1976:112-72. / *29, 49*

Song, J.J. 1991. Causatives and universal grammar: an alternative explanation. *Transactions of the Philological Society* 89:65-94. / *48, 345*

Song, N.S. 1987. Empathy-based affectedness and Passivization. *Transactions of the Philological Society* 1987:74-89. / *196, 205, 206, 369*

Steinberg, D.D. and Jakobovits, L.A. 1971. *Semantics: an interdisciplinary reader in philosophy, linguistics and psychology*. Cambridge: Cambridge University Press

Sugita, H. 1973. Semitransitive verbs and object incorporation in Micronesian languages. *Oceanic Linguistics* 12:393-406. / *302*

Talmy, L. 1976. Semantic causative types. In Shibatani 1976b:43-116. / 41

Timberlake, A. 1976. Subject properties of the North Russian passive. In Li 1976:545-70. / *204*

Trithart, L. 1976. Topicality: an alternative to the relational view of Bantu passives. *Studies in African Linguistics* 10:1–30. / *180, 216*

Tsunoda, T. 1981. Split case-marking in verb-types and tense/aspect /mood. *Linguistics* 19:389–438. / *300*

1985. Remarks on transitivity. *Journal of Linguistics* 21:385–96. / *77*

1988. Antipassives in Warrungu and other Australian languages. In Shibatani 1988b:595–649. / *84, 94, 166, 284, 289, 290*

Van Valin, R.D. 1985. Case marking and the structure of the Lakhota clause. In Nichols and Woodbury 1985:363–413. / *102*

1990. Semantic parameters of split intransitivity. *Language* 66: 221–60. / *120*

1991. Another look at Icelandic case marking and grammatical relations. *Natural Language and Linguistic Theory* 9:145–94. / *69*

Verma, M.K. (ed.). 1976. *The notion of subject in South Asian languages*. Madison: University of Wisconsin. (Publication Series 2)

Vincent, N.V. 1982. The development of the auxiliaries HABERE and ESSE in Romance. In Vincent and Harris 1982:71–96. / *121*

Vincent, N.V. and Harris, M. (eds.) 1982. *Studies in the Romance verb: essays offered to Joe Cremona on the occasion of his 60th birthday*. London and Canberra: Croom Helm.

Walrod, M.R. 1976. Case in Ga'dang verbal clauses. *Papers in Philippine languages* 8:21–44 (*Pacific Linguistics*, Series A, 46, Department of Linguistics, The Australian National University). / *76, 318*

Watkins, M. 1937. *A grammar of Hichewa*. Philadelphia: Linguistic Society of America. (*Language* dissertation 24). / *181*

Whistler, K.W. 1985. Focus, perspective and inverse person marking. In Nichols and Woodbury 1985:227–65. / *9, 336*

Witherspoon, G. 1980. Language in culture and culture in language. *International Journal of American Linguistics* 46:1–13. / *330, 334*

Wolfart, H. 1973. *Plains Cree: a grammatical study. (Transactions of the American Philosophical Society,* 65, Part 5). Philadelphia: American Philosophical Society.

Woodbury, A. C. 1975. Ergativity of grammatical processes. University of Chicago Ph. D. thesis. / *289*

　1977. Greenlandic Eskimo: ergativity and relational grammar. In Cole and Sadock 1977:307-36. / *72, 86, 249, 278*

Woodbury, H. 1975. Onondaga noun incorporation: some notes on the interdependence of syntax and syntax. *International Journal of American Linguistics* 41:10-20. / *303*

Yallop, C. 1977. *Alyawarra: an aboriginal language of central Australia.* Canberra: Australian Institute of Aborigianl Studies. / *155*

Zubizarreta, M.L. 1985. The relation between morphophonology and morphosyntax: the case of Romance causatives. *Linguistic Inquiry* 16:247-89. / *226*

용어 대조 - 언어

Acehnese Acehnese어
Ainu 아이누어
Alyawarra Alyawarra어
Amharic 암하라어
Apache, San Carlos
    아파치어(산카를로스)
Arabana-Wangganguru
    Arabana-Wangganguru어
Arabic 아라비아어
Armenian, W. 아르메니아어(서부)
Australian languages
    오스트레일리아 제어
Austronesian languages
    오스트로네시아 제어
Awngi Awngi어
Aztec, Gurerro 아스텍어(게레로)

Bantu languages 반투 제어
Basque 바스크어
Bandjalung Bandjalung어
Barai Barai어
Batsbi Batsbi어
Bayungu Bayungu어
Bella Coola Bella Coola어
Bengali 벵골어
Bikol Bikol어
Burushaski 부루샤스키어
Bzhedukh Bzhedukh어

Caddoan languages Caddoan 제어
Caucasian languages 코카서스 제어
Cebuano 세부아노어
Chamorro 차모로어
Chichewa Chichewa어
Chinese 중국어
Choctaw 초크토어
Chuckchee 축치어
Cree, Plains 클리어(플레인즈)
Cupeño Cupeño어
Czech 체코어

Dinka 딩카어
Diyari Diyari어
Dutch 네덜란드어
Dyirbal Dyirbal어

English 영어
Eskimo 에스키모어
Ethiopian languages 에티오피아 제어
European languages 유럽 제어 .

Finnish 핀란드어
French 불어
Fula Fula어

Ga'dang Ga'dang어
Georgian 그루지야어
German 독일어

Gilbertese 길버트어
Greek, Classical 그리스어(고대)
Greek, Modern 그리스어(현대)
Guarani 과라니어
Gujerati 구자라트어
Gunwinggu Gunwinggu어

Hindi 힌디어
Huichol Huichol어
Hungarian 헝가리어

Icelandic 아이슬란드어
Indian languages 인디언 제어
Indo-Iranian languages
　　인도-이란 제어
Indonesian(Bahasa Indonesia)
　　인도네시아어(인도네시아 공용어)
Irish 아이리시어
Italian 이탈리아어

Jakaltek 자카르타어
Japanese 일본어

Kabardian 카바르디아어
Kalkatungu Kalkatungu어
Kampampangan
　　Kampampangan어
Kashmiri 카슈미르어
Kâte Kâte어
Kewa Kewa어
Khasi Khasi어
Khinalug Khinalug어
Kichaga Kichaga어

Kimbundu Kimbundu어
Kinyarwanda Kinyarwanda어
Koasati Koasati어
Korean 한국어
Kusaiean Kusaiean어
Kwalkwala Kwalkwala어

Lakhota Lakhota어
Lango Lango어
Latin 라틴어
Lisu Lisu어
Luganda 루간다어

Malagasy 말라가시어
Malayalam Malayalam어
Mam Mam어
Marathi Marathi어
Mayan, Yucatek 마야어(유카타)
Mayan languages 마야 제어
Mixe Mixe어
Mohawk Mohawk어
Mojave 모하비어
Mongolian 몽골어

Nahuatl, Classical 나우틀어(고대)
Nahuatl, Huatla 나우틀어(우틀라)
Navaho 나바호어
Nepali 네팔어
Nez Perce Nez Perce어
Ngiyambaa Ngiyambaa어

Onandaga Onandaga어
Oromo 오로모어

Palauan Palauan어
Philippine languages 필리핀 제어
Polish 폴란드어
Pomo, Central 포모어(중부)
Pomo, East 포모어(동부)
Pomo, North 포모어(북부)
Ponapaean Ponapaean어
Punjabi 펀자브어

Quechua 케추아어
Quiché Quiché어

Romance languages 로맨스 제어
Russian 러시아어
Russian, North 러시아어(북부)

Samoan 사모아어
Sanskrit 산스크리트어
Shimshian Shimshian어
Sierra Popoluca 시에라포푸루카어
Spanish 스페인어
Swahili 스와힐리어
Swedish 스웨덴어

Tabassaran 타바사라어
Tagalog 타갈로그어
Tamil 타밀어
Tibeto-Burman languages
    티벳-버마 제어
Tigre Tigre어
Tigrinya Tigrinya어
Tiwa, S. Tiwa어(남부)
Tongan 통가어

Trukic Truki어
Tswana Tswana어
Turkish 터키어
Tzotzil Tzotzil어

Ute 유티어

Vietnamese 베트남어

Wakashan Wakashan어
Warlbiri Warlbiri어
Warrungu Warrungu어
Welsh 웨일즈어

Xhosa Xhosa어

Yidiny Yidiny어
Yokuts Yokuts어
Yukulta Yukulta어

용어 대조 - 일반

ablative 탈격

absolutive (case) 절대격

Absolutive 『절대격어』

accidental 우연한

accusative and infinitive
    대격과 비한정절

accusative (case) 대격

accusative syntax 대격 통사론

accusative system 대격 계통

action, activity 동작/행위, 동작성

active 능동(태)

active causative 능동 사동

active system 행위격 계통

actor 행위자

addressee 청자

adjutative 보조사

adversity passive 역수동

affected 영향받은

affected passive 영향받음 수동

affected predicate 감정 서술어

agency 행동성

agent 「행동주」

Agent (A) 『행동주』(A)

agentive (case) 행위격

Agentive 『행위격어』

agentive construction 행위격 구성

agentive syntax 행위격 통사론

agentive system 행위격 계통

agentive verb 행위격 동사

agentless passive 행동주 없는 수동

agreement 일치

ambiguity 중의성

animate, animacy 유정물, 유정성

anticausative 반사동

antipassive 반수동

applicative 응용 수동

argumemt 定項

aspect 상

asymmetrical 비대칭

auxiliary verb 조동사

backgrounding 背景

basic voice 기본 태

Benefactive 『자선주』

beneficiary 「수혜주」

Beneficiary 『수혜주』

body 신체

case 격

case grammar 격 문법

catenative 연쇄형

causative 사동

cause, causation 원인, 인과 관계

Causer 『사동주』

Causee 『피사동주』

circumstantial comitative 우언
    동반역

circumstantial voice　迂言態
class of nominal　명사 부류
class of verb　동사 부류
classificatory noun incorporation
　분류상의 명사 포함
cognate object　동족 목적어
comitative　동반격
complement　보문 구성
completion, completive　완결성,
　완성상
compulsive　강제
conjunction reduction　접속 축약
construction　구성
context　화맥
continuous　지속적
control　통제
controller　통제자
coordination　대등 구성
core role　핵심 역
coreferential　동지시
counter-agent　대응 행동주

dative (case)　여격
Dative (Indirect Object)
　『여격어』(『간접목적어』)
dative construction　여격 구성
dative of advantage/disadvantage
　유리 여격/불리 여격
dative subject　여격 주어
dative verb　여격 동사
decontrol　통제 상실
definite　한정성
defocusing　초점 흐리기

deletion　삭제
deliberate　의도적
demotion　강등
deponent　異態 (동사)
derivation　도출
derived vioce　도출 태
detransitivization　타동성 낮추기
diachronic　통시적
different subject　다른 주어
direct　순행적
direct causation　직접 사동
Directive Object　『직접 목적어』
direction, directional　방향, 방향성
directive　지령
double causative　이중 사동
double object　이중 목적어
dynamic　동적

empathy　감정이입
emphasis　강조 (형태)
endpoint　종착점
ergative (case)　능격
Ergative　『능격어』
ergative syntax　능격 통사론
ergative system　능격 계통
event　사건
evidentiality　확실성
experiencer　「경험주」
Experiencer　『경험주』

factitive　작위
figure　피사체
fluid S　유동 S

focus 초점
foregrounding 前景
gender 성
generic 총칭적
genitive 속격
goal 「도달점」
Goal 『도달점』
grammatical relation 문법관계
grammatical role 문법역
grammaticalization 문법화
ground 배경

hierarchy 위계
historical 통시적
honorific 대우법
human 人性

idiom 숙어
imperative 명령문
imperfective 미완료상
impersonal 무인칭
impersonal passive 무인칭 수동
implicative 포함
inanimate 무정물
inceptive 起動(相)
inchoative 기동 동사
inclusion 내포
incomplete 미완성
incorporation 포합
indefinite 부정사
indirect causation 간접 사동
Indirect Object 『간접 목적어』
inflection 굴절

initiator 「선창자」
instruction 지시
instrument, instrumental 「도구역」
instrumental (case) 도구격
Instrumental 『도구격어』/『도구역』
intensive 强意의
intentional 의도적
interrogative 의문문
intransitive 자동사 (구성)
intransitivizer 자동사화소
inverse 도치
inverse system 도치 계통
inversion 전도
iterative 반복상

jussive 命令態

kinship terms 친족어

lexical 어휘적
lexical causative 어휘적 사동
locative 「처소역」
locative case, marker 처격, 표지
Locative 『처격어』/『처소역』

main/subordinate 주절/종속절
malefactive 악행
manipulative 조작된
manner 「방법」
marking 표지
meaning 의미
mediopassive 중간 수동
middle 중간태

modal subjec 양상 주어
modal verb 양상 동사
mood, modality 서법, 양태
morphological causative 형태론적 사동
morphology 형태론

names 명칭
negative 否定
neuter 중성
nominative 주격
non-referential 비지시적
notional role 관념역
noun phrase accessability
　　명사구 접근 가능성
number 수

object 목적어
Object 『목적어』
objective-resultative 목적성 결과태
oblique 비핵심
obviate 疏遠
omission 생략

paradigm case 전형적인 경우
participial 분사
partitive 부분격
Partitive 『부분격어』
passive 수동
passive causative 수동 사동
past 과거
pathetive 감성법
patient 「피동주」
Patient (P) 『피동주』(P)

patientive 피행위격
Patientive 『피행위격어』
patientive construction 피행위격 구성
patientive verb 피행위격 동사
perceiver 「지각주」
Perceiver 『지각주』
perception 지각
perfect 완료
perfective 완료상
peripheral 우언적
periphrastic causative 우언적 사동
periphrastic passive 우언적 수동
permission 허가
person 인칭
perspective 관점
phrasal verb 구적 동사
pivot 중추
polysemy 다의어
positioned Patient 자리한 『피동주』
possessive 「소유주」
potential 가능법
pragmatic pivot 화용론적 중추
pragmatics 화용론
predicate 서술부/서술어
predicator 서술소
preposing 전치
prepostion 전치사
Primary Object 『제1 목적어』
primary relation, term 1차 관계, 항
principal agent 제1 「행동주」
progressive 진행상
promotion 승진
promotion to object 목적어로의 승진

pronoun 대명사
prototypical 원형적인
proximate 인접
purpose clause 목적절
purposive construction 목적 구성
purposiveness 목적성

question 의문(문)

reason 「이유」
recipient 「수령주」
Recipient 『수령주』
reciprocal 상호사
reduced transitivity 약화된 타동성
referential 지시적
reflexive 재귀사
Relational Grammar 관계 문법
relative 관계절
relevance 관련성 (위계)
result 「결과」
reverse verb 상반 동사

same subject 동일 주어
secondary agent 제2「행동주」
Secondary Object 『제2 목적어』
secondary relation, term 2차 관계, 항
semantic pivot 의미론적 중추
semantic role 의미역
semantics 의미론
Single argument (S) 단일 항(S)
single event causative 단일 사건 사동
source 「출발점」/「근원」
speaker 화자

specialized class 특수화한 부류
specific 특정적
split agentivity 분열 행위격성
split ergativity 분열 능격성
split intransitive 분열 자동사 구성
split S 분열 S
spontaneous 自發
state 상태
stative 상태적
stative passive 상태 수동
strong form 강한 형태
subject 주어
Subject 『주어』
subject-predicate 주(어)부-(서)술(어)부
subjunctive 가정법
subordinate clause 하위절
sub-role 하위 역
switch reference 변환 지시
symmetrical 대칭적
syncretism 혼합주의
syntactic doubling 통사적 중복
syntax 통사론

target (in causative) 표적(사동)
target (povit) 표적(중추)
temporal 시간 표시
tense 시제
tense/aspect 시제/상
term 항
terminology 용어
theme 주제
three-relational system 3관계 체계
time adverbial 시간 부사

topic, topicality 주제, 주제성
Topic 『주제격어』
topic system 주제격 계통
topicalization 주제화
transitive 타동사 (구성)
transitivity 타동성
typology 유형론

unaccusative 비대격
unaffected Patient
  영향받지 않은 『피동주』
unergative 비능격
undergoer 「겪는 자」
universal 보편적

weak form 약한 형태
wish 바램
word order 어순

색인 - 언어

색인 - 일반

저자 소개

Palmer F. R. (Frank Robert)

저자는 레딩 대학의 언어학과 명예 교수이자 영국 학술원의 특별 회원으로서, 30편이 넘는 논문을 썼으며 여러 편의 저서를 남겼다. 저서 가운데는 'Grammar'(펭귄), 'Mood and Modality'(캠브리지 대학 출판부) 등이 유다. 그는 또한 북아메리카, 남아메리카, 아프리카, 인도, 일본, 오스트레일리를 비롯, 유럽 대부분의 국가에서 강의를 하였다.

역자 소개

이 영 민

역자는 서강대학교를 졸업하고 이 대학에서 대학원 과정을 마쳤다. 저서로는 「국어 의문문의 통사론」이 있으며 서강대학교를 비롯, 여러 대학에서 강의를 하였다. 현재는 「두뇌 한국(BK) 21 서강-이화 언어학 교육·연구단」의 박사 후 과정에 있다.

문법역과 문법관계

초판 인쇄 2000년 8월 24일
초판 발행 2000년 8월 28일

저 자 F. R. Palmer
역 자 이 영 민
펴낸이 이 대 현
편 집 이 태 곤
펴낸곳 도서출판 역락
　　　　 서울시 중구 필동3가 28-19
　　　　 진성빌딩 306호
TEL 2268-8656
FAX 2264-2774

전자우편 YOUKRACK@hitel.net
　　　　 youkrack@hanmail.net

등 록 1999년 4월 19일 제2-2803호
　　　　 ISBN 89-88906-28-4
정 가 17,000원